M.-E. Wollschläger und G. Wollschläger

Der Schwan und die Spinne
Das konkrete Symbol in Diagnostik und Psychotherapie

D1666564

Maria-Elisabeth Wollschläger
Gerhard Wollschläger

Der Schwan und die Spinne

Das konkrete Symbol in Diagnostik und Psychotherapie

Mit einem Geleitwort von Edda Klessmann

Verlag Hans Huber
Bern · Göttingen · Toronto · Seattle

Das Umschlagbild stammt von Frau Regina Barbara Nelle, Hamburg.
© 1998 R. B. Nelle

Adresse der Autoren:
Maria-Elisabeth und Gerhard Wollschläger
Mimbach
Mühlgasse 30
D-66440 Blieskastel

Die Deutsche Bibliothek – CIP-Einheitsaufnahme

Wollschläger, Maria-Elisabeth:
Der Schwan und die Spinne : das konkrete Symbol in Diagnostik und
Psychotherapie / Maria-Elisabeth Wollschläger ; Gerhard
Wollschläger. Mit einem Geleitw. von Edda Klessmann. – 1. Aufl. –
Bern ; Göttingen ; Toronto ; Seattle : Huber, 1998
ISNB 3-456-83002-5

Erste Auflage 1998
© Verlag Hans Huber, Bern 1998
Satz: Tipografia Grafica Bellinzona SA, Claro
Druck: Hubert & Co., Göttingen
Printed in Germany

Unseren Kindern und Schwiegerkindern

Danksagung

Unser Dank gilt den Patienten und Patientinnen und den Kollegen und Kolleginnen, die mit ihren Anregungen unsere Arbeit bereichert und uns ermöglicht haben, die Vorgehensweise weiterzuentwickeln. Besonders verpflichtet sind wir denjenigen, die der Veröffentlichung ihrer Symbolarbeiten zugestimmt haben. Professor Leuner hat mit der von ihm entwickelten Methode der Katathym-Imaginativen Psychotherapie die Basis für unser symbolisches Denken und Verstehen gelegt. Wir bedauern es sehr, daß er die Veröffentlichung dieses Buches nicht mehr erleben konnte, über dessen erste Ansätze ich (MEW) noch mit ihm diskutiert habe. Das Buch wäre jedoch nicht entstanden ohne die ausführlichen Gespräche mit Hanni Salvisberg über die theoretischen Hintergründe der Symbolbildung und der Symbolbearbeitung. Ihr gilt unser besonderer Dank. Unser Lektor, Herr Peter Stehlin, hat uns mit Geduld, Humor und hilfreichen Hinweisen die Veröffentlichung sehr erleichtert.

Zum Geleit

Es hat mich ebenso überrascht wie erfreut, als ich gebeten wurde, etwas aus meiner Sicht zu diesem Buch zu schreiben, habe ich doch an der Entstehungsgeschichte in vielen Gesprächen teilgenommen und das Anwachsen der «Symbolsammlung» zwischen alten Balken auf dem ausgebauten Dachboden der Wollschlägers mit großem Interesse verfolgt.

Daß «tote» Steine oder Gegenstände als symbolische Gestalten lebendig werden können, war mir schon aus eigenen Erfahrungen, aber auch aus den Berichten von anderen Therapeuten vertraut. Klosinski (1989), der eine größere Steinsammlung bei retardierten und gehemmten Kindern und Jugendlichen als «eine Art erweiterten Rorschach-Formdeut-Test» einsetzt, schreibt beispielsweise, daß das taktile Element des Ergreifens und Befassens zu einem besonders hilfreichen «konkreten Dialog» geraten kann. Wie sich allerdings aus solchen eher zufälligen Einzelerfahrungen eine allgemein anwendbare Methode herleiten lassen könnte, schien mir anfänglich schlecht vorstellbar. Denn wie konnten andere sich eine so vielfältige und zugleich identische Sammlung zulegen, mit Steinen, Wurzeln, Hölzern, Reisstrohpuppen usw., die sich nicht originalgetreu reproduzieren ließen?

Inzwischen hatte ich die konkrete Arbeit mit den Gegenständen, die sich zu Symbolen wandeln konnten, «live» bei Wollschlägers miterlebt. Und da verloren sich die Zweifel. Mir war plötzlich klar: Es ging in der Tat nicht, die einzelnen Objekte authentisch zu kopieren; es gehörte aber zur Methode, daß es gar nicht auf die Standardisierung des Ausgangsmaterials ankam, sondern auf dessen Vielfalt, die garantierte, daß ganz unterschiedliche Bereiche angesprochen wurden. Es genügt, wenn die verschiedenen Objekte analogen Kategorien angehören und in ausreichender Menge vorhanden sind. Dann können auch vergleichbare Ergebnisse erzielt werden. Das erkannt und zu einem therapeutischen System ausgebaut zu haben, ist das unbestreitbare Verdienst der beiden Autoren.

Beginnt man mit dem zweiten Schritt, dem der therapeutischen Symbolarbeit, indem man den pragmatischen Anleitungen der Wollschlägers folgt, merkt man schnell, wie der noch wankende Boden fest zu werden beginnt. Ohne das kreative Moment einzuengen, das der Auseinandersetzung mit symbolischem Material immanent ist, gibt es jetzt klare

Regeln, die zum großen Teil der Psychodrama-Strategie entnommen sind und in ausführlichen Falldarstellungen sehr zur Transparenz der Methode beitragen. (Die Teilnahme an mindestens einem der Wollschläger-Seminare möchte ich nicht nur denen empfehlen, die die originelle und effektive Methode erlernen, sondern allen, die sich intensiver mit der Entschlüsselung von symbolischem Material auseinandersetzen wollen.)

Als KIP-Therapeutin entdeckte ich rasch, daß sich die Arbeit mit «symbolischen Gegenständen» nach dem Wollschläger-Konzept, wegen der behutsamen und zugleich logisch-konsequenten kleinen Schritte, auch, und zwar vorzüglich, im Katathymen Bilderleben einsetzen läßt. Wenn man nicht über einen «Symbolkoffer» verfügt, kann man die Gegenstände imaginativ entstehen und auf einem Blatt Papier aufzeichnen lassen, z.B. in der Anordnung eines Genogramms. Dabei kann sich etwa ein Zwangskranker als eine Wanduhr darstellen, deren Zeiger auf fünf vor zwölf stehen. Seine Familie kann von einem rostigen Stacheldraht (Mutter) eingegrenzt werden, über dem ein Putzlappen (Vater) hängt. Natürlich tauchen auch liebevolle und heitere Symbole auf. Ich erinnere mich an ein großes Himmelbett mit wehenden, leichten Vorhängen, das den «Sonnenschein des Hauses», das 4jährige Töchterchen, im Familienmittelpunkt darstellte. Die Mutter des Kindes imaginierte sich indessen als Schirmständer (sie meinte immer, sie müsse alle «beschirmen»), in dem aber auch Sylvester-Raketen («harmlose», um «Aufmerksamkeit zu erregen») steckten.

Derart individuelle und treffsichere Charakterisierungen zeigen, daß die Methode nicht indifferent ist. Sie setzt tiefenpsychologisches Wissen und einen Sinn für die Symbolsprache voraus. Sie ermöglicht aber auch, daß die Angstgestalten, beispielsweise eines (Prä-)Psychotikers, von der inneren auf eine äußere, «angreifbare» Bühne verlagert und damit auf eine heilsame Distanz gebracht werden können.

Abschließend seit noch gesagt, daß die Arbeit mit Symbolen viel Freude machen kann, Entdeckerfreude beispielsweise beim Komplettieren der Sammlung mit neuen symbolträchtigen «Schätzen» oder beim systematischen, fast detektivischen Erspüren von verborgenen Lösungen, die sich für die Klienten meistens als sehr befreiend erweisen.

Ich wünsche dem inspirierenden Buch, daß es einen festen Platz im Repertoire psychotherapeutischer Zugänge finden möge!

Edda Klessmann, Lemgo   Dezember 1997

8

Inhaltsverzeichnis

9. Symbole in der Arbeit mit Familien 211

10. Die Arbeit mit Symbolen in der Gruppentherapie 217

11. Abschließende Überlegungen zu Anwendungsmöglichkeiten der Symbolarbeit 223

Anhang: Übersicht über die Fallbeispiele 227

Literaturverzeichnis 229

«Die Symbolflucht ist gewiß nicht allgemein behandelt worden, bei unseren ‹Gebildeten› in der Tat sehr auffällig.
Symbole sind so ziemlich das Unpopulärste in der Wissenschaft.»
Freud an Groddeck am 1. 6. 1922

(Briefe über das Es)

1. Einführung

1.1 Ein blinder Spiegel erzählt

Der Anstoß, uns mit Symbolisierungsprozessen in der Psychotherapie auseinanderzusetzen, geht auf ein intensives Erlebnis zurück, das wir 1976 als Teilnehmer eines Ausbildungsseminars hatten. Das Moreno-Institut Überlingen bot ein Seminar über die Arbeit mit Gegenständen im Psychodrama an. Wir sollten spontan einen Gegenstand in unserem Zuhause imaginieren, uns im Rollentausch in diesen Gegenstand einfühlen und dann aus dessen Sicht die eigene Person, deren Umgebung und ihre Lebensgestaltung schildern. Eine Kollegin versetzte sich in einen fleckigen Spiegel, den sie auf einem Flohmarkt gekauft hatte. Der Spiegel erzählte, daß ihn seine Besitzerin erworben hatte, obwohl er wegen der vielen blinden Flecke als Spiegel absolut unbrauchbar gewesen sei. Im Verlauf ihrer Schilderung, wieviel Pflege und Sorgfalt sie hatte aufwenden müssen, um sich in ihm wieder spiegeln zu können, wurde ihr deutlich, daß sie über einen Selbstheilungsprozeß berichtete. Sie hatte keine klare Spiegelung durch ihre Familie erhalten, erlebte sich mit vielen «blinden Flecken» und mußte in ihrer Therapie große Mühe aufwenden, um sich klar sehen zu lernen.

1.2 Studenten lernen Ungewöhnliches

Angeregt durch dieses Erlebnis habe ich (M.E.W.)[1] die Vorgehensweise in meine Arbeit in einer Studentenberatungsstelle einbezogen. Ich bat die Studenten zu Beginn der Therapiegruppen, statt sich, wie sonst üblich, mit Studienfach und Semesterzahl vorzustellen, einen Gegenstand aus ihrem Zuhause zu imaginieren und aus dessen Sicht über sich zu erzählen. Die Reaktion auf diese Aufforderung reichte von Empörung über solchen Kinderkram – man solle doch lieber im Sachlichen bleiben – bis zur Erheiterung und dem Kommentar, man könne sich ja auch mal auf etwas Neues einlassen. Aber sie willigten alle ein mitzumachen. So stellte sich ein Student als sein Fahrrad vor, das dauernd «einen Platten hatte» und ihn dadurch am pünktlichen Erscheinen zu den Vorlesungen oder Seminaren hinderte. Das Fahrrad erzählte dann weiter, daß sein Besitzer nichts daran tue diesen Zustand zu verändern, und beklagte sich, daß es zum Sündenbock gemacht würde für dessen ungeklärte Probleme mit seinem Studium. Eine Studentin wurde zu einem Hamster, der in ihrer Wohnung lebte und sie schon seit mehreren Jahren begleitete. Er schilderte, wie er in seinem Rad umherlaufe und immer in Bewegung sei. Er sei seiner Besitzerin sehr ähnlich – sie renne auch immer wie in einem Rad, komme nicht zur Ruhe. Er könne sie sich gar nicht gemütlich in einem Sessel sitzend und das Leben genießend vorstellen.

Die Studenten waren anschließend beeindruckt, wie sie, unter dem Schutz des Symbols, Persönliches über sich hatten erzählen können, was ihnen im üblichen Vorstellungsritus so nicht möglich gewesen wäre, und wie schnell auf diese Weise eine vertrauensvolle Gruppenatmosphäre entstanden war. Sie regten an, in Zukunft die Vorstellungsrunde immer so zu gestalten.

1.3 Steine kommen hinzu

Aus einem anderen Seminar des Moreno-Instituts Überlingen übernahm ich (G.W.) die Idee, Halbedelsteine in die Anamneseerhebung einzubeziehen. Die Steine unterschieden sich in Form, Struktur, Farbe und

---

1 In den Verweisen werden unsere Namen, wenn wir einzeln gearbeitet haben, folgendermaßen abgekürzt: Maria-Elisabeth Wollschläger als M. E. W und Gerhard Wollschläger G. W.

Größe und eigneten sich dazu, symbolisch etwas über Menschen auszusagen. Ich bat nun Teilnehmer meiner Psychodramagruppen, mit Hilfe solcher Steine die Struktur ihrer Familie aufzuzeigen. Jeder Person sollte ein passender Stein zugeordnet werden; anschließend sollten alle Steine so hingelegt werden, daß Nähe und Distanz in den Familienbeziehungen sichtbar würden. Die Teilnehmer erlebten diese Art der Familiendarstellung lebendiger als die nur verbale Schilderung: Die Gefühle und Erinnerungen wurden greifbarer.

1.4 Die Reisstrohpuppe aus dem Wandregal

Eine meiner Patientinnen (M.E.W.) hatte den Einfall, weitere Gegenstände einzubeziehen. Sie fragte, ob sie außer den Steinen auch Gegenstände, die als Dekoration in den Regalen standen, benutzen dürfte, und nahm eine Figur aus Reisstroh, die eine Mutter mit ihren beiden Kindern darstellte. Das größere Kind lehnte am Schoß der Mutter, das Baby hatte sie im Arm. Die Patientin wählte diese Figur, um ihre eigene Mutter zu beschreiben, die sie liebevoll und behütend erlebt hatte. Für ihren Vater wählte sie eine Uhr, um seine Zeitgebundenheit und innere Unbeweglichkeit zu beschreiben. Für die Geschwister blieb sie bei dem Angebot der Steine.

1.5 Worum geht es in diesen Beispielen, und was folgert daraus?

In allen Szenen haben sich reale oder imaginierte Gegenstände mit Gefühlen verbunden und sind dadurch zu Symbolen geworden, mit deren Hilfe die Menschen etwas über sich und ihre Befindlichkeit äußern konnten; das war zugleich lebendiger und farbiger, als sie es mit Worten allein auszudrücken vermocht hätten. Die Schilderung des Spiegels machte die blinden Flecken im Selbstbild anschaulich; Steine und Reisstrohpuppe dienten der bildhaften Beschreibung menschlicher Eigenschaften, das Fahrrad mit dem platten Reifen wurde zum Symbol für die konfliktbeladene Einstellung des Studenten zu seinem Studium, im Bild des Hamsters verkörperte sich die innere Unruhe der Studentin.

Die Teilnehmer der Psychodramagruppe, die Patientin und die Studenten hatten die «Symbolsprache» benutzt, die Fromm (1996) als eine

Sprache beschreibt, «in der innere Erfahrungen, Gefühle und Gedanken so ausgedrückt werden können, als ob es sich um sinnliche Wahrnehmungen, um Ereignisse in der Außenwelt handelte. Es ist eine Sprache, die eine andere Logik hat als unsere Alltagssprache, die wir tagsüber sprechen, eine Logik, in der nicht Zeit und Raum die dominierenden Kategorien sind, sondern Intensität und Assoziation.» Mit ihrer Hilfe war es den Menschen in den Gruppen möglich, konventionell bedingte Schranken zu überwinden und Erlebnisse aus dem emotionalen Bereich auszusagen.

Wir waren beide – durch unsere Ausbildungen und in unseren Berufen[2] – gewohnt, mit Symbolen umzugehen. Neu war für uns, daß sich profane Bilder und Gegenstände der alltäglichen Umwelt derart unkompliziert in Symbole verwandeln konnten und mit welcher Bereitwilligkeit, nach anfänglichem Zögern, das Angebot der symbolischen Ausdrucksweise aufgegriffen wurde. Wir begannen nun, diese Vorgehensweise gezielt anzuwenden und sie in der Beratung (G.W.) und in der diagnostischen Arbeit (M.E.W.) einzusetzen. Wir erfuhren dabei von den Menschen, mit denen wir arbeiteten, daß sie sich mit Hilfe der Symbole an längst Vergessenes erinnern und darüber reden konnten. Damit war ein neuer Aspekt hinzugekommen: Diese Form des Umgangs mit Symbolen war zugleich ein möglicher Zugang zum Unbewußten.

Daß die gegenständlichen Symbole auch psychosekranken Patienten einen eigenen Zugang zu ihrer Biographie ermöglichen, zeigte eine Versuchsreihe zur Anamneseerhebung, die ich (M.E.W.)[3] in zwei teilstationären psychiatrischen Einrichtungen, der Tages- und der Übergangsklinik der Universitäts-Nervenklinik des Saarlandes, Psychiatrie und Psychotherapie (Direktor Prof. Dr. K. Wanke), durchführte. Es zeigte sich, daß diese Patienten, die sich bei der üblichen Anamneseerhebung nur sehr karg auszudrücken vermochten, mit Hilfe der Symbole sehr viel differenzierter über ihre Familiengeschichten erzählen konnten als ihnen dies auf der rein verbalen Ebene möglich war. Sie erklärten, «daß ihnen durch die Symbole einfach mehr einfalle über ihre Familien und wie es ihnen selbst in ihren Familien ergangen sei und daß sie das plötzlich viel besser fühlen könnten». Offensichtlich hatten bei ihnen die Symbole mit

2 Wir sind beide Psychodramatiker; Gerhard Wollschläger ist Pfarrer em. und hat eine Ausbildung in beratender Seelsorge, Maria-Elisabeth Wollschläger ist psychologische Psychotherapeutin und Dozentin am Institut für Katathym-Imaginative Psychotherapie.
3 Die Anregung verdanke ich (M.E.W.) dem zuständigen Oberarzt Dr. G. Heinz.

Emotionen verbundene Assoziationen ausgelöst, die ihnen in der Wortsprache nicht zugänglich waren.

Bald zeigte sich, daß die Arbeit mit Symbolen nicht nur in der Diagnostik sinnvoll einzusetzen war, sondern daß auch in der Einzeltherapie, in der Arbeit mit Paaren und Familien und phasenweise in Psychotherapiegruppen eindrucksvolle Ergebnisse zu erzielen sind. Die vorliegende Arbeit berichtet über den Stand unserer Erfahrungen.[4]

1.6 Mit welchem Symbolverständnis arbeiten wir?

In den beschriebenen Szenen hatten wir bereits gesehen, daß alltägliche Dinge durch die Besetzung mit Emotionen zu Symbolen wurden. Zwei Symboldefinitionen von Jung und Fromm beschreiben unseren Ansatz im Symbolverständnis. Jung (1979) schreibt: «Das, was wir Symbol nennen, ist ein Ausdruck, ein Name oder auch ein Bild, das uns im täglichen Leben vertraut sein kann, das aber zusätzlich zu seinem konventionellen Sinn noch besondere Nebenbedeutungen hat.» Fromm (1996) erweitert die Symboldefinition noch um die Emotionen. Er bezeichnet ein Symbol als etwas, das «stellvertretend für etwas anderes» steht, «das eine innere Erfahrung, ein Gefühl oder ein Gedanke ist. Ein Symbol dieser Art ist etwas außerhalb von uns selbst; was es symbolisiert, ist etwas in uns.» Die Symbolisierung ist nach Fromm der Prozeß, in dem wir Erlebnisse und Erinnerungen durch Dinge der realen Außenwelt so zum Ausdruck bringen, «als ob es sich um Sinneswahrnehmungen handelte.»

Symbolisches Denken ist allen Kulturen eigen und schlägt sich in der Sprache, der Literatur, in Märchen, Mythen, im religiösen Ritus und in der Kunst nieder. Wie aber kommt es zur Bildung von Symbolen? Sind alle Menschen dazu fähig, und ab welchem Alter beginnt die Symbolbildung? Salvisberg ist dieser Fragestellung nachgegangen. Sie postuliert, daß sich mit der Fähigkeit zur amodalen Affektwahrnehmung auch die Fähigkeit zur Symbolbildung aufbaut: «Hier sind die Anfänge zur Symbolbildung, insofern mit Symbolbildung das Anhängen von Gefühlen an äußere Welt gemeint ist»[5] (s. Definition Fromm).

---

4 Über die Symbolarbeit mit einem psychosekranken Menschen berichtet Behrendt ausführlich in seinem Beitrag in diesem Buch (Kap. 6.2).
5 Salvisberg, H.: Persönliche Mitteilung vom 22. 6. 1997

Die Untersuchungen der Babywatcher haben auf die amodale (Stern 1985) bzw. kreuzmodale (Dornes 1993) Wahrnehmung hingewiesen, die schon bei Babys zu beobachten ist und von Anfang an affektbesetzt ist. Der Neurophysiologe Scheuler[6] hat die Untersuchungen bestätigt, bezeichnet die gleichen Beobachtungen aber als kommodal, da ein Reiz, der in einem Sinnessystem wahrgenommen wird, gleichzeitig auf die anderen Systeme übertragen und unter gegenseitiger Bezugnahme verarbeitet wird. Die Wahrnehmungen sind also nicht auf jeweils eine Modalität beschränkt, sondern benutzen gleichzeitig mehrere Modalitäten und können von einer Modalität in eine andere transferiert werden.

So wird ein Gegenstand oder eine Sinneswahrnehmung der äußeren Welt mit einem Gefühl verbunden und löst bei der erneuten Begegnung die alten Gefühle wieder aus: es kommt zur Symbolbildung.

Zwei Beispiele erläutern diesen Vorgang:

Der Geschmack einer in Tee getauchten Madeleine bringt die Kindheit in Erinnerung

Wie eine Begegnung mit einem Symbol verlaufen kann, schildert auf eindrucksvolle Weise Marcel Proust (1961) im ersten Kapitel von «In Swanns Welt». Dem Erzähler ist die Erinnerung an seine Kindheit nur zum Teil zugänglich, eingeschränkt auf den Vorgang des Schlafengehens und der damit verbundenen Sehnsucht nach der Mutter. «So ist es mit unserer Vergangenheit. Vergebens suchen wir sie wieder heraufzubeschwören, unser Geist bemüht sich umsonst. Sie verbirgt sich außerhalb seines Machtbereichs und unerkennbar für ihn in irgendeinem stofflichen Gegenstand (oder der Empfindung, die dieser Gegenstand in uns weckt); in welchem, ahnen wir nicht. Ob wir diesem Gegenstand aber vor unserem Tod begegnen oder nie auf ihn stoßen, hängt einzig vom Zufall ab.»
Und dann wird ihm (dem Erwachsenen) von seiner Mutter bei kaltem Wetter eine Tasse Tee mit einem Gebäckstück, einer Madeleine, angeboten, und ihn durchströmt beim ersten Schluck plötzlich ein unbegreifliches Glücksgefühl. Mehr nicht. Er versucht mit einem zweiten und dritten Schluck das Gefühl festzuhalten, aber das geht nicht. Und es ist auch augenscheinlich nicht die Madeleine allein, sie hat er oft genug in den Bäckerläden liegen gesehen, sondern ihr Geschmack verbunden mit dem Tee. Und dann ist auf einmal, ohne daß er es auf

---

6 Scheuler W.: Mündliche Mitteilung vom 1. 5. 1997

seine Bemühungen und Anstrengungen zurückführen könnte, die ganze Erinnerung da und zugänglich: Die Tante, bei der er am Sonntagmorgen die in den Tee getauchte Madeleine genießen durfte, und ihre Wohnung, das ganze Haus und die Straße, ja die ganze Kindheit erschließt sich jetzt in dieser «symbolischen» Begegnung.

Dieser Abschnitt gehört mit zum Beispiel und muß grau unter legt werden.

Die Erinnerung war an den Geschmack zweier verschiedener Teile gebunden, das Ansehen des Gebäcks oder von Tee allein hatte die Gefühle nicht freisetzen können.

Im zweiten Beispiel geht es ebenfalls um Kindheitserinnerungen, die durch ein Geruchserlebnis wachgerufen werden:

Der Geruch der Gänse und die Kindheitserinnerungen

Einen ähnlichen Vorgang beschreibt Jung (1979) in der Episode, «in der ein Professor mit einem seiner Studenten, in ernsthafte Unterhaltung vertieft, einen Spaziergang machte. Plötzlich wurden seine Gedanken durch einen unerwarteten Strom von Kindheitserinnerungen unterbrochen. Er konnte sich diese Ablenkung nicht erklären. Nichts von dem, was er gerade gesagt hatte, schien zu diesen Erinnerungen in irgendeiner Beziehung zu stehen. Als er sich umblickte, sah er, daß er an einem Bauernhof vorbeigegangen war, als ihm diese Erinnerungen gekommen waren. Er schlug dem Studenten vor, gemeinsam zu dieser Stelle zurückzugehen, wo die Phantasien begonnen hatten. Als sie dort waren, stieg ihm der Geruch von Gänsen in die Nase, und sofort war ihm klar, daß dieser Geruch seine Erinnerungen aufgestöbert hatte.»

1.7 Gegenstände als Symbole in anderen therapeutischen Richtungen

Unabhängig von uns machen offensichtlich Kollegen aus anderen therapeutischen Bereichen ähnliche Erfahrungen. Die Konzentrative Bewegungstherapie arbeitet außer mit der «repräsentativen Symbolik des Konflikts im Körper» (Budjuhn 1992, S. 24) auch mit Gegenständen, unter anderem um frühkindliche Erfahrungen wieder erlebbar, d.h. auch, um emotionale Bereiche zugänglich zu machen. Es geht um Gegenstände, die über das «Begreifen» erlebt werden, Gegenstände als Übergangsobjekte und Gegenstände, die Assoziationen auslösen, was unserem Vorgehen ähnlich ist. Es gibt KBT-Gegenstände wie Bälle, Decken, Kugeln, Würfel, Steine, Murmeln und viele andere, die wohl in gleicher Weise eingesetzt werden. Von Kunsttherapeuten haben wir gehört, daß in ihrer Ausbildung ebenfalls mit Gegenständen zur Symbolisierung gearbeitet wird, z.B. in der Erstellung des Genogramms. Von Klosinski (1989) werden Steine, Hölzer und Wurzeln als Mediatoren verwandt. Dora Kalff (1979) arbeitet in ihrem Sandspiel nach ganz ähnlichen Prinzipien, wie sie unserem Vorgehen zugrunde liegen. Sie gibt in ihrer psychotherapeutischen Arbeit durch die Darstellung im Sandkasten dem Selbst die Möglichkeit, sich zu manifestieren. Dies sieht sie als «Gewähr für die Entfaltung und Konsolidierung der Persönlichkeit».

2. Arbeitsmaterial der Symbolarbeit

2.1 Was kann zum Symbol werden?

«Bei einem Symbol kann es sich zunächst um einen ganz alltäglichen Gegenstand handeln, der sinnlich wahrnehmbar ist, der aber darüber hinaus auf Hintergründiges verweist...» (Kast 1990). Demnach kann alles und jedes zum Symbol werden, wenn es von einem Menschen mit Emotionen besetzt wird. Das haben bereits die Beispiele gezeigt, von denen wir berichtet haben: ein Spiegel vom Flohmarkt, Steine, Dekorationsstücke aus einem Regal, der Geschmack der in Tee getauchten «Madeleine» und der Geruch der Gänse.

Wenn man bei der Arbeit mit Symbolen auch den Therapieraum und seine Einrichtung in die Auswahlmöglichkeit einbezieht, wird man schnell feststellen, daß im Grunde jeder Gegenstand als Symbol gewählt werden kann. Ein reichblühender Kaktus, der im Therapieraum steht, wurde so zum Symbol für eine Beziehung, die durch eine Fülle verletzender Stacheln und blühender Seiten gekennzeichnet war. Eine Leiter, die zur Galerie im Gruppenraum führt, wurde für einen anderen Patienten zum Sinnbild seines ihn bedrängenden Leistungsstrebens: «immer höher hinauf»; eine Rasierklinge, die von der Reinigung der Fenster nach Malerarbeiten liegengeblieben war, wurde zum Symbol der schneidenden Atmosphäre in einer Partnerschaft.

2.2 Welche Arten von Symbolen unterscheiden wir?

Wer mit Symbolen umgeht bzw. arbeitet, wird bemerken, daß sich bei ihm auch spontan Assoziationen einstellen, wenn er die von den Patienten und Patientinnen ausgewählten Bilder und Gegenstände sieht. Zunächst ist die Übereinstimmung der Gefühle überraschend, aber bald spürt man doch, daß man auf die Unterschiede achten und genau auf die Interpretationen des Einzelnen hören muß. Hilfreich ist die Unterscheidung von Fromm (1996), der von «universalen» und «zufälligen» Symbolen spricht. Universale Symbole sind solche, die allen Menschen gemeinsam sind, weil sie in ihrer Entwicklung gleiche Erfahrungen gemacht haben und diese Erfahrungen und Gefühle mit den gleichen Bildern verknüpfen. Bei diesen Symbolen besteht zwischen Symbol und Symbolisiertem ein innerer Zusammenhang. Bei unseren Beispielen wären Spiegel und Leiter als universale Symbole zu verstehen: der Spiegel dient der Selbstbespiegelung, die Leiter wird zur Erfolgsleiter. Da die universalen Symbole aber für jeden einzelnen darüber hinaus individuell geprägt sind, verstehen wir ihren Sinn nicht, wenn wir nur mit unseren eigenen Assoziationen arbeiten, mit allgemeinen Gleichsetzungen oder in einem Handwörterbuch zum Symbolverständnis nach einer festgelegten Deutung suchen. Benedetti und Rauchfleisch (1988) betonen, «daß die Subjektivität der Deutung im Erfassen des Symbols kein Minus ist, sondern die Kraft seines Wesens erst begründet». Dem steht nicht entgegen, daß man sich einen Überblick über die verschiedenen Deutungen bestimmter Symbole verschaffen kann, wie ihn z.B. Knaurs Lexikon der Symbole von Biedermann (1989) ermöglicht. Beim Lesen der Artikel hatten wir eher den Eindruck, daß dadurch die Sensibilität für die Vielfalt von Symboldeutungen erhöht wird. Die folgende Zusammenfassung der von uns beobachteten «Besetzungen» bestimmter Gegenstände sollte deshalb auch nicht als Nachschlagewerk zum Symbolverständnis benutzt, sondern als ein Überblick über Erfahrungen mit Symbolen verstanden werden.

Wir haben auch festgestellt, daß die universalen Symbole nicht nur ambivalent, sondern mehrdeutig besetzt sein können. Von Fromm werden diejenigen Symbole als «zufällige» bezeichnet, die in einem persönlichen Erlebnis eines Menschen entstanden sind und von anderen Menschen nicht in gleicher Weise verstanden werden. Demnach wären die Steine in unserem Beispiel den zufälligen Symbolen zuzuordnen.

2.3 Ein «Symbolkoffer» nach Liste? Kriterien für die Suche nach geeigneten Gegenständen

Da unter diesen Voraussetzungen die Anzahl der Dinge, die von Menschen symbolisch besetzt werden können, ins Unermeßliche geht, erhebt sich natürlich die Frage, wie man eine angemessene Auswahl an Arbeitsmaterial zusammenstellt. Es wäre problematisch, wenn jeder

Gegenstand und jedes Bild genau dem entsprechen müßte, was die Patientin oder der Patient in ihren Vorstellungen gespeichert haben. Aber schon Ähnlichkeiten oder Andeutungen sind geeignet, die entsprechenden Assoziationen und Erinnerungen hervorzurufen und festzuhalten: «Das Bild von Queen Viktoria habe ich für meine Großmutter gewählt, obwohl sie so nicht aussah, aber sie verhielt sich ebenso wie die Queen als Herrscherin» oder «Unser Haus sah ganz anders aus als das Photo, aber es hatte die gleiche Atmosphäre, die ich mit dem Haus hier verbinde». Trotzdem kommt man nicht ohne eine gewisse «Reichhaltigkeit» aus.

Wir werden häufig von Therapeutinnen und Therapeuten, die bei uns die Symbolarbeit kennenlernen und unsere reiche Sammlung an symbolträchtigen Gegenständen sehen, gefragt, ob wir nicht eine Materialliste für eine Grundausstattung zusammenstellen könnten, mit der sich die Therapeuten einen «Symbolkoffer» einrichten könnten. Wir halten das nicht für sinnvoll, weil damit ein wichtiger Arbeitsschritt übergangen wird. Es ist ja nicht möglich, sich mit innerer Distanz der Gegenstände zu bedienen und nicht darauf zu achten, was sie bei uns selbst an Emotionen auslösen. Es geht darum, Gegenstände oder Bilder zunächst als Symbole des eigenen Erlebens zu verstehen bzw. auszuwählen. Wenn die Therapeuten den Prozeß an sich selbst erlebt haben, können sie ihn bei den Patienten besser mitvollziehen, können sich empathisch auf «die Symbole der Patienten einlassen, Anteil an ihnen nehmen und sich von ihnen betreffen lassen» (Kast 1996).

Trotzdem gibt es für den Aufbau einer eigenen Symbolsammlung bestimmte Kriterien:

- Es müssen menschliche Grunderfahrungen symbolisch erfaßt werden können wie Freude und Traurigkeit, Verzweiflung und Glück, Angst, Mut und Aufbruchstimmung.

- Menschen müssen in ihren Beziehungen, in ihrem privaten, beruflichen und sozialen Umfeld und in unterschiedlichen Lebenssituationen darstellbar sein.

- Es müssen Menschen unterschiedlichen Alters und mit unterschiedlichen Charaktereigenschaften charakterisierbar sein.

- Die einzelnen Lebensphasen Kindheit, Adoleszenz, Erwachsensein und Alter sollen in ihrem Erlebensgehalt durch die Symbole transparent werden.

Es ist sinnvoll, nicht nur flaches Material, d.h. Photos und Karten, zu verwenden, sondern auch mit dreidimensionalen Gegenständen zu arbeiten, die noch andere Sinnesbereiche ansprechen können: Außer dem Sehen auch Hören, Fühlen und Riechen.

2.4 Woraus besteht unsere Sammlung?

Das Material, das wir gesammelt haben, besteht aus Kunstpostkarten, Photographien und einer Vielzahl anderer Gegenstände. Menschen verschiedener Alterstufen, unterschiedlicher Lebensweisen und in verschiedenartigen Beziehungen werden dargestellt. Menschen in familiären Bindungen, als Kinder, Eltern und Großeltern, als Liebespaare und als Paare im Streit. Menschen in ihrem beruflichen Alltag, in Freude, Glück und Trauer, in Macht und Ohnmachtpositionen. Es gibt Photos von Babies und Kleinkindern in warmer und geborgener Atmosphäre, von Kindern, die munter ihre Umwelt erkunden, von Kindern, die von Vätern, Müttern oder Großeltern liebevoll angenommen sind, aber auch Photos von geängstigten Kindern oder von hungernden Kindern aus den Armutsregionen unserer Welt und von Kindern, die allein und verlassen sind. Andere Photos zeigen größere Kinder und Jugendliche in der Gruppe Gleichaltriger oder allein ihrer Wege gehend.

Männer erkennen sich in Selbstporträts von Egon Schiele, Heinrich Vogeler und Armedeo Modigliani oder in Porträts von Joseph Beuys, Samuel Beckett, Marc Chagall und Albert Einstein wieder sowie in Photos von den Schauspielern James Dean, Gerard Depardieu oder den Musikern Glenn Gould und Miles Davis. Nachdenklichkeit verkörpert ein Photo, das Philippe Haslmann von Marc Chagall gemacht hat, Zurückgezogenheit und depressive Haltung drücken sich in einem Porträt von Samuel Beckett (Jerry Bauer) aus. Stützende Zuwendung wird in einer Aufnahme erlebt, die Kurt Schumacher zeigt, der sich beim Gehen mit seinem Arm auf Herbert Wehners Schultern abstützt. Ein Bild des Managers Helmut Werner verkörpert nachdenkliche und zugleich zupackende Haltung. Das Photo eines alten Mannes aus Griechenland wird als Ausdruck von Altersweisheit und Genußfähigkeit gewählt, Männer an einem bayerischen Stammtisch stehen für Lebensgenuß, ebenso das Photo eines alten Mannes, der gemütlich seine Pfeife raucht. Ein Reiter im Turnier und ein Golfspieler repräsentieren sportliche Aktivitäten, ein junger Mann, der im Skisprung einen Spagat macht, ist das Sinnbild grenzenloser Vitalität. Alltag und Berufsausübung und das damit verbundene Selbstverständnis werden unter anderem durch Photos charakterisiert, die einen Fischer beim Flicken seiner Netze zeigen, Arbeiter an ihren Maschinen in einer Fabrik oder einen Beamten an seinem Schreibtisch. Andere Darstellungen zeigen Männer in ihren familiären Beziehungen: als Liebende, als Partner, als Väter mit ihren Kindern, als Großväter mit den Enkeln.

Das Thema männlicher Macht und Führung wird durch Herrscherdarstellungen aus früheren Zeiten sowie durch Photos von Politikern der heutigen Zeit aufgenommen: eine Statue von Marc Aurel in Herrscherpose, Porträts von Richelieu, Ludwig XIV., Papst Leo X. sowie François Mitterand, Herbert Wehner, Robert Schumann und Franz-Joseph Strauß. Unheimliche und bedrohliche Seiten werden in einem Photo von Mario Giacomelli «Scanno» erlebt, das eine Gruppe von vier schwarzgekleideten Männern zeigt. Versteinerung und Rückzug aus Beziehungen stellt ein Photo aus dem Wiener Museum für moderne Kunst dar: eine junge Frau sitzt kaffeetrinkend einer Männerfigur aus Gips gegenüber.

Bei der Suche nach Material fiel uns auf, daß unsere noch immer übliche Rollenzuschreibung die Photoauswahl für Männer wie für Frauen erheblich einengt. Es bereitet keine Schwierigkeit, Frauen in den traditionellen Rollen der Mutter und Geliebten zu finden, kaum aber in Macht- und Führungspositionen. Bei Männern hingegen werden Weichheit und Verletzlichkeit eher in Selbstporträts als in Photos aus Zeitungen und Zeitschriften ausgedrückt.

Bei den Impressionisten und Postimpressionisten findet man eine Fülle unterschiedlicher Frauendarstellungen. Außerdem zeigen Gemälde von Paula Modersohn-Becker, Otto Dix, Heinrich Vogeler, Max Liebermann, Gustav Klimt, Francisco de Goya, Salvatore Dali, Frans Hals eine große Bandbreite von Frauengestalten, um nur einige zu nennen. Besonders hinweisen möchten wir auf die Selbstporträts von Frieda Kahlo, die als Sinnbild für das Bemühen um Lebensbewältigung auch bei schwerster körperlicher und seelischer Verletzung gewählt werden. Photos, die Luisa Francia darstellen, ermöglichen Frauen einen Zugang zu eher archaischen Selbstanteilen. Ein Gemälde von Diane de Poitiers und Aufnahmen von Schauspielerinnen wie Marilyn Monroe und Liz Taylor bieten Identifikationsmöglichkeiten auf erotisch-attraktiver Ebene; ein Porträt von Greta Garbo wird als Ausdruck von makelloser Schönheit, Verinnerlichung, Rückzug und Vereinsamung gewählt. Nina Hagen steht dagegen meist für Vitalität und die Fähigkeit, sich in der Öffentlichkeit darzustellen. Gemälde von Herrscherinnen wie Queen Victoria oder Katharina von Medici repräsentieren den Machtbereich, die Darstellungen der Martha Vogeler eher die versonnenen, weichen Frauenseiten. Bilder von berufstätigen Frauen im modernen

Umfeld spiegeln die Aspekte von Unabhängigkeit, Gleichberechtigung und Sinngestaltung außerhalb familiärer Beziehungen.

In zwei Bildern unserer Sammlung wird die Sorglosigkeit gegenüber einschränkenden Normen thematisiert: In dem Photo einer alten Frau, die, genüßlich Zuckerwatte schleckend, spazierengeht (Philippe Salüan) und in dem Photo einer «Akkordeonspielerin in Paris» (Viktor Macaral). Diese Darstellungen, obwohl auf Frauen bezogen, werden aufgrund ihrer Thematik auch von Männern für sich selbst gewählt; sie stellen Wunschbilder dar, wie manche Männer und Frauen gern sein möchten. Von Männern und Frauen gleichermaßen begehrt – als Ausdruck unverschämter Lebenslust und herrlich ungebührlichen Benehmens – ist die Photographie eines Pelikans, der in einem Strandcafé einer griechischen Insel mitten auf dem gedeckten Kaffeetisch steht.

Lebenslust und Lebensgenuß werden auch durch Bilder von südländischen Märkten mit ihren überquellenden Tischen voller Gemüse und Obst und durch Photos von feiernden Menschen repräsentiert. Spielkarten, Würfel und Schachfiguren können sowohl die Unwägbarkeit des Schicksals wie auch menschliche Pfiffigkeit und Klugheit ausdrücken. Halbedelsteine werden wegen ihrer unterschiedlichen Formen und Farben zur Charakterisierung von menschlichen Eigenschaften benutzt. Wenn der große Leuchter aus Schmiedeeisen zur Beschreibung eines Menschen verwandt wird, können unterschiedliche Eigenschaften herausgehoben werden: Die von der brennenden Kerze ausgehende Leuchtkraft und Wärme oder die im Material sich zeigende Starrheit und Kälte müssen als Hinweise auf entsprechende Eigenschaften in Betracht gezogen werden.

Als Sinnbild für Aufbruchwillen, Lebendigkeit und Kraft werden meist Natur- oder Tierdarstellungen gewählt, z.B. Wasserfall, hohe Wellen oder Feuer, Pferde im Galopp oder auch durchgehende Pferde. Angstthematik wird im Schrei von Edvard Munch, den Höllenszenen von Hieronymus Bosch und in einem aus Felsen gestalteten «Höllenschlund» im Park von Bomarzo in Umbrien ausgedrückt. Vergänglichkeit wird in sehr beängstigender Weise in Matthias Grünewalds Gemälde «Les amants trespassées» deutlich, der Darstellung eines hageren, von Würmern zerfressenen Greisenpaares. Die Themen Aggression und Kraft werden häufig durch die gleichen Symbole aufgenommen und je nach Ausmaß ängstigend oder stärkend erlebt. Sie werden durch Wildwasser, Vulkane, Sandstürme und insbesondere durch Tiere symbolisiert, z.B. durch Panther, Löwen, Tiger. Die Skulpturen von Tierkämpfen in den Kapitolinischen Museen in Rom, alte Stiche und Darstellungen von Hieronymus Bosch bieten reiches Material.

26

Aggressivität unter Menschen zeigt sich auf Photos von Hooligans in Drohgebärde, auf Kriegsphotos und Bildern aus Konzentrationslagern. Eine Filmaufnahme von zwei gefesselten Männern (Indiana Jones) wirkt als Sinnbild der Ohnmacht gegenüber fremder Gewalt, aber auch der eigenen Begrenzung durch innere Fesseln. Außerdem wird Aggressivität unter Menschen in Photoreportagen gezeigt. Es entspricht wohl unserer Erfahrung, daß die menschliche Aggressivität, anders als bei Tieren, selten als konstruktive Kraft empfunden wird. Meist wird sie eindeutig negativ und zerstörerisch erlebt, während die Aggressivität der Tiere als Mittel zum Überleben und zur Arterhaltung verstanden wird.

Sexualität und Erotik werden durch vielerlei Kunstkarten, Photographien und Statuen dargestellt, wobei die Aktdarstellungen von Schiele (mit sichtbarer Vagina) zugleich angstauslösend wie angstreduzierend wirken können. Erschreckend für Patienten kann es sein, sich solchen Bildern überhaupt gegenübergestellt zu sehen, erleichternd wirkt, daß sie nicht selbst solche «obszönen» Bilder einbringen müssen, da für die Bereitstellung des Materials die Therapeuten verantwortlich sind. Es muß damit gerechnet werden, daß die Art des Materials, das die Therapeuten zur Verfügung stellen, auch entsprechende Übertragungen auslöst.

Lebenssituationen und Lebenserfahrungen können sich in Darstellungen von Landschaften und Wegen, in Bäumen, Pflanzen und Häusern spiegeln, wobei es Landschaftsmotive mit relativ eindeutiger und solche mit mehrdeutiger Aussagekraft gibt. Ein Regenbogen wird meist als Hoffnungs- und Versöhnungszeichen erlebt, ein frisch gepflügtes Feld als Zeichen eines möglichen Neubeginns empfunden, eine grau-grünliche, schwerlastende Gewitterwolke im Gebirge deutet auf die Bedrohung durch Naturgewalten hin. Nebelbänke über einem Fluß können dagegen sowohl als ängstigende Undurchsichtigkeit wie auch als geheimnisvolle Kräfte über den Wassern verstanden werden. Ebenso kann das Photo eines Gebirgszuges als Bild von Sicherheit und Unerschütterlichkeit und als unüberwindliches Hindernis angesehen werden.

Als Selbst- und als Objektrepräsentanz bieten sich Bäume an. Große, bergende Bäume mit weitem Laubdach symbolisieren in der Regel Menschen, die Schutz und Halt geben, ebenso Olivenbäume, deren dicke knorrige Stämme auf hohes Alter und Unverwüstlichkeit schließen lassen. Bäume, die der Sturm zerbrochen hat, mit offener Wunde und neuen Austrieben, werden oft als Ausdruck von Fragilität und ihrer möglichen Bewältigung gewählt.

Als Selbstrepräsentanz und als Ausdruck eines Lebensgefühls versteht Leuner (1994) das *Motiv* des Hauses. Klessmann und Eibach

(1993) zeigen die Bedeutung des Hauses in unterschiedlichen Lebensphasen. Um der Vielfalt der Hausdeutungen auch in unserer Arbeit gerecht zu werden, haben wir uns um eine Auswahl verschiedenartiger Hausdarstellungen bemüht. Als Ort der Geborgenheit und des sicheren Fundaments werden häufig die Photos von alten Bauernhäusern gewählt. Ruinen, von Efeu umwachsen, gelten trotz ihres Zerstörungszustandes als Zeichen von Unverwüstlichkeit. Ein romanischer Turm, hinter dem Bewuchs kaum mehr erkennbar, wird sowohl zur Kennzeichnung von Schutz und Geborgenheit als auch in der Charakterisierung von Menschen als Zeichen von Unzugänglichkeit gewählt. Die Villen von Palladio dienen häufig der Charakterisierung von Vätern, die in der Beziehung schwer erreichbar waren, die aber Sicherheit und Zuverlässigkeit garantiert haben; sie werden fast nie zur Beschreibung von Müttern benutzt. Häuser im Aufbau kennzeichnen in der Selbstbeschreibung oft einen inneren Neubeginn. In der Akzentuierung einer Lebensphase bedeuten sie Aufbruch, aber auch Unsicherheit über den weiteren Weg. Kreativität, Verspieltheit und Lust an heiterer Lebensgestaltung werden durch das Hundertwasserhaus in Wien ausgedrückt.

Den Häusern ähnlich, aber mit eigener Aussage, sind Tür- und Fensterdarstellungen. Sie deuten auf offene, halboffene oder verschlossene Zugänge, die sowohl zur Beschreibung eigener Wesensart wie auch der anderer Menschen eingesetzt werden. Goldene Käfige, offene Käfige und Käfige mit Schlössern lösen eindeutige Assoziationen aus, die sich ja auch im Sprachgebrauch niedergeschlagen haben: «Leben in einem goldenen Käfig.»

Auf die Bedeutung des Wassers geht Leuner (1994) ausführlich ein. Ob eine Quelle frei sprudelt oder einbetoniert ist, ob Wasser in einem Bach ruhig dahinfließt oder sich reißend als Wildbach seinen Weg sucht, ob ein Wasserfall tosend aus der Höhe herabfällt, all das löst bei Menschen Gefühle aus, die ihrem grundsätzlichen oder momentanen Lebensgefühl entsprechen. Wir haben darum in unsere Sammlung Photos von kleinen und größeren Bächen, von Seen, verschiedenen Wasserfällen, von einem aufgestauten Wehr, Wildwassern, einem offenen und einem vereisten Fluß aufgenommen. Ergänzt werden sie durch Meeresaufnahmen bei ruhiger und stürmischer See.

Unter dem Material gibt es Schlösser mit Schlüsseln und solche ohne Schlüssel. Beide deuten auf Problemsituationen, deren Lösung noch ansteht. Manchmal werden auch Schlösser mit nicht dazu passenden Schlüsseln gewählt, um zu verdeutlichen, daß die bisher versuchten Lösungen unangemessen waren.

Klessmann und Eibach (1996) sind der Bedeutung der unterschiedlichen Wege nachgegangen: Scheidewege, Wegkreuzungen, Irrwege, Pilgerwege. Wir haben in unserer Symbolsammlung die Thematik ebenfalls aufgenommen und Photos von geradlinigen Wegen, Wegen mit Hindernissen, Alleen, Wegkreuzungen und Photos von Aufgängen und Abstiegen gesucht. Straßenschilder bieten reichhaltige symbolische Aussagen: «Einbahnstraßen», «Stop» und «Durchfahrt verboten» haben eindeutige Botschaften.

Tiere werden sehr unterschiedlich erlebt und ausgewählt. Ein Gorilla ist einerseits Ausdruck unbändiger Kraft und bedrohlicher Aggressivität und dient andererseits zur Charakterisierung behütender, starker Familienväter. Schlangen sind ängstigende Symbole für Verführung und Verführbarkeit, aber auch Symbole für Weisheit oder für Neubeginn im Hinblick auf ihren Häutungsprozeß. Spinnen können Repräsentanzen «auffressender» oder vereinnahmender Bezugspersonen sein, aber auch als Kraft verstanden werden, sich mit eigenen Möglichkeiten einen Lebensraum zu schaffen. Raubtiere wie Panther, Löwen, Adler, Wölfe repräsentieren in der Regel Kraft und Aggressivität, Schwänen wird Schönheit, Autonomie und Aggressivität zugeschrieben; Igel repräsentieren Verletzlichkeit und Wehrhaftigkeit.

Haushaltsgegenstände wie Hammer, Beißzange, Messer und Messerschleifer werden als Symbol für Aggressivität, Destruktivität, Stärke und Kraft, Bissigkeit und handwerkliches Können ausgewählt. Schmuckstücke, Kosmetik, Felle, Wolle und Stoffe verdeutlichen unter anderem Schönheit, Körperbewußtsein, Weichheit und Geborgenheit. Uhren werden bei Charakterbeschreibungen oft zur Kennzeichnung übertriebener Arbeitshaltung und Unfähigkeit zur Gelassenheit eingesetzt. Positiv bewertet, können sie Korrektheit und Zuverlässigkeit symbolisieren. Die Sanduhr ist zunächst schlicht Zeitmaß, im übertragenen Sinn auch Bild der ablaufenden Zeit und damit der Endlichkeit. Sie kann auch Kennzeichnung von Langsamkeit, Beschaulichkeit oder Nachdenklichkeit sein. Waagen dienen der Beschreibung von Charaktereigenschaften: Positiv weisen sie auf Gerechtigkeit und Ausgeglichenheit, negativ auf Zwang zur Harmonie und auf Unfähigkeit zur Auseinandersetzung hin. Wird die Waage in der alten Symbolik der Justitia zur Beurteilung von Schuld und Unschuld gewählt, geht es häufig um eine eigene existentielle Schuldproblematik, die über den oft verflacht gebrauchten Begriff der Schuldgefühle hinausgeht. Ein Spiegel, der in der Mitte einen Sprung hat, wird zur Charakterisierung der eigenen Person wie der anderer Menschen gewählt und dann zur Darstellung gebrochenen Selbstbewußtseins benutzt. Ein heiler Spiegel dient zwar auch als Ausdruck der Selbstspiegelung, erhält dann aber häufig eine abwertende Tönung: Freude an eigener Schönheit gilt als unerlaubte Eitelkeit.

Zum Sprachgebrauch ist zu sagen, daß wir die Begriffe «Gegenstände» und «Material» verwenden, solange die Dinge im Raum zur Auswahl zur Verfügung stehen, und den Begriff «Symbol» erst dann benutzen, wenn die bis dahin neutralen Gegenstände durch die Besetzung mit Emotionen zu Symbolen geworden sind. Ergänzend möchten wir noch darauf hinweisen, daß es besser ist, nicht nur hoch besetztes Material anzubieten, sondern auch Gegenstände zur Verfügung zu stellen, die nicht von vornherein bedeutungsvoll erscheinen, damit es nicht zu einer emotionalen Überflutung kommt. Blumen, Holzstücke, Rindenteile, Wollfäden, Murmeln aus Ton und aus Glas und sogenannte «unschöne» Steine vom Straßenrand eignen sich hierfür besonders. Zudem können ohnehin alle Gegenstände im Raum und, wenn nötig und möglich, auch von der Straße und aus dem Garten in die Wahl der Symbole mit einbezogen werden.

2.5 Wieviel Material wird benötigt? Wie wird aufgebaut?

Gegenstände, Karten und Photos liegen im Therapiezimmer auf Regalbrettern, in Körben und in einem offenen Glasschrank. Im Gruppenraum sind sie auf Tischen ausgebreitet. Wir legen jeweils so viel Material aus, daß ein einzelner Mensch nicht davon überschwemmt wird, aber die Auswahl groß genug ist. In dem Raum, in dem wir mit Paaren, Familien, mit Gruppen oder in der Supervision arbeiten, ist die Anzahl der Gegenstände notwendigerweise größer. Besonders dann, wenn mehrere Menschen ihren Familienstammbaum, Selbst- und Partnerbilder oder ein «Soziales Atom», d.h. ihr Beziehungsgefüge nach Moreno (1951) erstellen wollen, muß eine reichhaltige Auswahl vorhanden sein. Andererseits kann auch bereits mit sehr wenigen Symbolen ergiebige Arbeit geleistet werden, wie wir im Kapitel 4.1 beschrieben haben und wie es das Beispiel «Die edle Tarnung» (S. 76) zeigt.

Bezüglich der Anordnung des Materials möchten wir auf zwei Aspekte besonders eingehen. Wir haben beobachtet, daß es sich auf die Entspannung und die emotionale Erlebnisfähigkeit ungünstig auswirkt, wenn gleiche Themen konzentriert an einer Stelle aufgebaut werden, auch wenn sie durch unterschiedliches Material repräsentiert sind. Beim Anschauen und Aussuchen entsteht dann ein kognitives Abwägen, das die Gefühle eher zurückdrängt und den inneren Raum für Assoziationen beeinträchtigt. Der zweite Aspekt betrifft die flächen- und höhenmäßige Anordnung und die damit verbundene Wirkung von Ruhe oder Unruhe. Ungegliederte Flächen wirken nicht nur leblos, sondern können auch zu Spannungen und Verunsicherungen führen. Boesch (1983) hat festgestellt, daß von ungegliederten Flächen, dem leeren Meer oder der Steppe, ein Gefühl der Bedrohung ausgehen kann. Wir haben den Eindruck, daß wir diese Beobachtung auf unsere Auslagentische übertragen können, da wir Spannungen erleben, wenn die Flächen keine Strukturierungen aufweisen, während Ruhe und Gelassenheit entstehen, wenn strukturierende Elemente vorhanden sind. Bei der Anordnung sollten diese beiden Gesichtspunkte zur Förderung einer hypnoiden Entspannung berücksichtigt werden.

Ein weiterer Aspekt, der in bezug auf positive, eventuell auch idealisierende Übertragung bedacht werden sollte, betrifft die Fülle des Materials. Die im Raum ausgebreiteten Gegenstände lösen Phantasien und Erinnerungen an Gabentische aus und führen zu entsprechenden Übertragungen. Darauf ist ein Seminarteilnehmer eingegangen, der uns schrieb, er habe die mit den Gegenständen belegten Tische wie Gabentische erlebt, «wie bei Kindergeburtstag oder Weihnachten». Es habe ihn angerührt, daß soviel Material «für ihn allein» zur Verfügung gestellt worden sei, «um ihn zu begreifen». Die Bemerkung zeigt, daß Erinnerungen an Kinderzeiten, auch an Wünsche, im Mittelpunkt des Geschehens zu stehen, oder die Erfüllung nie erlebter Sehnsüchte durch die «gedeckten» Tische geweckt werden.

3. Symbolarbeit in der Einzeltherapie

3.1 Der Arbeitsprozeß

3.1.1 Erste Phase: Einführung in die Arbeit mit den Symbolen

Die Einstimmung auf die Arbeit mit den Symbolen erfolgt auf unterschiedliche Weise und ist abhängig von dem Raum, in dem wir arbeiten. Der Dachboden, in dem die Seminare, Gruppen und Paartherapien stattfinden, ist so geräumig, daß wir unsere «Symbolsammlung» auf mehreren Tischen und in Glasvitrinen aufgebaut haben. Das erregt schon beim Betreten des Raumes so viel Neugier, daß alle spontan umhergehen und die ausgelegten Dinge in die Hände nehmen und ansehen. Wir erklären dann, daß das unser Material ist, mit dem wir arbeiten, und daß es dazu dient, sich selbst oder andere Menschen damit zu charakterisieren.

In dem Praxiszimmer, das sehr viel kleiner ist, sind die «Symbole» auf Regalen und in einer Vitrine ausgebreitet. Daneben steht eine flache große Schale, in der Photos und Bilder aufbewahrt sind. Wenn Patienten zum ersten Mal den Raum betreten, bitte ich (M.E.W.) sie, sich umzusehen und sich mit dem Raum vertraut zu machen. Dabei geht es mir darum, ihnen den gesamten Raum zur Verfügung zu stellen und sie nicht auf den Sessel oder gegebenenfalls auf die Couch als das ihnen zustehende Segment zu beschränken. Da auf dem Schreibtisch keine Akten oder andere Unterlagen liegen, kann er ohne weiteres in das Erleben des Raumes einbezogen werden. Auf diese Weise ergibt sich auch eine erste Begegnung mit den «Symbolen». Falls im weiteren Verlauf damit gearbeitet wird, genügt ein kurzer Hinweis.

Die Reaktion auf den Vorschlag, über Photos und Gegenstände sich selbst oder andere Personen zu charakterisieren, ist unterschiedlich. Manchen Menschen fällt es leicht, durch ein Photo von einem Gewitter im Gebirge eine ängstigende Stimmung auszudrücken oder durch ein Gemälde von Paula Modersohn-Becker, das eine Mutter mit ihrem Baby darstellt, ihre Wünsche nach Geborgenheit und mütterlicher Zuwendung. Andere Menschen, bei denen die Fähigkeit zur Symbolisierung eingeschränkt oder ganz verkümmert ist, können sich nur mühsam mit Hilfe von Symbolen ausdrücken. Sie wählen dann z.B. das Photo eines alten Mannes mit Bart für den Großvater, weil der auch einen Bart hatte oder einen Stechbeitel für den Vater, weil der immer mit solchen Werkzeugen gearbeitet hat. Wie im therapeutischen Prozeß nach und nach die Symbolisierungsfähigkeit wieder aufgebaut werden kann, wird an anderer Stelle beschrieben (S. 41).

3.1.2 Zweite Phase: Auswahl mit Standardvorgaben oder ohne vorgegebene Thematik

Bei der Auswahl der Symbole kann unterschiedlich vorgegangen werden. Wenn es um die Klärung bestimmter Fragestellungen geht, etwa nach dem familiären Hintergrund eines Menschen, seinem sozialen Bezugsfeld oder seinem Selbstbild, können die Standardvorgaben Familienbild, Genogramm, soziales Atom oder Selbstbild eingesetzt werden. Steht eine aktuelle Problematik im Vordergrund, so kann sie im gemeinsamen Gespräch zwischen Patientin oder Patient und Therapeutin bzw. Therapeut erarbeitet und dann als Vorgabe formuliert werden.

Benutzt man als Therapeutin oder Therapeut vorformulierte Themenvorgaben, so muß man sich bewußt sein, daß damit einerseits eine Fokussierung verbunden ist, die ein Thema erarbeitbar macht, daß aber andererseits die Aufmerksamkeit bei der Auswahl von vornherein in eine vorgegebene Richtung gelenkt wird und damit die Möglichkeit, auch Anstöße aus unbewußtem Material aufzunehmen, geringer wird. Will man hingegen die Chance nutzen, über die Symbole einen schnelleren Zugang zum Unbewußten zu finden, dann ist es sinnvoll, die Patienten von vornherein Bilder, Photos oder Gegenstände aussuchen zu lassen, die der jeweiligen Stimmung oder dem jeweiligen Problem entsprechen, oder solche Dinge wählen zu lassen, die gefühlsmäßig besonders ansprechen, auch wenn zunächst undeutlich ist, was sie bedeuten sollen.

In der Paartherapie arbeiten wir in der Regel nicht mit solch offenen Anweisungen, da es in erster Linie um die Bewältigung eines anstehenden Konflikts geht. Erst in einer späteren Phase der Therapie, wenn das Vertrauen der Partner zueinander stabiler geworden ist, kann dann auch auf unbewußtes Material zugegriffen werden. Mit Familien arbeiten wir immer fokussiert, da sonst keine überschaubare Thematik gefunden werden kann.

3.1.3 Dritte Phase: Symbolbildung – Gegenstände werden zu Symbolen

Mit der Phase der Symbolbildung beginnt bereits der therapeutische Prozeß: Innere, zum Teil auch unbewußte Bilder und Wahrnehmungen begegnen einem Objekt der Außenwelt und verbinden sich mit ihm zu einem Symbol, wodurch sie konkret wahrnehmbar und zum Teil schon verstehbar werden. Bei diesem Prozeß ist es nicht nötig, daß es zu einer völligen Übereinstimmung von äußerem und innerem Bild kommt; es geht um «die spezifisch semantische Natur des Symbols, dessen Fähigkeit nämlich, Gestalt zu sein für etwas, das sich in ihm spiegelt, ohne mit ihm identisch zu sein» (Benedetti 1992).

Die Phase beginnt, indem die Menschen im Raum umhergehen und die ausgelegten Gegenstände und Bilder wahrnehmen, anschauen und anfassen. Dabei sind sie entweder auf ein Thema eingestimmt oder sie achten mit gesteigerter Sensibilität auf die aufkommenden Gedanken und Gefühle. Es geht dabei nicht darum, sich mit einem fest vorgegebenen inneren Bild den Dingen zu nähern, etwa in der Absicht, ein möglichst ähnliches Photo für den Großvater zu finden, sondern sich im Gegenteil von den Gegenständen anmuten zu lassen. Dabei kann es zu einer plötzlichen Übereinstimmung kommen: einem äußeren, vorhandenen Bild fügt sich ein inneres als richtig zugehörig an, bzw. ein äußeres Objekt kann einen momentan wichtigen Erinnerungsaspekt aufleuchten lassen. Statt eines Portraits kann es dann die Reiterstatue von Marc Aurel sein, die die Autorität des Großvaters in der Familie als ein herausgehobenes Merkmal seiner Persönlichkeit adäquat abbildet. Der gewählte Anteil repräsentiert nur einen bestimmten Aspekt und nicht die gesamte Persönlichkeit, kann aber, wenn nötig, durch weitere Symbole ergänzt werden. Sollen eigene Anteile ausgedrückt werden, so wirken die Gegenstände und Bilder eventuell wie ein Spiegel, in dem man sich wiedererkennt, manches Mal wie in einem Vergrößerungsglas.

Wenn Menschen ohne fest umrissenes Thema oder mit dem Vorhaben, ihren derzeitigen Gefühlszustand wiederzugeben, die Gegenstände und Bilder ansehen, dann werden im Prozeß des Anschauens Gefühle angeregt, die dann wiederum einen Suchprozeß nach weiteren dazu passenden Symbolen in Gang setzen.

In dem Symbolisierungsprozeß dieser Phase geht es nicht um ein Zusammenfügen von getrennten Teilen, wie im griechischen «symballein», sondern um die emotional verbindliche Besetzung der Dinge in der Außenwelt. Die Stärke dieser Besetzung ist außerordentlich hoch, so daß es schon in der Symbolisierungsphase zu starken Gefühlsreaktionen kommen kann.

Die Rahmenbedingungen dieser Phase sind so gewählt, daß sie das Einschwingen auf die emotionale Ebene verstärken und freies Assoziieren ermöglichen. Es wird viel Zeit zur Verfügung gestellt und die Teilnehmer werden gebeten, schweigend ihre Symbole auszusuchen. Das Wissen um genügend Zeit nimmt den Druck, schnell etwas erledigen zu müssen, und kommt so der Entspannung zugute. Das Schweigen verhindert, daß sich die Menschen die Gefühle zerreden und sich dadurch auf Distanz zu den Symbolen halten. Bei der Auswahl entsteht in dieser Phase eine emotionale Dichte, die besonders in Gruppen, bei Paaren und bei Familien eine tragfähige Atmosphäre bewirkt. Die Phase ist gekennzeichnet durch eine konzentrierte Stille und ein meditatives Umhergehen und führt vom zunächst eher kognitiven Zugang zur Erlebnisebene.

In der Zeit des Auswählens gehen rationalisierende, sich distanzierende Widerstände zurück. Ein Seminarteilnehmer hat diesen Zustand angesichts des vielfältigen Angebotes so beschrieben: «Zu Beginn der Auswahl sieht man sich einer – überwältigenden – Fülle von Bildern und Gegenständen gegenüber. Zunächst habe ich bei jedem noch überlegt, was wie interpretiert werden könnte und ob ich die von Bildern und Gegenständen ausgelösten Emotionen zulassen und sie den anderen Seminarteilnehmern zeigen wollte, bis ich diese Rationalisierungsversuche aufgegeben habe und dann erst in das Stadium gelangt bin, intuitiv auszuwählen. Somit erscheint mir die Zeit zur Auswahl und die Fülle erforderlich, um vorschnelle und verkürzte Darstellungen zu vermeiden.» Der Kollege fügte hinzu, es habe ihm gut getan, die Kontrolle aufzugeben. Das ist häufig, aber nicht immer der Fall. Einige Menschen erschrecken im nachhinein über zuwenig Kontrolle. Wir müssen als Therapeuten beachten, daß eine solche Atmosphäre wohltuend, aber auch verführerisch sein kann. Je nach biographischem Hintergrund kann dadurch ein Defizit ausgeglichen oder eine narzißtisch-gebende und damit vereinnahmende Haltung von Eltern wiederholt werden.

Der emotionale Zustand ähnelt dem der hypnoiden Entspannung, wie wir sie aus der Katathym-Imaginativen Psychotherapie kennen und die Leuner als Abblendung des aktiven Wachbewußtseins (Leuner 1994) beschreibt. Es handelt sich dabei um eine psychophysische Entspannung, die bereits therapeutisch wirken kann (Wilke 1990).

Während der Auswahl kann es vereinzelt zu starken emotionalen Reaktionen auf ein «Symbol» kommen, das die Betreffenden keiner Erinnerung zuordnen können. Die dadurch entstehenden Spannungen blockieren in der Regel das ruhige weitere Aussuchen. Deshalb ergänzen wir die Arbeitsvorgaben durch eine Zusatzanweisung. Wir verweisen darauf, daß alles ansprechende Material gewählt werden soll, daß es aber nicht offen ausgelegt werden muß. Symbole, die Scham, Angst oder eine andere Form starker Erregung auslösen, können beim Aufbau des Bildes verdeckt zur Seite gelegt werden. Sie werden nur dann in die Besprechung einbezogen, wenn sich der Patient selbst dazu entschließt. Durch dieses Recht auf Geheimnisse geben wir der Abwehr den ihr zustehenden Raum und erreichen gleichzeitig, daß die emotionale Ebene erhalten bleibt und nicht durch aufkommende Ängste eingeengt wird. Die Erfahrung zeigt allerdings, daß die zunächst verborgenen Symbole in vielen Fällen während der Besprechung spontan in das Bild einbezogen werden. Wir führen das darauf zurück, daß durch das Recht auf Selbstbestimmung das Vertrauen gefestigt wird.

Das Auswählen braucht Zeit

Wenn wir mit Familien, Paaren und Gruppen arbeiten, geben wir eine Dreiviertelstunde als Auswahlzeit an. Eine zeitliche Ausdehnung auf eine Stunde oder mehr, wie wir sie früher auf Drängen von Patienten gewährt haben, sehen wir inzwischen nicht mehr als sinnvoll an. Nach unserer Erfahrung wird dadurch nur die Schwierigkeit verstärkt, sich endgültig für etwas zu entscheiden. Etwa zehn Minuten vor Abschluß verweisen wir auf die Zeit, achten aber darauf, daß wir nicht ungeduldig drängen. Dadurch könnten sich unnötigerweise Kindheitserinnerungen in den Vordergrund drängen: «Wieso bist du immer noch nicht fertig, muß ich denn ewig auf dich warten?» In Einzeltherapien muß man mit etwa zwanzig Minuten rechnen, da nicht zunächst nur in Gedanken ausgewählt wird, sondern die Symbole sofort aufgenommen werden können.

Zunächst wird in Gedanken ausgewählt

Wenn mehrere Menschen zugleich ihre Symbole auswählen, wie es in Gruppen, bei Paaren und Familien der Fall ist, dann bitten wir sie, sich ihre Symbole zunächst nur in Gedanken auszuwählen, sie aber noch nicht wegzunehmen. Das hat mehrere Gründe. Wenn nicht mehr alle Gegenstände zur Verfügung stehen, können Doppelwahlen nicht deutlich werden, die für die Diagnostik bei Paaren und Familien sehr wichtig sein können.

In Gruppen können Erlebnisse aus der Kinderzeit mobilisiert werden, wenn ein anderer ein Symbol weggenommen hat, das einem selbst wichtig ist: «Ich bekomme ja wieder nicht das, was ich so gern haben wollte, weil die anderen es schon haben.» Die Mobilisierung der Kindheitsproblematik würde zu diesem Zeitpunkt Spannung aufbauen und dadurch Ruhe und Gelassenheit zerstören. Falls die Rivalitäts- und Eifersuchtsthematik für die Patienten ein zentrales Thema ist, setzt sie sich nach unseren Erfahrungen aufgrund dieser Situation sowieso durch, so daß die Therapeuten nicht befürchten müssen, eine Problematik zu unterdrücken. Damit die Auswahl nicht zu einer Strapaze wird und dadurch die Entfaltung auf der emotionalen Ebene stört, erhalten alle Teilnehmer Stift und Papier, auf dem sie sich Notizen machen können.

Wenn allerdings Menschen Mühe haben, sich auf die symbolische Ebene einzulassen, können diese Schwierigkeiten durch die vorerst gedankliche Auswahl verstärkt werden. In solchen Fällen lassen wir die Symbole unmittelbar einsammeln.

3.1.4 Vierte Phase: Das «Bild» wird aufgebaut

Das Unbewußte bestimmt die Anordnung

Wenn die Patienten ihre Symbole ausgewählt haben, schlagen wir vor, daß sie sie so auf dem Boden anordnen, wie sie es gefühlsmäßig für richtig halten. (Die Anordnung wirkt wie ein Bild und wird von uns fortan auch so benannt). Durch die spontane Anordnung können z. B. Konflikte, unbewußte Anteile oder Verhaltensweisen deutlich werden, die in einer verbalen Schilderung so nicht sichtbar würden. Zwei Beispiele können das verdeutlichen.

Beispiel: Sich selbst verdecken

Eine dreißigjährige Patientin litt unter immer wiederkehrenden depressiven Verstimmungen. Sie war verheiratet und hatte zwei kleine Kinder. Um mir (M.E.W.) über ihre Beziehungen innerhalb ihrer Familie klarzuwerden, bat ich sie, sich selbst im Rahmen ihrer

Familie darzustellen. Ihr Bild hatte sie so aufgebaut, daß sie für sich selbst ein Photo ausgewählt hatte, das wesentlich größer war als die Karten für die anderen Personen, das aber dann in der Anordnung von diesen fast völlig verdeckt war. Der Impuls, sich selbst einen größeren Wert beizulegen, und ihre innere Norm, sich selbst nicht wichtig nehmen zu dürfen, fanden diese Kompromißlösung. Als wir das Bild besprachen, fielen ihr Verhaltensregeln ein, die ihre Mutter sich selbst und den Kindern gegeben hatte: «Zuerst kommen die anderen, dann komme ich.» Ihre Mutter hatte sich bis zur Erschöpfung für ihren Mann und für die Kinder aufgeopfert. Als die Patientin bei dem Blick auf ihr Bild die Größenunterschiede der Symbole sah, war sie beschämt über den Stellenwert, den sie sich selbst gegeben hatte, beruhigte sich aber damit, daß von ihr sowenig zu sehen war. Die gesunde Seite des Impulses konnte sie nur sehr allmählich sehen.

Beispiel: Die erwünschte Nähe

Eine Patientin hatte ihr Familienbild so angeordnet, daß sie – «als Älteste» – ganz nahe bei den Eltern war, während ihre jüngere Schwester am Rande des Bildes lag. Bei der Besprechung zeigte sich dann, daß es sich bei dem von ihr angeordneten Bild um einen Wunsch handelte. Die kleine Schwester hatte durch ihren Charme beide Eltern ganz für sich eingenommen. Die Patientin hatte mit Wut und Verzweiflung reagiert und war zu einem mürrischen Kind geworden. Im Symbolbild hatte sie sich mit der Begründung, daß sie das Bild in der Art eines Stammbaums legen müsse, ihren Wunsch nach dem Platz in der unmittelbaren Nähe der Eltern erfüllt.

Eine andere Variante unbewußter Darstellung zeigt sich in der Ausrichtung der Symbole. Wir sagen in der Anweisung zum Aufbau ausdrücklich, daß das Bild so aufgebaut werden soll, daß die Patientinnen und Patienten es selbst sehen können. Einzelne Patienten und Patientinnen legen trotz dieser Aufforderung die Symbole so aus, daß sie uns zugeordnet sind und sie selbst ihre Symbole nur «auf den Kopf gestellt» ansehen können. Wir sprechen sie darauf an und fragen nach – einige reagieren verblüfft und lächeln dann über ihre Tendenz, es immer den anderen recht zu machen. Andere verstehen das Nachfragen nicht, und einzelne sind gelegentlich auch verärgert, da ihr Verhalten doch selbstverständlich sei.

Doppelwahlen sind möglich

Wenn mehrere Menschen zusammenarbeiten und ihre Symbole einsammeln, stellt sich häufig heraus, daß einzelne Symbole schon von jemand anderem weggenommen sind. Es entsteht zwar wieder die alte Kinderstubensituation – sie ist aber zu diesem Zeitpunkt besser handhabbar. Der hypnoide Zustand ist in ein aktives Wachbewußtsein übergegangen, in dem die Gefühle nicht so verletzbar sind und Frustrationen besser ertragen werden können. Es bleibt allerdings die Tatsache, daß fehlende Symbole in einem Gesamtbild schmerzliche Lücken hinterlassen. Um diese nicht unerträglich zu machen und um die Gesamtstruktur zu erhalten, stehen Zettel zur Verfügung, die sich diejenigen, denen ein Symbol fehlt, nehmen können, um darauf den fehlenden Gegenstand zu benennen und sie an den dem Symbol zugedachten Platz zu legen. Wer sein Bild erklärt und bearbeitet, tauscht alle Zettel gegen die Symbole ein und kann mit dem vollständigen Bild arbeiten. Wurde durch die Auswahlsituation eine Rivalitätsproblematik aus der Kindheit mobilisiert und ist sie sehr bedrängend, so kann sie in die anschließende Bearbeitung aufgenommen werden.

3.1.5 Fünfte Phase: Die Symbole sprechen

Ein «Bild» entsteht

Die Auswahl der Symbole ist noch weitgehend von der spontan aufkommenden Sicherheit bestimmt, daß ein bestimmtes Symbol für das derzeitige Erleben bzw. die gewählte Thematik passend ist. Das betrifft auch solche Symbole, deren Bedeutung den Patienten unklar bleibt. Mit der Erläuterung des «Bildes» entfalten sich die Symbole und werden dann auch für die Erzählenden oft sehr viel prägnanter, als sie sie bei der Auswahl erlebt hatten. Themen werden, im Symbol fokussiert, sichtbar: Ängste, Blockaden, aber auch Möglichkeiten der Entwicklung. Auf der Beziehungsebene zeigen sich fruchtbare und zerstörerische Elemente. Erinnerungen werden wach mit den damit verbundenen Gefühlen. Entscheidend für die Entfaltung der Symbole scheint die Fähigkeit eines Menschen zu sein, sich auf die Symbolisierung und damit auf die emotionale Ebene einzulassen. Menschen, deren Symbolisierungsfähigkeit eingeschränkt wurde, können nur rational mit den Symbolen umgehen.
    Dementsprechend kann diese Phase, in der die Patienten oder Patientinnen ihr Bild erläutern, sehr unterschiedlich verlaufen. Manche Men-

schen erzählen, angeregt durch die Symbole, ihre (Lebens-) Geschichten farbig und deutlich. Ihnen fallen immer weitere Einzelheiten ein, die ergänzen, was bisher durch das Symbol schon angesprochen wurde. Zeitweilig werden Szenen und die dazugehörigen Gefühle erinnert, die zuvor nicht bewußt waren.

Der Hammer des Vaters in der Werkstatt

So hat ein Hammer, den ein Patient als Symbol für seinen Vater gewählt hatte, die Erinnerungen an gemeinsame Stunden in der Werkstatt wachgerufen, und die Freude über das Zutrauen, das der Vater ihm entgegenbrachte, als er ihm kleine Arbeiten selbständig überließ, war wieder präsent. Seit Jahren hatte er nicht mehr an diese Zeit gedacht, da ihm der Vater durch die Scheidung der Eltern fremd geworden war. Das Vaterbild, das ihn über Jahre begleitet hatte, war das eines kühlen Mannes, der kein Interesse für den Sohn hatte.

Anders sieht die Erklärung der Symbole bei Menschen aus, denen die Symbolisierungsfähigkeit verlorengegangen ist, die also auf diesem Wege keinen Zugang zu ihren Gefühlen haben. Sie können nur sehr karg beschreiben, weshalb sie die Symbole gewählt haben und was sie mit ihnen verbinden. Die Verknüpfungen sind oft rationalisierend: «Ich habe das Spinnrad für meine Großmutter gewählt, weil sie die Wolle selbst gesponnen hat – mehr kann ich dazu nicht sagen.» In solchen Fällen entfaltet sich keine Szene. Für die Therapeutinnen und Therapeuten heißt das, zunächst die Erklärung des gesamten Bildes abzuwarten, um dann durch behutsames Nachfragen in der späteren Bearbeitungsphase die Szene anzureichern, etwa durch Fragen, ob der Patient sich erinnere, wo die Großmutter gesessen habe, wie die Wolle ausgesehen habe und ob er sich an den Geruch der Wolle erinnere.

Auch der Erzählverlauf ist bei den einzelnen Menschen unterschiedlich. Manche erläutern nach und nach jedes einzelne Symbol, ohne an einer Stelle länger zu verweilen, andere gewichten einzelne Symbole mehr, über andere gehen sie schneller hinweg. Gelegentlich verharren Patienten bei einem Symbol und brauchen dafür einen Großteil der zur Verfügung stehenden Zeit. In der Regel handelt es sich dabei um ein wichtiges Symbol. In solchen Fällen ist es sinnvoll, die Aufmerksamkeit dabei zu belassen und in der folgenden Therapiestunde das Bild weiter zu besprechen.

Die Symbole sind für viele Menschen hoch emotional besetzt, so daß es zu gravierenden seelischen und körperlichen Reaktionen kommen kann. Wie stark die Verbindlichkeit der Besetzung ist, kann sich auch in der weiteren Symbolarbeit zeigen, wenn durch Veränderung der Positionen oder durch Entfernen eines Symbols gefühlsmäßige Reaktionen von hohem Ausmaß hervorgerufen werden: Angst, Verlustgefühle und Wut, aber auch Erleichterung, Glücks- und Befreiungsgefühle (s. Kap. 5.4). Auf die Tatsache, daß sich die entstehenden Gefühle sowohl belastend wie lösend auf den Körper auswirken können, weist Flores d'Arcais-Strotmann in ihrem Beitrag «Vom Symbol zum Körper – vom Körper zum Symbol» (1998) auf. Wir haben in zwei Ausbildungsseminaren solche gravierenden Reaktionen erlebt: bei einer Kollegin kam es zum Wiedereinsetzen der Menses nach langer Amenorrhöe; auch wenn dabei sowohl die gleichzeitige Einzeltherapie und eine medikamentöse Behandlung eine wesentliche Rolle gespielt haben, hat uns der Beginn der Blutung unmittelbar im Anschluß an die eigene Symbolarbeit, die die Freisetzung von Potenzen zum Thema hatte, aufmerksam werden lassen. Im zweiten Fall kam es nach einem Symbolseminar bei einer anderen Kollegin zu einer rapiden Gewichtszunahme in kurzer Zeit und nach deren Abklingen zum Ausbruch einer Schuppenflechte, die nur durch eine intensive Auseinandersetzung im Rahmen einer Therapie geheilt werden konnte. Offensichtlich waren die Symbole in den Kern des Konflikts gestoßen und hatten diesen mobilisiert.

Symbolanteile werden ausgeblendet

Manchmal bleiben Symbole einseitig, wenn wichtige Anteile ausgeblendet werden. Dies ist z.B. der Fall, wenn Löwen nur als liebevolle und sorgende Elterntiere beschrieben werden, ihre aggressiven Eigenschaften aber ausdrücklich ausgechlossen werden, oder wenn nur die faszinierende Kraft eines Vulkans im Ausbruch und nicht dessen zerstörerische Seiten gesehen werden. Das folgende Beispiel aus einer Paartherapie ist besonders eindrucksvoll, da in dem Übersehen eines Bildanteils sowohl eine Beziehungsdynamik als auch der innere Konflikt eines Menschen deutlich wird.

In einer Paartherapie fiel uns auf, daß beide Partner auf zweierlei Weise miteinander kommunizierten: sie hatten einen betont freundlichen Umgangston, der aber von ganz kurzen aggressiven Spitzen unterbrochen wurde. Uns schien die Spannung zwischen den beiden Partnern im Wesentlichen dadurch bedingt zu sein, daß beide unausgesprochene Erwartungen aneinander hatten und darüber enttäuscht waren, daß die Realität dem nicht entsprach. Deshalb schlugen wir ihnen vor, sich über ihr Bild, das sie von sich selbst und voneinander hatten, Klarheit zu verschaffen. Dazu sollten sie Symbole wählen, die zeigen sollten, was sie an sich selbst und aneinander mögen, was sie nicht mögen, wie sie selbst sein möchten und wie sie sich den anderen bzw. die andere wünschen. Der Mann hatte ein Schaf für die Seiten gewählt, die er an seiner Frau mochte, und verstand darunter ihre wärmende Haltung gegenüber den Kindern und ihre Sanftheit. Als er sein Bild erklärt hatte, fragte ihn seine Frau, ob er mit dem Schaf nicht auch Unbedarftheit meine, man sage ja doch auch «dummes Schaf». Er gab zögernd zu, daß er sich gelegentlich darüber ärgere, daß sie sich nur für die Kinder interessiere, er könne sich mit ihr nicht unterhalten. Um zu zeigen, wie er sie sich wünschte, hatte er eine Darstellung der Salome ausgesucht: schön, schlank und edel bekleidet. Seine Frau war etwas rundlich und trug einfache, praktische Kleidung. Bei der Besprechung war der Mann nicht auf die gut sichtbare Schale eingegangen, die Salome über ihrem Kopf trägt und in der das abgeschlagene Haupt Johannes des Täufers liegt, den Salome auf Geheiß ihrer Mutter hatte töten lassen. Den lebensgefährlichen Aspekt, der mit dem Bild verbunden ist, hatte er ausgeblendet. Da er als Theologe die Geschichte kennen mußte, war zu vermuten, daß er Aggressivität ausblenden muß, nicht nur seine eigene, wie es im Schafbild deutlich geworden war, sondern auch die gegen ihn gerichtete.

Die Aufgaben der Therapeutinnen und Therapeuten während des Zuhörens

Die Atmosphäre, in der die Patientinnen und Patienten erklären, was ihnen die einzelnen Symbole bedeuten, warum sie sie gewählt haben und wen oder was sie repräsentieren, ist bestimmt von der Nachdenklichkeit und dem emotionalen Angerührtsein der Erzählenden und dem aufmerksamen und empathisch mitschwingenden Zuhören der Therapeuten/Therapeutinnen. Wenn wir empfehlen, daß diese zunächst schweigend hören, um in den Ablauf des Erzählens nicht einzugreifen, heißt das nicht, daß sie nicht kurz nachfragen können, wenn sie etwas nicht verstanden haben, oder die Symbole durch Fragen anreichern, wenn bei den Patientinnen/Patienten eine Blockade eintritt.

Die empathisch mitschwingende therapeutische Haltung kann dann besonders wichtig werden, wenn durch ein Symbol Angst ausgelöst wird. Winnicott (Davis 1983) nennt es «die Bereitstellung einer haltenden Umwelt». In Abwandlung von Benedetti (1992) möchten wir es so formulieren: Wesentlich ist die mitmenschliche Bereitschaft der Therapeuten, sich der Angst und der Verzweiflung auszusetzen und dadurch das Gewicht der damit verbundenen Gefühle auf sich zu nehmen. Diese therapeutische Haltung spielt sowohl während der Erzählphase wie während der weiteren Bearbeitung des Bildes eine entscheidende Rolle im Prozeß. «Nach neueren Untersuchungen, die altes Erfahrungswissen bestätigt haben, ist es in relativ unspezifischer Weise auch die tragfähige Beziehung zwischen dem Patienten und dem Therapeuten (...), die einen sehr positiven Effekt auf den psychotherapeutischen Behandlungsprozeß haben kann» (Dieter 1996).

Das Beispiel von Salome verweist auf einen wichtigen anderen Aspekt: die Vertrautheit der Therapeuten/Therapeutinnen mit dem Hintergrund der Darstellungen, der im mythologischen, historischen, religiösen, literarischen, ikonographischen oder musikalischen Bereich liegen kann. Dieses Wissen ist notwendig, um den ganzen Aussagegehalt eines Bildes zu erfassen, sollte aber nicht dazu benutzt werden, die Symbolinterpretation eines Patienten oder einer Patientin von vornherein zu korrigieren. Ganz abwegig ist es, auf der Deutung des mythologischen oder literarischen Hintergrunds zu bestehen, wenn dieser dem Patienten bzw. der Patientin unbekannt ist. Die Kenntnisse und die Sichtweise der Therapeutinnen und Therapeuten können der Hypothesenbildung dienen, sind aber als Maßstab für allgemein Richtiges und Gültiges ungeeignet.

Die Hypothesenbildung

Jede einzelne Bildbearbeitung beinhaltet Diagnostik und Psychotherapie zugleich. Für die Diagnostik «hören wir mit sieben Ohren», wie es Rust (1986) genannt hat, was uns die Patienten und Patientinnen mitteilen, oder wie Leuner (1994) es formuliert, gewinnen wir die Daten aus «der sozialen Situation im derzeitigen Lebenskreis, in dem die Symptomatik provoziert wurde; aus der dynamischen Konstellation in der Familie während der verschiedenen Kindheitsphasen und der Adoleszenz; gegenwärtigen Fehleinstellungen und Charaktereinstellungen sowie der Kenntnis über traumatisierende Lebensabschnitte und die Art früher Objektbeziehungen (…) und aus dem Verhalten im Hier und Jetzt, d.h. in der Übertragungs- und Gegenübertragungssituation während der Therapie».

Durch die symbolische Darstellung sind die Informationen über familiäre Systeme und anderweitige soziale Bezugsfelder besonders gut ablesbar:

- durch die Symbole werden wichtige Charakterzüge der einzelnen Menschen hervorgehoben;

- die Anordnung der Symbole läßt Nähe und Distanz zwischen den einzelnen Personen sichtbar werden;

- familiäre Gesetze zu Bindung und Lösung und zu gültigen Normen werden durch sich wiederholende Wahlen bestimmter Symbole erkennbar;

- Koalitionen innerhalb der Familie sowie Delegationen und Ausgrenzungen zeigen sich in der Zuordnung einzelner Symbole zueinander und in der Aussage der jeweiligen Symbole.

Ein Fragenkatalog kann das Mithören und Mitlesen erleichtern: Wie werden die Personen durch die Symbole charakterisiert? Wie ist der Protagonist bzw. die Protagonistin selbst gekennzeichnet? Wem wird durch die Art des Symbols und durch dessen Position eine besondere Bedeutung gegeben? Welche Menschen sind einander nahe, zwischen welchen Menschen besteht Distanz? Welche Lebenshaltungen sind angesprochen? In welchen Symbolen sind Ängste oder Freude und Glück ausgedrückt? Wem werden sie zugeordnet? Mit welchem Symbol wird begonnen? Mit welchem abgeschlossen? Wie ist der gesamte Erzählverlauf?

Einige Punkte sind besonders beachtenswert:

- Das Symbol, mit dem begonnen wird, kann eine zentrale Bedeutung haben und direkt zu einer wichtigen Thematik führen, ähnlich dem Initialtraum in einer Therapie, es kann aber auch der Abwehr dienen, um von Ängstigendem abzulenken. Meist wird durch die Art der

Erklärung (Stimme, Mimik, Haltung, Atmung) und durch die Deutung, die dem Symbol gegeben wird, erkennbar, worum es sich handelt. Ein solches Symbol kann positiv besetzt sein mit Gefühlen wie Lebensmut, Tatkraft oder Freude oder mit Spannung, Angst oder Traurigkeit. Wichtig ist es, ob dieses Symbol der eigenen Person oder einem anderen Menschen zugeordnet wird.

- Symbolen, die starke Gefühle auslösen, muß immer eine besondere Beachtung zukommen. Häufig wissen die Patienten und Patientinnen nicht, worauf sich diese Gefühle überhaupt beziehen. Ein Zugang kann über assoziatives Vorgehen erreicht werden, indem die Patienten und Patientinnen zu spüren versuchen, welcher Art diese Gefühle sind, ob sie sie kennen und wenn ja aus welchen Situationen, d.h. generell alles assoziieren, was ihnen dazu in den Sinn kommt.

- Die Positionen der einzelnen Symbole können Hinweise geben auf Nähe und Distanz zwischen Personen, sei es auf der Realitäts- oder der Wunschebene, auf Gruppenbildung in sozialen Systemen oder auf die Isolierung einzelner Personen. Wenn es um Eigenschaften geht, kann durch die Lage eines Symbols die Akzeptanz oder Ablehnung solcher Eigenschaften sichtbar werden; wenn z.B. Vitalität und Aggressivität, verkörpert durch einen Löwen, fast völlig abgedeckt wird durch eine Waage, die Ausgeglichenheit und Ruhe symbolisiert.

- Mangel an Farben oder die einseitige Zuordnung lebendiger Farben zu bestimmten Personen, während alles andere in Schwarzweiß gehalten wird, muß hinterfragt werden. Welche Farben gibt es? Was repräsentieren sie, den Menschen selbst oder andere? Viel häufiger, als von uns zunächst vermutet, haben wir farbliche Übereinstimmung zwischen der Kleidung und wichtigen Symbolen beobachtet.

- Unterschiedliche Größe der Symbole oder ein Bild überragende Gegenstände haben in der Regel eine Bedeutung, wie die das gesamte Familienbild überragende Bohnermaschine aus dem Gruppenraum, die als Symbol für die Mutter gewählt worden war und sowohl deren Machtposition wie den Inhalt der Machtausübung zeigte.

- Modulationen in der Stimme beim Erzählen bestimmter Passagen sind Zeichen für Erregung, ebenso Veränderung in Mimik, Haltung, Gestik und Atmung. An welchen Stellen und bei welchen Personen tritt es auf?

Alle diese Beobachtungen erleichtern die Hypothesenbildung, die sich sowohl auf die Diagnostik wie auf den weiteren therapeutischen Prozeß beziehen muß.

3.1.6 Sechste Phase: Erleben und Verstehen

Das Bild ist beschrieben – was nun?

Während der Erklärung der einzelnen Symbole sind den Patienten oder Patientinnen Einzelheiten deutlicher geworden, Assoziationen haben zu früheren Erlebnissen und den damit verbundenen Gefühlen geführt. Das Gesamtbild scheint nach dem Erzählen wie ein imaginärer Spiegel zu sein, in dem sich die Patienten mit ihrer Biographie, ihren Beziehungen und ihren Problemen sehen können. Er spiegelt Erkenntnisse klar, prägnant, unabweisbar.

> So kann z.B. durch die Bildlichkeit der Symbole und durch deren Anordnung sichtbar werden, daß das Selbstbild nur wenige oder gar keine positiven, dagegen viele negative Eigenschaften enthält und positive Seiten nur im Wunschbild zu finden sind; im «Sozialen Atom» kann sich zeigen, daß ein Mensch nur berufliche und keinerlei private Beziehungen hat; in einem Genogramm kann ablesbar sein, daß in den verschiedenen Generationen keine positiven Paarbeziehungen zu finden sind, daß Koalitionen zwischen einzelnen Familienmitgliedern bestehen, während andere ausgegrenzt sind, oder daß Frauen und Männer auf einseitige Rollenvorstellungen festgelegt sind.

Es ist aber auch möglich, daß die Patientinnen oder Patienten ratlos vor ihrem Bild sitzen und nicht wissen, was sie damit anfangen sollen. Das ist vielfach dann der Fall, wenn ohne fest umrissene Vorgabe gearbeitet wird. Es handelt sich dabei meist um unbewußtes Material, was nach und nach entschlüsselt werden muß. Von diesen Fällen abgesehen, fragen wir inzwischen für die weitere Bearbeitung des Bildes meistens die Patientinnen oder Patienten selbst, womit sie beginnen möchten. Dabei geht es uns darum, nicht von vornherein unsere Akzente zu setzen, sondern den Heilungswillen der Betroffenen ernst zu nehmen und nicht selbstverständlich mit der Abwehr zu rechnen. Oft haben der Patient oder die Patientin einen Einstieg gewählt, der uns zunächst überraschend, manchmal irreführend erschien und sich dann doch im Verlauf als sehr sinnvoll erwies.

Wir haben die Erfahrung gemacht, daß die Patienten durch die Erklärung ihres Bildes oft einen für sie wichtigen Anhaltspunkt gefunden haben und Zusammenhänge sehen, die ihnen vorher nicht klar waren, und spontan entscheiden, sich jetzt damit auseinanderzusetzen. Wenn die Patienten und Patientinnen von sich aus keinen Einstieg finden, müssen wir aufgrund unserer Hypothesen entscheiden, wie weiter gearbeitet werden kann. Nur dann, wenn wir den Eindruck haben, daß ein bestimmtes Thema fokussiert werden sollte, bestimmen wir von vornherein, wo zu beginnen ist. Das ist aber selten der Fall und muß hinsichtlich der Abwehr gründlich bedacht werden.

Für Psychotherapeuten, die die Methode einüben, sind klar strukturierte Vorgaben mit nur wenigen Gegenständen (etwa 1–6) am leichtesten zu bearbeiten. Später kann dann mit mehr Material und mit den Vorgaben gearbeitet werden, für die die Auswertungskriterien vorliegen: Familienbild, Genogramm, «Soziales Atom» und Selbstbild. Schwierig zu erarbeiten sind die offenen Vorgaben: aktuelle Konflikte, diffuse Stimmungen und «ich lasse mich auf Unbekanntes ein», da mit ihnen viel unbewußtes Material zutage gefördert wird und nach der Erklärung der Symbole sowohl Patienten und Patientinnen wie Therapeuten und Therapeutinnen zunächst hilflos sein können, was das Ganze bedeuten kann und wo zu beginnen ist. Deshalb empfehlen wir Ausbildungskandidaten, zunächst nur mit strukturierten Vorgaben zu arbeiten und die offenen Themen erst dann zu wählen, wenn sie über mehr Erfahrung in der Symbolarbeit verfügen.

Wieviel Zeit wird für ein Bild gebraucht?

Für die einfachen Vorgaben und wenig Symbolmaterial kann eine Viertelstunde bis zu einer Therapiestunde veranschlagt werden. Sollen Symbole zur Erarbeitung von Familienbild, Genogramm, Sozialem Atom und Selbstbild eingesetzt werden, so ist es sinnvoll, grundsätzlich eine Doppelsitzung von 100 Minuten anzusetzen. Innerhalb dieser Zeit können die Gegenstände ausgewählt, ausgelegt und kurz besprochen werden. Da die Auswahl bereits emotional belastend sein kann, ist es notwendig, eine kurze Besprechung in die zeitliche Planung einzubeziehen und darauf zu verweisen, daß in der folgenden Sitzung mit dem Bild weitergearbeitet wird.

Die Bearbeitung des Bildes beansprucht häufig mehrere Sitzungen. Wenn die Gegenstände für die nächste Sitzung aufbewahrt werden müssen, erhalten sie bei uns einen eigenen Platz. Sie stehen dann anderen Menschen bis zur endgültigen Klärung nicht zur Verfügung. Damit erleben die Patienten und Patientinnen, daß ihre Arbeit wertgeschätzt wird. Das ist besonders bei Menschen wichtig, die im Laufe ihres Lebens unter mangelndem Respekt vor ihrem Eigentum gelitten haben. Ist die

Symbolsammlung nicht groß genug, um soviel Material entbehren zu können, muß mit der Aufnotierung der einzelnen Symbole vorliebgenommen werden.

Der therapeutische Prozeß in der Bearbeitungsphase

Der therapeutische Prozeß, der in der Auswahlphase begann, als neutrale Gegenstände für den Patienten zum Symbol seines Erlebens wurden, ist durch die Erläuterung und die damit verbundene Entfaltung der Symbole in der nächsten Phase vertieft worden und erreicht nun in der Bearbeitungsphase einen Höhepunkt. Unterschiedliche therapeutische Techniken werden eingesetzt, um ein Thema zu fokussieren, z.B. die Veränderung von Beziehungsmustern innerhalb eines Familiensystems, Schritte zur Integration bisher nicht gelebter Anteile, den Rückgriff auf eigene Stärken zur Bewältigung von Defiziten, um nur einiges zu nennen. Die hohe emotionale Besetzung der Symbole führt dazu, daß eine Veränderung auf der Symbolebene eine Veränderung der Gefühlsebene zur Folge hat. Es kommt im emotionalen Gefüge zu Umstrukturierungen. Wir erläutern das anhand der Beispiele in den Texten.

Wir nehmen an, daß der Primärprozeß, wie Salvisberg ihn im Gefolge von Pinkas Noy versteht, der Ort des Geschehens ist. In seiner Revision der Theorie von Primär- und Sekundärprozeß[7] ordnet Noy den beiden Systemen je unterschiedliche Aufgaben zu (Salvisberg 1997): «Das System Sekundärprozeß dient der Realität, es orientiert sich an der Realität. Das System Primärprozeß dient dem Selbst und seinen Bedürfnissen, es orientiert sich an den emotionalen Belangen.» Und Salvisberg fährt fort: «Beide Systeme bauen sich auf, jedes gemäß seiner spezifischen Aufgabe: Im Sekundärsystem werden die Repräsentanzen der Dinge der Realität gespeichert. Zum Beispiel wird das Bild der Stadt, in der ich lebe, im Sekundärsystem optimalerweise wie ein Stadtplan registriert.» Im Primärsystem werden dieselben Dinge registriert, hier jedoch nicht um ihrer selbst willen, nicht in «ihren eigenen Rechten, wie Noy sagt, sondern als Träger subjektiver, emotionaler Erfahrungen. Zum Beispiel wird der Bahnhof in der obengenannten Stadt im Primärsystem als Träger von Abschiedstrauer und Ankunftsfreuden registriert.»

7 siehe vor allem Noy (1969)

Wesentlich ist nach Salvisberg, daß beide Systeme Informationen verarbeiten, jedes gemäß seiner spezifischen Aufgabe. «Noy sagt, der Intellekt sei ein geeignetes Instrument zum Umgang mit der Realität, in bezug auf die Gefühlswelt sei er jedoch ‹characterised by a natural inability to comprehend life› (H. Bergson).»

4. Die Arbeitsvorgaben

4.1 Einfache Vorgaben mit einer geringen Anzahl von Symbolen

Wir haben mit einem oder einigen wenigen Symbolen gute Ergebnisse erzielen können. Themen, die sich für ein solches Vorgehen eignen, sind «Meine gegenwärtige Situation», «Mein momentanes Befinden», «Meine Wünsche an die Zukunft», auch «Mein Selbstbild», das dann mit nur drei Symbolen dargestellt werden soll (akzeptierte, abgelehnte und gewünschte Seiten). Das Beispiel «Die edle Tarnung» (S. 76) zeigt, welche intensiven Erfahrungen auch mit begrenztem Material gemacht werden können.

4.2 Das Familienbild

Im «Familienbild» wird die Herkunftsfamilie mit Eltern und Geschwistern oder die jetzige Familie, Eltern und Kinder, dargestellt. Wenn die einzelnen Personen über Symbole charakterisiert werden, entsteht schnell ein lebendiges Bild. Angewiesen wird lediglich, passende Symbole für alle Familienmitglieder auszusuchen und sie dann so anzuordnen, daß deutlich wird, wer wem wie nahe steht. Aus dem entstandenen Bild kann dann die Art der Beziehungen erarbeitet werden: Wie nahe oder fern stehen sich die einzelnen Menschen? Wer hat zu wem eine besonders enge Bindung und weshalb? Wer steht außerhalb und warum? Ist Autonomie in der Familie erlaubt, oder werden autonome Entscheidungen bestraft? Fühlt man sich in der Familie geborgen oder einsam? Wer hat das Sagen in der Familie?

Wir haben gute Erfahrungen damit, nach einer ersten Phase der Realitätsklärung eine Veränderungsphase vorzuschlagen, in der dann die Wunschkonstellation hergestellt werden kann: «Wie wünsche ich mir die Beziehungen?» oder «Wie hätte ich sie zu bestimmten Zeitpunkten meines Lebens gebraucht?»

Eine dreißigjährige Frau, die wegen einer Angstsymptomatik in Therapie kam, hatte in der Anamneseerhebung nur sehr spärliche Angaben über ihre Familie machen können. Sie konnte sich an nichts erinnern. Die Arbeit mit Symbolen bot sich an, um ein deutlicheres Bild ihrer Kindheitssituation zu erhalten. Ihre Mutter wurde durch ein Bild von Vogeler, «Träumerei», repräsentiert – eine abgewandt sitzende Frau –, der Vater durch das Bild einer Villa von Palladio, die sie als unzugänglich und abweisend beschrieb, der Bruder durch einen hellen Stein, der interessant sei und den alle gerne ansehen wollten; für sich selbst suchte sie sich das Bild eines kleinen Mädchens aus, das scheu und ängstlich an einer Säule lehnt, hinter der es zur Hälfte verborgen ist. Die Mutter lag abseits, ebenso ihr eigenes Symbol; Vater und Sohn lagen nahe beieinander. Die Einsamkeit und die Unzugänglichkeit, die sie erlebt hatte, und die Rivalität zum Bruder wurden durch die Wahl der Symbole und durch die Anordnung deutlich. Auf der Wunschebene sollten die Eltern ihr zugewandt sein, und alle sollten in einem Kreis verbunden sein.

4.3 Das Genogramm

Unter einem Genogramm verstehen wir mit McGoldrick und Gerson (1990) die Darstellung eines Familienstammbaums, der – über mindestens drei Generationen hinweg – die vielfältigsten Informationen über die Mitglieder einer Familie und ihre Beziehungen enthält (s.a. S. 166).

Wir bitten die Patienten, ihr Genogramm so aufzubauen, daß mehrere Generationen dargestellt werden: sie selbst, ihre Geschwister, ihre Eltern und deren Geschwister sowie die Großelterngeneration und, falls möglich, auch die Urgroßeltern. Frühere Ehen oder langjährige Beziehungen und deren Kinder sollen mit einbezogen werden. Das entspricht dem theoretischen Ansatz der Familientherapeuten. Anders als die Systemiker arbeiten wir aber nicht mit Zeichnungen, die wir selbst erstellen, sondern lassen durch die Patienten die Familienmitglieder über Symbole charakterisieren. Für jeden Menschen im System sollen sie ein Symbol auswählen; wenn nötig, können auch zwei oder drei Gegenstände genommen werden. Es sollen alle Personen besetzt werden, lebendige und tote, auch wenn die Patienten selbst sie nicht mehr erlebt haben. Diese Menschen sollen über Eigenschaften beschrieben werden, über die sie in den Erzählungen der Familie weiterleben. Ausdrücklich wird darauf hingewiesen, alle Menschen einzubeziehen, die in den Familien verstoßen wurden, um den Blick für dieses

Phänomen zu öffnen. Am Rande sollen auch Menschen aufgenommen werden, die nicht zur Familie gehören, aber eine wesentliche Rolle in der Kindheit oder Jugend der Patienten gespielt haben.

Die Erarbeitung des Genogramms ist nicht nur in der Diagnostik wichtig, sondern kann zu unterschiedlichen Zeiten im Therapieprozeß hilfreich sein. Nicht selten läßt sich die aktuelle Konfliktsituation als tradiertes Muster früherer Generationen verstehen. Die Klärung der Familienbeziehungen, die Stellung der einzelnen im gesamten Gefüge, Machtverteilungen, Zuneigung und Abneigung, Zuschreibungen, Parentifizierungen und Koalitionsbildungen – innerhalb der Generationen und über die eigene Generation hinweg – sind nur einige Merkmale eines Familiensystems, die im Genogramm sichtbar werden können. Darüber hinaus können unterschwellige Botschaften, die über Generationen weitergegeben wurden, aufgedeckt werden, unter anderem Formen der Angstverarbeitung, der familiär bestimmte Stellenwert von Krankheiten, die Tradierung bestimmender Normen. So wird die Erarbeitung des Genogramms zu einem wichtigen therapeutischen Prozeß, der wesentlich zur Klärung der das Familiensystem bestimmenden Gesetze und Gefühle beiträgt und den Blick für die auch in der Zukunft wirkenden «Bewältigungsstrategien» schärft.

4.4 Das «Soziale Atom»

J.L. Moreno hat als Meßinstrument für Beziehungen ein «Soziales Atom» eingeführt. «Das Soziale Atom besteht als die kleinste Einheit des sozialen Beziehungsgefüges aus allen Beziehungen zwischen einem Menschen und jenen Mitmenschen, die zu einer gegebenen Zeit in irgendeinem sozialen Verhältnis zu ihm stehen» (Leutz 1974). In Anlehnung an Moreno bitten wir die Patienten und Patientinnen, in drei konzentrischen Kreisen ihre Bezugspersonen einzuordnen. Im innersten Kreis finden die Personen selbst und die ihnen am nächsten stehenden Menschen ihren Platz; der zweite Kreis ist für nahestehende Personen, der dritte Kreis für diejenigen Personen gedacht, die wichtig, aber weniger nahestehend sind. Die Kreise können mit Wollfäden gekennzeichnet werden, wobei es von Bedeutung sein kann, für welchen Kreis welche Farbe gewählt wird.

Wir lassen die einzelnen Kreise mit Symbolen besetzen. Dadurch erhalten wir schnell einen lebendigen Eindruck von den Personen, die in den einzelnen Kreisen angesiedelt sind. Zur Auswertung arbeiten wir mit folgenden Kriterien: In welcher Art von Beziehungen lebt der Mensch? Sind sie freundlich und wohlgesonnen, neutral oder ablehnend und feindlich? Sind die beiden inneren Kreise besetzt oder ist der soziale Kontext nur beruflich oder durch weitläufige Bekannte abgedeckt? Bilden die Personen in den einzelnen Kreisen Gruppen, in denen man sich wohlfühlen kann, oder gibt es nur Einzelbeziehungen? Wie lange bestehen die einzelnen Beziehungen? Wechseln sie häufig, oder sind sie konstant?

Es ist wichtig zu reflektieren, daß das «Soziale Atom» kein statisches Gebilde ist, sondern immer wieder variieren wird. Während eines therapeutischen Prozesses sind oft starke Veränderungen im sozialen Beziehungsgefüge zu beobachten. Wir finden es deshalb hilfreich, das soziale Atom von Zeit zu Zeit neu erstellen zu lassen, um eine solche Veränderung auch sichtbar zu machen.

Die Anweisung zum Sozialen Atom lautet: «Suchen Sie sich Gegenstände aus, die die Menschen charakterisieren, die in Ihrem Leben jetzt eine Rolle spielen oder zu einem früheren Zeitpunkt wichtig für sie waren. Suchen Sie auch für sich selbst einen solchen Gegenstand aus. Formen Sie mit den vorhandenen Wollfäden drei konzentrische Kreise. In den innersten Kreis legen Sie die Dinge, die Sie für sich selbst als Symbole gewählt haben, und diejenigen, die den Personen gelten, die Ihnen am nächsten stehen. In den zweiten Kreis gehören die Symbole für die Menschen, die etwas weiter entfernt sind, und der dritte Kreis ist für diejenigen vorgesehen, die Ihnen nicht ganz so nahestehen.»

Beispiel: Wollfaden, Schaf und Wolf

Eine Patientin war wegen einer Agoraphobie zur Therapie gekommen. Sie hatte ausdrücklich darum gebeten, an einer Gruppentherapie teilnehmen zu dürfen, und Einzeltherapie ausgeschlossen. Da die Zweiersituation offensichtlich zu ängstigend war, habe ich (M.E.W.) ihrem Wunsch entsprochen. Die Gruppe, an der sie dann teilnahm, war als geschlossene Gruppe über den Zeitraum eines Jahres konzipiert. In der ersten Sitzung, die grundsätzlich über ein Wochenende durchgeführt wird, wurde mit Symbolen gearbeitet. Den Teilnehmern stand die Wahl unter den Standard-Vorgaben frei. Die Patientin wählte das «Soziale Atom». Im innersten Kreis befand sie sich selbst, dargestellt durch einen etwa 1 cm langen Wollfaden. Für ihren Mann wählte sie ein Schaf aus Keramik; der Wollfaden war an das Schaf angelehnt. Als dritte Person befand sich im innersten Kreis eine Handpuppe, ein Wolf mit bleckenden Zähnen; er verkörperte den Vater. Weitere Personen gab es weder im mittleren noch im dritten

Kreis. Sie war in ihrer Phobie ganz auf die Unterstützung ihres Mannes angewiesen – weitere Beziehungen hatte sie nicht.

Das «Soziale Atom» wurde im Rahmen ihrer mehrjährigen Therapie noch mehrfach von ihr als Thema gewählt. Nach und nach konnte sie sich ihren bedrückenden Erinnerungen stellen; ein Jahr später kam in das Soziale Atom das Bild der Mutter hinzu, die starb, als das Kind zehn Jahre alt war. Sie wurde dargestellt durch eine bergende Mutterfigur. Zu einem späteren Zeitpunkt legte die Patientin ein Bild eines roten Tuches in den zweiten Kreis; es kennzeichnete die durch Suizid verstorbene Stiefmutter, die die Patientin als Dreizehnjährige blutüberströmt als erste vorgefunden hatte. Im dritten Kreis waren eine Ausbilderin und eine Kollegin aus dem Umschulungskurs neu hinzugekommen. Das Bild des Mannes hatte sich vom Schaf in einen Hund verwandelt, sie konnte allmählich die sehr subtilen aggressiven Seiten des Mannes erkennen; der Vater war ebenfalls vom Wolf zum Hund geworden, bei ihm konnte die Patientin die aus der Kindheit erinnerten Zornausbrüche durch die heute erlebten gemäßigteren Seiten ergänzen. Sie selbst war inzwischen zu einer Katze geworden, die nur ruhig liegt, aber «selbstverständlich keine Krallen benutzt». Am Ende der Therapie war sie selbst durch eine aufrecht sitzende Katze symbolisiert, die, wenn nötig, auch ihre Krallen benutzen könnte. Das Soziale Atom war weiter aufgefüllt, sie war nicht mehr isoliert. Bei dem Mann, der seine Stärke in der Rolle des Beschützers gefunden hatte, zeigte sich mit zunehmender Gesundung der Frau die eigene Hilflosigkeit und Schwäche, die sich in depressiven Verstimmungen und Impotenz ausdrückte.

Das «soziale Atom» kann außer für die Gegenwart für jeden wichtigen Zeitpunkt in der Lebensgeschichte aufgestellt werden: es kann sich um die frühe Kindheit, um die Schulzeit, die Adoleszenz oder eine Zeit im Erwachsenenalter handeln.

4.5 Die Spirale

Eine Abwandlung des Sozialen Atoms ist die Spirale. Anstelle der drei Kreise wird eine Spirale geformt, in deren innerstem Kern die Person selbst und die engsten Bezugspersonen und dann in den entsprechenden Abständen alle anderen Personen ihren Platz finden. Die Spirale bietet den Vorteil eines offenen Systems gegenüber der Geschlossenheit der konzentrischen Kreise.

4.6 Das Selbstbild

Das «Selbstbild» haben wir in die Standardvorgaben aufgenommen, da wir in der therapeutischen Arbeit ungewöhnlich oft Menschen begegnen, die Schwierigkeiten mit ihrem Bild von sich selbst haben. Sie können weder ihre Fähigkeiten noch ihre Schwächen richtig einschätzen. Sie plagen sich mit Unsicherheit, ob sie den ihnen gestellten Aufgaben gewachsen sind, und sind häufig unfähig, diese Befürchtung real zu überprüfen. Sie haben Ängste, nicht liebenswert zu sein, «weil sie ja gar nichts zu bieten haben». Sie sind vielfach mit ihrem Versagen beschäftigt, aber dann gleichzeitig unfähig, sich ihre Schwächen wirklich genau anzusehen. In meiner Arbeit in der Studentenberatungsstelle (M.E.W.) habe ich bedrohliche Depressionen bei Patienten erlebt, wenn es im Rahmen der Therapie von Arbeitsstörungen darum ging, sich statt des allgemeinen Gefühls der Unfähigkeit im Studium im Detail darüber klarzuwerden, was man wirklich kann und was man wirklich nicht kann. Das diffuse Gefühl war offensichtlich leichter zu ertragen als die Konfrontation mit der Realität, weil es noch die ebenso unbestimmte Hoffnung beinhaltete: «Es wird schon nicht so schlimm sein, wie ich befürchte.» Aufgrund dieser Erfahrungen lassen wir die Patienten Symbole für ihre Fähigkeiten und Schwächen suchen, nach dem Motto: «Ich muß wissen, was ich kann, um auszuhalten, was ich nicht kann.» Bei der Besprechung des Bildes achten wir darauf, daß bei jedem einzelnen Symbol der Realitätsbezug hergestellt und gesehen wird, bei welchen Gelegenheiten und wie sich die betreffende Eigenschaft zeigt. Wenn wir annehmen, daß bei ängstigenden «Schwächen» die familiäre Umwelt eine bestimmende Rolle innehat, fragen wir nach, wer sich am meisten über eine Eigenschaft freut, wer sich am meisten darüber ärgert.

Von einer Kollegin haben wir übernommen, im Selbstbild auch die Verhaltensweisen und Ängste durch Symbole darstellen zu lassen, die man aus eigener Kraft oder im Rahmen einer Therapie bereits überwunden hat. Solch ein Rückblick auf bereits Geleistetes stärkt die Kraft für bevorstehende Aufgaben.

Einige stellen hohe Anforderungen an sich selbst und leiden dann daran, daß sie ihnen nicht genügen können. Dann besteht zwischen ihrem Idealbild, das ihnen sagt, wie sie sein müßten, und ihrem Realbild, wie sie sich erleben, ein bedrohlicher Unterschied, der unüberbrückbar scheint. Besteht eine derartige Problematik, kann in der Bearbeitung des Bildes jedes Symbol aus dem Real- und dem Idealbild einzeln daraufhin untersucht werden, wie die Unterschiede überbrückbar sind. Auch dabei muß auf den Realitätsbezug geachtet werden: «Wie und in welcher Zeit ist was erreichbar?» Um dies zu unterstützen, können häufig Ressourcen (z.B. bereits bewältigte Probleme) aus dem eigenen Bild zu Hilfe genommen werden. Wegen der Darstellung in den Symbolen werden mögliche Kräfte weniger oft übersehen.

Wenn die Idealvorstellungen noch zu stark sind, kann eine Umsetzung in den Realbereich zwar wünschenswert, aber dennoch zu ängstigend sein. Dies zeigt eindrücklich das folgende Beispiel.

Beispiel: Der verlockende und ängstigende goldene Apfel

In einem Selbstbild hatte eine Seminarteilnehmerin das Photo eines gesunden, hell glänzenden Apfels gewählt. Es verkörperte ihren sehnlichen Wunsch, von sich sagen zu können: «Ich bin strahlend, in Ordnung, es stimmt mit mir», und war in den Bereich des Ich-Ideals integriert. Im realen Bereich standen die Photos einer lachenden Frau und eines kämpfenden Paares für Vitalität und Aktivität, die sie im Alltag mitunter an sich spürt und mag; das Bild eines kleinen Mädchens, das die Schnürsenkel an den Schuhen selbst binden kann, repräsentierte Ausdauer und Geduld. Da andere aber in diesem letzteren Photo einen Ausdruck von Einsamkeit wahrnahmen, ließ sie sich sofort in ihrer positiven Einschätzung verunsichern. Darin wurde deutlich, daß sie, obgleich sie bereits einige positive Spiegelungen in ihr Selbstbild aufgenommen hatte, diese noch nicht sicher und fest integriert hatte. Sie ließ die positiven Einschätzungen leicht durch Einwände anderer verunsichern. Offenbar entsprachen diese Einwände ihrer grundlegend negativen Selbsteinschätzung. Dementsprechend nahmen auch die negativen Eigenschaften im Gesamtbild einen großen Raum ein.

Da der Apfel im Wunschbild einen so hohen Stellenwert hatte, schlug ich (M.E.W.) vor, ihn für kurze Zeit in das Realbild zu legen, um spüren zu können, wie sich das anfühlte. Die Reaktion war: «Ach, wäre das schön!» Da ich trotz des Glücks, das in diesem Seufzer fühlbar war, gleichzeitig eine Spannung spürte, bot ich, wie versprochen, an, das Ganze wieder rückgängig zu machen. Der Apfel lag nun wieder im Idealbereich; auf meine Frage, wie es ihr nun gehe, erhielt ich die Antwort: «Ich bin entlastet.» Das Probefühlen hatte gezeigt, daß die Angst, sich selbst schon so positiv zu sehen, trotz aller Wünsche danach noch überwog. Der Integrationsversuch geschah noch zu früh.

Andere haben ein überhöhtes Bild von sich selbst, das ihnen ebenfalls den Blick für die realen Fähigkeiten verstellt. Die Ursache liegt darin, daß es in Familien häufig an adäquaten Spiegelungen mangelt. Kinder können pauschale Beurteilungen erfahren, die ihnen generelle Unfähigkeit («Du hast eben zwei linke Hände») oder uneingeschränkte Fähigkeiten attestieren. Häufig liegt diesen Pauschalbewertungen die Angst der Eltern zugrunde, sie könnten durch Lob ihre Kinder zu Hochmut erziehen oder, im umgekehrten Fall, sie könnten durch Tadel Selbstbewußtsein zerstören. Die Kinder erleben sich dann generell unwert oder begeben sich in Größenphantasien über sich selbst, die keiner Bewährungsprobe standhalten und dann in Selbstabwertungen umkippen.

Die Folge all dieser Faktoren ist, daß die Menschen auch als Erwachsene unsicher sind über ihre Fähigkeiten, über den Grund, warum sie geachtet oder geliebt werden könnten, oder warum ihnen Ablehnung entgegengebracht wird. Um mit Hilfe des «Selbstbildes» an einer angemessenen Selbsteinschätzung arbeiten zu können, lautet die Anweisung:

> Suchen Sie für Ihr Realbild Gegenstände, die zeigen, was Sie an sich gut finden und was Sie an sich nicht mögen bzw. welche Ihrer Eigenschaften Sie ängstigen. Für Ihr Wunschbild wählen Sie solche Dinge, die charakterisieren, wie Sie sein mögen. Sie können auch solche Seiten darstellen, die ihnen früher Probleme bereitet und die sie bereits überwunden haben.

Wir formulieren die Anweisung so ausführlich, weil viele Menschen nichts finden, was sie an sich mögen, aber eine Fülle von Eigenschaften, die sie nicht mögen. Das ist dann besonders aufschlußreich, wenn in der Anweisung betont darauf hingewiesen wurde, daß alle Seiten besetzt werden müssen. Menschen, die ihre negativen Seiten verleugnen, hören gelegentlich die Anweisung in der veränderten Form: daß sie einen Gegenstand suchen sollen, der die Eigenschaften symbolisiert, die sie grundsätzlich ablehnen. Bei der Darstellung sehen sie dann keinerlei Zusammenhang mit sich selbst. Oft zeigt es sich in der Besprechung, daß die Ursache der Verleugnung in der Angst vor latenten, gefürchteten Anteilen liegt.

Für die Bearbeitung muß viel Zeit vorgesehen werden, da die Klärung des Selbstbildes für die Betroffenen mühsam und schmerzlich sein kann. Es ist schwer zu ertragen, wenn durch die bildliche Darstellung augenfällig wird, wie gering oder überhöht die eigene Person eingeschätzt wird, oder wie groß die Diskrepanz zwischen dem Real- und dem Idealbild ist. In der Besprechung müssen dann die Idealanforderungen auf ihre Sinnhaftigkeit überprüft und verursachende, meist familiäre Normen gegebenenfalls hinterfragt werden.

4.7 Die Erarbeitung aktueller Probleme

Wir arbeiten nicht nur mit festen Vorgaben, sondern nehmen, wie es in der Psychotherapie üblich ist, die aktuelle Thematik auf, die die Patienten belastet. Daß auch dies mit Symbolen möglich ist, soll anhand einzelner Beispiele aufgezeigt werden. Die Beispiele stammen sowohl aus Ausbildungsseminaren wie aus der psychotherapeutischen Arbeit mit Patienten.

Beispiel: Was denkt meine Familie über mich?

In einem Seminar hatte eine Kollegin beschlossen, sich ihre Situation in ihrer Familie näher anzuschauen und Symbole dafür auszusuchen, wie die einzelnen Personen ihrer Familie auf ihre Geburt reagiert hatten. In ihrer Lehrtherapie war sie immer wieder an diese frühe Situation geraten, die ihr vom Hörensagen bekannt war, nun wollte sie sich damit intensiv beschäftigen. Die Mutter habe sich vor der Geburt von dem Vater getrennt, sie lebte, finanziell abhängig, bei ihren Eltern. Die Großmutter hätte der Enkeltochter über Jahre hin immer wieder gesagt, «daß keiner über ihre Geburt erfreut gewesen sei, daß im Gegenteil niemand sie hätte brauchen können, sie aber so stur und zäh gewesen sei, daß alle Versuche der Mutter, sie aus ihrem Bauch loszuwerden, nichts genützt hätten». Um im Bild sichtbar werden zu lassen, wie die einzelnen Familienmitglieder bei ihrer Geburt über sie gedacht hatten, suchte sie sich Gegenstände aus, mit denen sie das Baby charakterisierte – jeweils aus dem Blickwinkel der einzelnen Angehörigen.

So wurde sie nach Ansicht der Großmutter zu einer Zecke, die sich hartnäckig in die Haut verbeißt, ein Ungeziefer. Die Mutter selbst hatte das Kind als Bedrückung erlebt; sie wollte nichts haben, was sie an diesen Mann erinnerte. So wurde das Kind zu einer Last, symbolisiert durch ein Gewicht. Aus der Sicht des Vaters war sie die Spinne in einem Netz, in dem er sich gefangen sah.

Das folgende Beispiel stammt aus einer Einzeltherapie und wurde uns von Frau Salvisberg zur Verfügung gestellt.

Beispiel: Wie kann ich jetzt mit meiner Familie zurechtkommen?

Eine Patientin kam sehr bedrückt in die Therapiestunde, weil ihr eine Familienzusammenkunft «bevorstand». Sie wisse nicht, wie sie bei dem Familientreffen mit den einzelnen zurechtkommen solle; außerdem fühle sie sich hilflos, wenn sie mit ihrer Schwester Telefongespräche führen müsse. Frau Salvisberg bat sie, sich Gegenstände auszusuchen, die die einzelnen Familienmitglieder symbolisieren könnten, und sie so anzuordnen, daß deutlich würde, wer wem wie nahe oder fern sei. Aufgrund der gewählten Symbole wurde der Patientin deutlich, wodurch die aggressive Grundstimmung in der Familie begründet war, auch wieso sie sich selbst den anderen gegenüber so hilflos fühlte. Sie konnte es für sich klären, woraus die aggressive Grundstimmung in der Familie resultierte, in welche Verquickungen die einzelnen Personen eingebunden waren, war entlastet und sah die einzelnen Familienmitglieder jetzt differenzierter, wodurch ihr angemessene Reaktionen möglich wurden.

Dieses Beispiel bringen wir ein, um zu zeigen, wie sich Widerstand – als Hinweis auf die Schwere der zugrundeliegenden Problematik – schon auf die Auswahl der Symbole und dann auch auf die Bearbeitung auswirken kann.

Beispiel: Ich kann nicht angemessen arbeiten

Eine Kollegin sagte in einem Ausbildungsseminar, sie leide sehr darunter, daß sie die notwendigen Gutachten und Arztbriefe nicht angemessen erledigen könne. «Ich schaffe es immer wieder, mich zu überladen. Obwohl ich mir überlege, wie die Arbeit leichter werden könnte, und dies auch ausführe, schaffe ich es, daß nach kurzer Zeit wieder ähnliche Berge unerledigter Dinge auf mich warten. Dem will ich heute nachgehen.»
Zur Erklärung der Symbole sagte sie: «Ich war beim Aussuchen unheimlich deprimiert – was ich liegen habe, das hat überhaupt nichts mit dem Thema zu tun. Die Falle und der Geldschein schon am ehesten. Da gab es noch andere Symbole, die zum Thema gepaßt

hätten, aber ich hatte überhaupt keine Lust darauf, die zu nehmen. Wenn ich mir das jetzt so ansehe, sind das alles Bilder, die mich sehr anziehen, die mir sehr gefallen, aber ich weiß nicht, was sie mit dem Thema zu tun haben.»

Die Ambivalenz gegenüber der Lösung ist deutlich: Die Kollegin findet nichts oder will Passendes nicht nehmen, «weil es sie nicht interessiert». Als Therapeuten befinden wir uns in der typischen Situation, bereits zu Anfang mit dem Konflikt und dem Widerstand gegen die Lösung konfrontiert zu sein. Wir sind darauf angewiesen, über die Bedeutung der einzelnen Symbole selbst einen Fingerzeig zu erhalten, was der Auswahl vom Unbewußten her zugrunde liegen könnte. Die einzigen konfliktbezogenen Symbole sind die Falle und der Geldschein. Die übrigen Symbole stellen heitere Stimmungen und Wohlbehagen dar – in diesem Fall ein Hinweis auf Widerstand. Bei der Erklärung der Bilder verweilt die Kollegin lange bei den Symbolen, die sie mit angenehmen Erlebnissen verbindet. Die beiden schwierigen Symbole, Falle und Geldschein, führen durch assoziative Verknüpfung zunächst zu ihrer Praxis: «Wenn ich nicht angemessen arbeite, verdiene ich kein Geld, kann meine Miete nicht zahlen und befinde mich in der Falle.» Diese Verbindung ist so realitätsbezogen, daß sie zur weiteren Klärung des Problems nichts beitragen kann. Auf die Frage, was für Einfälle sie noch zu Geldschein und Falle habe, fallen ihr ihre Eltern ein und deren telefonische Ermahnungen: «Aus Dir wird nie was, nun mach das doch endlich so, wie wir es für richtig halten. Wir haben doch mehr Erfahrung.» Nach solchen Telefongesprächen fühlt sie sich wie gelähmt, hilflos, wie in einer Falle. Denn einerseits versuche sie, sich daran zu erinnern, daß sie eine erwachsene Frau sei, werde auch ärgerlich darüber, daß sie wie eine Vierzehnjährige behandelt würde, höre dann aber wieder eine innere Stimme, die ihr mahnend sage, daß die Eltern doch recht hätten, da sie ja wirklich nicht zurechtkomme mit ihren Aufgaben. Außerdem habe sie Angst, den Eltern gegenüber wütend zu sein, da sie doch alt und gebrechlich seien. Da sich bei näherem Nachfragen die Gebrechlichkeit als eine Phantasie (Wunschphantasie?) herausstellt (die Eltern bewohnen zu dem Zeitpunkt gesund ihr Ferienhaus in Portugal), kann die Sorge um die Eltern als Abwehr einer «Mordswut» verstanden werden.

4.8 Zukunftsperspektive

Schwellensituationen, die durch berufliche Belastungen, Scheidung, den Auszug der Kinder oder durch markante Altersgrenzen, etwa fünfzig oder sechzig Jahre, gekennzeichnet sind, bieten sich für das Thema der Zukunftsperspektive an. Solche Situationen lösen häufig ein eher abwartendes oder auch resignatives Verhalten aus: die Menschen nehmen ihr Leben nicht mehr selbst in die Hand, sondern warten ab, was von außen geschieht. Es geht dann darum, einen bestimmten Zeitraum festzulegen, etwa fünf oder zehn Jahre, um sich klarzumachen, was in dieser Zeit geschehen soll. Bei fortgeschrittenem Alter kann die Fragestellung noch zugespitzt werden: «Was kann in den Jahren, die nach durchschnittlicher Lebenserwartung vielleicht vor mir liegen, noch geschehen, und worauf muß ich wirklich verzichten?» Zu dieser Fragestellung sollen dann Symbole ausgesucht werden.

4.9 Ohne Vorgabe arbeiten – der schnelle Weg zum Unbewußten

Wir haben bereits mehrfach darauf hingewiesen, daß es möglich ist, auch ohne jede Vorgabe Symbole auswählen zu lassen. Das ist in solchen Fällen indiziert, wenn es darum geht, eine diffuse Stimmung oder eine nicht greifbare, vage Fragestellung in Symbolen sichtbar zu machen. Die Anweisung muß dann lauten: «Suchen Sie sich Symbole aus, die Angst oder Freude oder andere starke Gefühle auslösen, auch wenn Sie sich nicht erklären können, was die Symbole bedeuten sollen.» Die Bearbeitung solcher Symbole ist in der Regel nur mit sehr behutsamem Vorgehen möglich, da zu Beginn weder Patient noch Therapeut wissen, worum es geht.

5. Therapeutische Techniken

5.1 Das Bild sich entfalten lassen

C.G.Jung (1979) hat seinem Kapitel «Zugang zum Unbewußten» eine Photographie des Eingangs zur Grabstätte des Pharao Ramses III. vorangestellt. Der Eingang besteht aus mehreren Portalen, die in Stufen zur inneren Tür führen. Dieses Bild ist unserer Meinung nach geeignet, das stufenweise Entschlüsseln der Symbolbedeutung zu beschreiben. Das Bild entfaltet sich nach und nach durch das Erzählen, weshalb die Symbole gewählt wurden, wen sie oder was sie repräsentieren, und durch Assoziationen im Laufe der Erzählung. Oft tauchen spontan Erinnerungen an Gefühle oder Situationen aus der Lebensgeschichte auf.

Die Aufgabe für die Therapeutin bzw. den Therapeuten besteht vor allem darin, zu einer empathischen Haltung zu finden, die die Symbole zu verstehen und mitzufühlen versucht. Es geht dabei nicht vorrangig um ein intellektuelles Begreifen, sondern um das Verstehen auf der emotionalen Ebene, eine wesentlich haltende Funktion, wie sie von Winnicott verstanden wird, gelegentlich auch aushaltende Funktion, wenn viel Angst bei einem Patienten aufkommt. Diese Haltung der Therapeuten ist in der Regel nonverbal, sie wird nur atmosphärisch spürbar. Trotzdem wird sie von den Patienten und Patientinnen als Kommunikation wahrgenommen. Verbal geäußert werden nur dann kurze Fragen, wenn ein Symbol für den Therapeuten oder die Therapeutin unverständlich geblieben ist. Die Aufgabe des Erklärens fällt dem Patienten oder der Patientin zu.

Wir bringen dazu ein Beispiel aus einem Seminar, das wir wörtlich wiedergeben, da dadurch die Sprache der Symbole lebendiger wird als in der distanzierten Form therapeutischer «Berichterstattung». Die Kollegin erklärt ihr Bild:

Beispiel: Familienbild[8]

Meine Großeltern leben nicht mehr. Mein Großvater und meine Großmutter mütterlicherseits haben weiter weg gelebt, während die Großeltern väterlicherseits mit meinen Eltern zusammengelebt haben. Meinen Großvater mütterlicherseits habe ich als ruhigen, angenehmen Menschen in Erinnerung – dafür habe ich diese Katze gewählt (liegende Katze) – und meine Großmutter mütterlicherseits als eine Person, die immer schimpfend durch die Welt gegangen ist. Ich hatte mit ihr nicht viel zu tun, weil sie weiter weg wohnte. Diese Gouvernante gilt für diese Großmutter (Photo: Eine Person in langer Kutte, die peitschenschwingend Kindern hinterher rennt).

Bei den Großeltern väterlicherseits, mit denen ich aufgewachsen bin, finde ich es erstaunlich, daß mir wenig an konkreten Beziehungen einfällt. Mein Großvater war Sattler und Polsterer. Ich war oft in der Werkstatt und habe mitarbeiten dürfen. Da war ein Miteinander. Für den habe ich die Zange gewählt, so eine hat er immer gehabt. Und meine Großmutter väterlicherseits, die war auch nicht so eine Großmutter, wie man sie sich wünschen würde. Da ist mir in Erinnerung, daß alles nicht recht war, und da fand ich die Eule, die irgendwo auf dem Baum sitzt und alles beäugt. Das ist ein ganz gutes Bild dafür. Der Löwe steht für meinen Vater (goldener Löwe am Markusdom in Venedig). Zuerst hatte ich einen Baum ins Auge gefaßt, als schutzgebend und auch stark. Danach kam mir das Löwenbild in die Hand, und da hatte ich das Gefühl, das ist es: jemand, der alles, was er anfaßt, schafft, der aber auch die Kraft hat, alles durchzustehen. Der ist auch für mich beschützend. Gleichzeitig kann er auch brüllen und angst machen. Das ist auch das, was als Kindheitserinnerung dominiert. Da gibt es kleine Episoden, wo das Angstmachende und Mächtige bedeutsam ist, während ich jetzt stärker das Starke und zum Teil auch das Beschützende sehe. Und bei meiner Mutter, da paßt das Bild von dem Bett, in das man sich fallen lassen kann (Photo: ungemachtes Bett). Das ist nicht eine Mutter, die durch Geschichtenerzählen und Zuwendung in der konkreten Form da war, weil sie sehr viel arbeiten mußte/gearbeitet hat. Aber sie war immer da, wo man sich

---

8 Das Beispiel stammt aus einem Seminar mit Kollegen, das aufgezeichnet wurde.

fallen lassen konnte, wo man sich geborgen fühlen konnte. Und als ich das Bild gesehen habe (Martha Vogeler, sinnend unter einer Birke), da habe ich gedacht: «Das paßt zu mir.» Aber ich denke, das ist vielleicht der größere Teil, da ist aber vieles nicht drin, was ich auch bin. Und das sind meine beiden Kinder (Wasserfall und ein auf der Wiese grasendes Pferd). Als ich den Wasserfall sah, habe ich gedacht, so ist es bei ihr. Man läuft Gefahr, wenn man sich nicht behauptet, daß man mit weggespült wird. Man muß gegenhalten. Sie ist acht Jahre. Und das Pferd ist mein Sohn, der ungestüm sein kann, wild und das Leben ausprobieren will und, da ich allein bin, auch mal meine Lasten tragen muß, wie das die Pferde tun.

5.2 Assoziieren

Die Patienten werden in der Regel nach dem Erzählen aufgefordert zu spüren, wie es ihnen geht; sie werden gebeten, sich das ganze Bild noch einmal anzusehen, sich auch auf einzelnes zu konzentrieren und zu assoziieren, was ihnen einfällt, d.h. ob die Gefühle an bisher Erlebtes erinnern. Dieses Vorgehen entspricht weitgehend dem Prinzip des «Anreicherns», wie es Leuner (1994) beschreibt. Häufig werden Erinnerungen wach und können im Wiedererleben bearbeitet werden. Die Assoziationen können sehr unterschiedlich sein: reichhaltig und in die Tiefe gehend, wie das Beispiel von dem Worpsweder «Haus im Schluh», oder karg und einsilbig, wie die Familie im zweiten Beispiel; sie können auch Unbewußtes zugänglich machen, wie es das Beispiel von der Steinwüste zeigt.

Beispiel: Das «Haus im Schluh» als Bild des Großvaters

Ein Patient hatte als Symbol für seinen Großvater ein Photo gewählt von einem Haus in Worpswede. Er erklärt dazu: «Das Haus paßt gut für meinen Großvater. Er hatte solch ein Haus, ein altes westfälisches Bauernhaus, sehr groß und weiträumig. Es hat viel Platz und ist mit den vielen Fenstern auch hell, obwohl das Dach so weit runtergezogen ist. Das wirkt auf mich einladend und bergend. Wir konnten immer zu ihm kommen. Er hatte viel zu tun, aber am Abend hatte er für uns Enkel Zeit. Dann hat er Geschichten erzählt, wie es früher war, als er ein Kind war. Das Haus auf dem Photo hier, wenn ich es mir genau ansehe, wirkt ja fast ein bißchen vornehm. Aber ich glaube, daß man trotzdem mit schmutzigen Schuhen reingehen darf. Bei meinem Großvater war das so. Er hat immer gesagt: ‹Laß doch die Kinder, das bißchen Schmutz macht doch nichts.› Wenn ich zu ihm in Ferien fahren durfte, ging es mir gut. Es war fröhlich in dem Haus, ganz anders als bei uns zu Hause; da war alles immer so fein.»

Beispiel: Symbolisieren ist nicht möglich – Die Familie bleibt karg

Ein Patient hatte für seine Mutter einen Kochlöffel, für seinen Vater eine Waage, für seine Schwester eine Blume aus dem Garten. Dazu erklärte er, der Kochlöffel passe zu der Mutter, da sie immer in der Küche gewesen sei; die Waage habe er für den Vater ausgesucht, weil er sich erinnere, wie der Vater in seinem Lebensmittelladen die Sachen abgewogen habe. Die Schwester hätte Blumen gerne, deshalb habe er die genommen.

Beispiel: Die Steinwüste und ihre Botschaften

In diesem Beispiel beginnt die Assoziation mitten in der Erzählung. Der Mann war als Teilnehmer eines Paarseminars seiner Frau zuliebe mitgekommen, war aber eher skeptisch «diesen psychischen Sachen» gegenüber. Er halte als Naturwissenschaftler (Mathematik und Physik als Lehrfach) nichts von dem Unbewußten. Er sei für das Greifbare.
Der Mann nahm ein Photo von einer «Steinwüste» in der Türkei in die Hand und begann, ohne jeden Zusammenhang zu dem vorher Gesagten, über den Tod seiner Eltern zu reden, der schon Jahre zurücklag. Seine Frau war irritiert und verblüfft und fragte ihn, wieso er jetzt plötzlich darüber rede und so unvermittelt. Er habe doch bisher nie darüber gesprochen, und vor allem habe er nie gesagt, was für ihn der Tod der Eltern bedeutet habe. Und nun ohne jeden Zusammenhang! Der Mann reagierte verwundert, er wisse auch nicht, warum es ihm eingefallen sei. Es sei wirklich eigenartig. Auf meine Bitte hin (G.W.), sich das Photo, das er in der Hand hielt, doch einmal genau anzusehen, wiederholte er zunächst, er wisse nicht, warum er es ausgewählt habe, da er keinerlei Bezug dazu habe. Er wolle nicht hinfahren und sei auch noch nicht dort gewesen. Die Landschaft spreche ihn auch nicht an. Aber er habe das Photo dennoch genommen.

Nachdem ich ihn noch einmal aufgefordert hatte, sich die Steine doch genauer anzusehen, entdeckte er, daß es sich bei der «Steinwüste» um eine Gruppe von verwitterten Grabsteinen handelte, die er offensichtlich als solche wahrgenommen hatte, ohne daß diese Wahrnehmung in sein Bewußtsein vorgedrungen war. Sie hatten die Brücke zu dem Tod der Eltern geschlagen, über den er nun zum ersten Mal sprechen konnte.

5.3 Der Rollentausch

5.3.1 Möglichkeiten des Rollentauschs

Der Rollentausch ist von Moreno entwickelt worden und wird von ihm zur Selbstwahrnehmung, zur «Du-Erfahrung» und als Mittel eingesetzt, wenn es um die Spiegelung der eigenen Person durch die Augen eines anderen Menschen geht. Was Moreno für das Psychodrama entwickelt hat, setzen wir in der Symbolarbeit ein:

- Wenn es um eigene Anteile geht, die noch nicht in ausreichendem Maß gelebt werden können, bietet der Rollentausch die Möglichkeit, sich für einen begrenzten Zeitraum mit diesen Seiten zu erfahren, ohne für immer darauf festgelegt zu sein. Dabei kann es sich bei den Symbolen um konkrete oder auch imaginierte Gegenstände handeln, wie in den Beispielen «das innere Raubtier» oder der «Hexenbesen». Ein Rollentausch wird immer wieder zurückgenommen und der ursprüngliche Zustand wiederhergestellt. Wenn es sich um stark ängstigende Seiten handelt, die in der Regel aus dem Affekt- oder Triebbereich kommen, ist ein Rollentausch nicht angemessen, da es dabei zum Zusammenbruch der Abwehr kommen kann.

- Sich mit den Augen eines anderen Menschen zu sehen und damit eine andere Sichtweise seiner selbst zu gewinnen, sei es durch eine positive oder kritisch negative Spiegelung, ist eine der wichtigsten Anwendungsmöglichkeiten des Rollentauschs im Psychodrama. Wir benutzen sie in der Symbolarbeit als positive Spiegelung durch eine Bezugsperson, wenn ein Bild keine positive Selbstrepräsentanz enthält (s. Beispiel «Der Großvater hilft», S. 73). Die Funktion der kritischen Stellungnahme ist nach unseren Erfahrungen über die Symbole nicht so effektiv erreichbar.

- Wenn bisher nicht verfügbare Ressourcen mobilisiert werden sollen, kann ein entsprechendes Symbol ausgewählt werden und darüber die damit verbundenen Fähigkeiten ausgestaltet werden. In dem Beispiel «Rat der Zigeunerin» (S. 115) findet der Patient über den Rollentausch mit seiner Zigeunerinseite eine Lösung seiner Problematik, die ihm bisher nicht möglich war. In der Vignette «Die Weisheit einer Maske» (S. 120) kann die Protagonistin in der Gestalt der Maske eine sie fördernde Lebensform erkennen, die weit abseits ihrer bisherigen Lebensgestaltung liegt.

Weisen Therapeuten den Rollentausch mit Tieren oder mit toten Gegenständen an, die Eigenanteile verkörpern, so erfordert das folgende Interview viel Sensibilität. Damit meinen wir, daß als Grundhaltung Ernsthaftigkeit und Respekt nötig sind. Auch wenn wir mit Igeln, Panthern, Bleistiften oder auch mal mit einer «faulen Sau» reden, müssen wir uns als Therapeuten immer bewußt sein, daß es sich um eine symbolische Aussage des Menschen über sich selbst, seine gelebten oder seine latenten Seiten handelt. Wenn das Gespräch ins Lächerliche abgleitet, wird es verletzend. Das heißt nicht, daß das Interview nicht heiter sein kann. Das ist es in der Regel, aber mit dem in der Psychotherapie so wichtigen ich-stärkenden Humor.

5.3.2 Die unterschiedlichen Formen des Rollentauschs

Der Rollentausch mit Selbstrepäsentanzen

Beispiel: Das innere Raubtier

Eine Patientin legte ein Selbstbild: Für die Seiten, die sie an sich schätzt, wählte sie die Photographie einer lachenden Frau, das Bild eines ruhigen Sees und eine Waage. Die Seiten, die sie an sich nicht mag, sogar fürchtet, sind durch einen Panther im Sprung repräsentiert. Lachende Frau und See kennzeichnen ihre Heiterkeit und Ruhe, die Waage ihre Ausgeglichenheit und ihr Bedürfnis nach Harmonie. Der Panther steht für ihre Aggressivität, die sie spürt und versucht, «eisern unter Kontrolle zu halten». Sie fürchtet dann, sehr zerstörerisch zu sein. Nachdem sie erzählt hatte, wie sich in ihrem Alltag die Fröhlichkeit der Frau und die Ruhe des Sees auswirken, wird deutlich, daß es sich, wie mit der Waage bereits angedeutet, nicht nur um Fähigkeiten, sondern auch um einen Zwang zur Ausgeglichenheit und Harmonie handelt. Ihr wird ein Rollentausch mit dem Panther angeboten, um die bisher abgelehnten Raubtierseiten erleben zu können. Der Panther erzählt dann, wie er lebt und wie schön es ist, geschmeidig und kraftvoll die Distanzen zwischen den Bäumen zu überspringen. Wenn sich ein fremdes Tier in sein Revier wagt, greift er es an und jagt es weg. Wenn er hungrig ist, jagt er ein Tier.

Das Jagen und Schlagen der Beute wurde im Rollentausch von der Patientin als selbstverständlich, der Biß in die Flanke des Tieres lustvoll erlebt. Nach der Rücknahme des Rollentauschs blieb das Erleben präsent; die aggressive und – wie sie als Panther erlebt hatte – die damit verbundene gierig-lustvolle Seite waren nun nicht mehr so ängstigend, daß sie sie ganz von ihrem Bewußtsein fernhalten mußte. Sie hatte sie in vollem Ausmaß erlebt und in der Reflektion den Eindruck gewonnen, daß diese Anteile im Alltag kontrollierbar sein könnten. Nach einigen Wochen erzählte sie, daß sie sich in ihrem Umgang mit ihrer Familie geändert habe. Sie höre auf, die immer hilfsbereite Mutter zu spielen. Wenn ihr jemand in ihre Bereiche reinfunke, würde sie sich das gründlich verbitten. Die anderen würden zwar darüber schimpfen, daß sie nicht mehr so nett sei wie früher, aber erstaunlicherweise tun, was sie wolle. Das habe wohl mit dem Panther zu tun – es gefalle ihr auch gut –, aber das gierige Zubeißen, das sei ihr doch noch reichlich suspekt.

In einem Ausbildungsseminar für Katathym-Imaginative Psychotherapie wurde der Rollentausch in der Eingangsrunde, in der sich alle Teilnehmer vorstellen sollten, eingesetzt. Um die Teilnehmer auf die emotional-symbolische Ebene einzustimmen und schnell eine persönliche Atmosphäre zu schaffen, wurde ihnen vorgeschlagen, sich statt mit Namen, Beruf und bisheriger therapeutischer Tätigkeit durch einen imaginierten Gegenstand vorzustellen. Dazu sollten sie sich in einen Gegenstand verwandeln, der ihnen gerade einfiele, und als dieser Gegenstand über die eigene Person zu erzählen. Die Aufgabe der Seminarleitung war es dann, mit diesem Gegenstand ein Interview zu führen.

Beispiel: Der vernachlässigte Hexenbesen

Eine Teilnehmerin erklärte, sie sei ein Hexenbesen. Sie sprach eher mit leiser Stimme, was mir (M.E.W.) für einen Hexenbesen etwas ungewöhnlich erschien und auf mangelnde Übereinstimmung mit den Hexenseiten hinwies. Ich fragte den Hexenbesen, wie er aussehe, wo er lebe, was er alles hexen könne und wie alt er sei, und erfuhr, daß der Besen früher sehr tüchtig gewesen sei, auch relativ viel mit anderen Hexen angestellt habe, jetzt aber gar nicht richtig zum Leben komme. Er stehe in einer Ecke, etwas verborgen, damit man ihn nicht richtig sehen könne. Seine Besitzerin würde sich vermutlich seiner schämen, mindestens sei es ihr wohl nicht ganz recht, daß er da sei. Aber sie würde ihn auch nicht aus dem Zimmer stellen.
Die Ambivalenz war deutlich: haben wollen und nicht haben wollen. Ich wollte wissen, wann die Blockade begonnen hatte.
Ich fragte weiter, wieso er nicht mehr dazu komme, weiter zu hexen, und bat ihn, mir zu erzählen, wie die Frau lebe, der er gehöre. Er kenne sie ja sicher gut. Außerdem wisse er vielleicht, ob sie als kleines Mädchen gehext habe. Ich erfuhr nun, daß die Besitzerin des Hexenbesens ein sehr braves Mädchen gewesen sei. Als sie ganz klein war, sei sie manchmal richtig wütend gewesen, aber das hätte sie dann ganz gelassen. Ihre Mutter sei immer unglücklich gewesen. Heute würde sie auch mit niemandem streiten, ihr sei es wichtig, sich mit jedem zu vertragen. Manchmal hätte sie nur eine furchtbare Wut, da würde sie am liebsten mit dem Besen losziehen. Aber sie täte es dann doch nicht. Ihre Familie wäre ganz schön entsetzt, wenn sie hörte, daß sie überhaupt einen solchen Besen in ihrer Wohnung habe. Nur ihr Freund, der wisse, daß es ihn gebe, der fände das auch ganz gut. Den würde sie jetzt auch heiraten, und zur Hochzeit hätte sie auch ein ganz rotes Kleid.
Die vitalen Seiten sind offensichtlich früh durch die Reaktion der Mutter blockiert worden. Ich vermute, daß es sich dabei sowohl um aggressive wie um lustvolle Seiten handelt und daß sie sich jetzt selbst vor Impulsdurchbrüchen fürchtet. Die könnten sie dazu verführen, wenn sie erst einmal auf ihrem Besen sitzt, sich an der Hexenmoral und nicht an den üblichen Moralvorstellungen zu orientieren. Die Wahl dieses Partners, der die Hexen(besen)seiten an ihr kannte und mochte, spricht aber dafür, daß die Angst vor den Impulsen zurückgeht.

Ich habe deshalb den Besen gefragt, was denn alles passieren könnte, wenn er mal so richtig loslegen würde. Der Besen erzählte mir dann, daß er viel Spaß daran habe, Dinge zu tun, die die Familie nicht gut findet, daß die alles viel zu eng sehen und sich immer nach dem richten würden, was die Umgebung als angemessen ansehe. Er habe dazu keine Lust und werde auch seiner Besitzerin raten, sich ebenso den Forderungen zu entziehen. Er habe den Eindruck, daß sie seinem Rat auch folgen würde.

Da ich den Eindruck habe, daß Hexenbesen und Besitzerin in der Einschätzung der Situation übereinstimmen und sie sich sowieso mit der Wahl des Partners für ihre lebendigeren Seiten entschieden hatte, nehme ich den Rollentausch zurück und bitte den Besen, wieder die Kollegin im Ausbildungsseminar zu werden. Ihre Stimme ist jetzt heiter und lauter als zu Beginn.

Der Rollentausch mit einem Symbol als innerem Ratgeber

Bei der Bearbeitung eines Bildes versuchen wir weitgehend die eigenen Kräfte der Patientin und des Patienten zur Problemlösung einzusetzen. Eine dazu geeignete therapeutische Intervention ist der Rollentausch mit einem der Symbole. In diesem Fall wählen wir ein Symbol aus, das sich als potentielle Kraft anbietet, erbitten einen Rollentausch und fragen dann dieses Symbol um Rat. So wird das Symbol zum inneren Ratgeber, der eine Lösung der anstehenden Probleme anbietet. Ausführlich beschreiben wir dieses Vorgehen in den beiden Beispielen «Die Weisheit einer Maske» (S. 120) und «Der Rat der Zigeunerin» (S. 115). Deshalb verzichten wir an dieser Stelle auf ein weiteres Fallbeispiel.

Der Rollentausch mit einem Symbol, das eigene Stärken repräsentiert

Diese Form des Rollentauschs ist sinnvoll, wenn es sich um Situationen handelt, in denen besonders ängstigende Symbole auftauchen, die entweder die Person selbst oder eine wichtige Bezugsperson repräsentieren. In solchen Fällen ist der direkte Rollentausch mit diesen Symbolen nicht angemessen, da durch ein zu rasches Vorgehen die noch notwendige Abwehr überfahren werden und zusammenbrechen kann.

Man kann jedoch aus dem Bild ein Symbol eigener Stärke oder eine wohlwollende Objektrepräsentanz auswählen lassen und diese dann als Unterstützung gegen die Ängste einsetzen.

Beispiel: Der Panther und die bedrohliche schwarze Spinne

In einem sozialpädagogischen Seminar wurde eine Teilnehmerin durch den Blick auf einen der Gegenstände, eine schwarze Spinne aus Keramik, von ihrer Spinnenphobie überfallen; sie reagierte mit Panik. Die Panik ging erst zurück, nachdem die Spinne in meine (M.E.W) Aktentasche gelegt worden war. Vermutlich konnte meine Stärke die ängstigenden Seiten der Spinne in Schach halten. Da die Seminarkonzeption zwar Selbsterfahrung, aber keine Psychotherapie beinhaltete, mußte eine angemessene Form zur Weiterarbeit gefunden werden. In diesem Fall erschien ein Rollentausch mit einem Symbol sinnvoll, das die Stärke der Teilnehmerin beinhalten konnte. Auf die Frage, ob ihr beim Aussuchen ein Gegenstand aufgefallen sei, der zu ihr passe und dem sie zutraue, mit der Spinne fertig zu werden, nahm sie spontan das Photo eines Panthers. Der zeige, wie sie sich auch fühle, stark und gelegentlich aggressiv. Das eingestreute «auch» zeigte, daß es sich bei der Spinne um eigene Eigenschaften handelte, die aber noch zu ängstigend waren, um sie sich als solche einzugestehen. Nun schlag ich ihr vor, für kurze Zeit zum Panther zu werden, mit dem ich mich dann unterhalten könne. In dem folgenden, längeren Gespräch regte ich den Panther an zu erzählen, wie er sein Leben verbringe, was er tue, wie er sei. (Diese Phase ist notwendig, um Zeit zum Erleben der Panther-Eigenschaften zu geben).
Danach fragte ich ihn, ob er die Spinne kenne, wann er sie zuletzt gesehen habe, was die Spinne denn tue. Der Panther erzählte, daß die Spinne schon sehr alt sei und daß sie ihre Netze baue und da auf Beute laure. Auf die Frage, wer denn die Beute sei, sagte der Panther, daß das ganz «egal» sei, sie nehme jedes Tier, das sich zu nah an ihr Netz heranwage, und würde es dann einwickeln und umbringen. Und das in einem «Mordstempo». Es könne nicht aus Hunger sein, denn das mache sie auch dann, wenn sie schon sehr viele Tiere gefangen habe. Ihm könne sie natürlich nichts anhaben.
Um den Hintergrund für dieses Verhalten und damit Verständnis für die Spinnenseiten zu ermöglichen, fragte ich nun den Panther, ob er wisse, warum das die Spinne so mache. Er meinte, er wisse das nicht,

aber er traue sich zu, die Spinne danach zu fragen. Er erfuhr dann, daß es sich um mörderische Wut handelte, die immer dann ausbrach, wenn jemand ihren Bereich zerstörte.

Der Rollentausch mit dem Panther wurde nun zurückgenommen. Im anschließenden Gespräch war es möglich, sich noch einmal mit den Ängsten zu beschäftigen, die die Spinnenseiten auslösten. Durch die schrittweise Einfühlung in die Spinne mit Hilfe des Panthers hatte die Teilnehmerin erlebt, wie sie auf Grenzüberschreitungen anderer in extreme, d.h. mörderische Wut gerät, die sie dann mit entsprechender Angst abwehrt.

Der Rollentausch zur Spiegelung durch die Sicht eines anderen Menschen

Das folgende Beispiel zeigt eine Form des Rollentauschs, die ermöglichen soll, das Verständnis für die eigene Person zu fördern. Hierbei geht es nicht um die Annäherung an ängstigende Anteile, sondern um das Verständnis für das Kind, das man selbst war. Erfahrungsgemäß ist dies eine der schwierigsten Situationen in den Therapien, worauf unter anderem Alice Miller (1979) hingewiesen hat.

Beispiel: Der Großvater hilft

Eine Patientin, die an einer Bulimie litt, beschrieb ihre Herkunftsfamilie in Worten, die wie ein sachlicher Bericht anmuteten: «Da gibt es nichts zu sagen, alles war gut, die Kindheit war normal. Es gab keine Probleme.» Weil ich (M.E.W) auf diese Weise keinerlei Eindruck von der Atmosphäre in der Familie erhielt, bat ich sie, ihr Genogramm zu legen. Die Mutter der Protagonistin wurde als kostbare Glassammlung (Grünes Gewölbe Dresden) dargestellt, der Vater war eine Waage, der Großvater väterlicherseits ein reetgedecktes Haus aus Worpswede, die Großmutter mütterlicherseits die «Gioconda» von Leonardo da Vinci. Die Patientin selbst war ein «Mädchenbild» von Vanutelli, ein vornehm gekleidetes junges Mädchen, das einen verlorenen Eindruck macht. Zwei Geschwister wurden durch einen kleinen grauen Stein und eine graublaue Wasserdarstellung aus Stoffen repräsentiert. Die Zuordnung untereinander hatte die Patientin – entgegen der Anweisung, Nähe und Distanz zu beachten – nach der Geschwisterfolge gelegt. So war sie als älteste ganz in der Nähe der Mutter, die beiden Geschwister waren in größerem Abstand angeordnet, als es der tatsächlichen Altersgruppierung entsprochen hätte. Als die Positionen in der Familie besprochen wurden und die Patientin sagen sollte, wer wem wie nahe gewesen sei, wurde deutlich, daß der Bruder der Liebling der Mutter war, «der ihr keine Sorgen machte und nicht so ein Problemkind gewesen sei wie sie» (Aussage der Mutter). Im Genogramm hatte sich die Patientin ihre sehnsüchtigen Wünsche erfüllt und sich selbst den Platz nah bei der Mutter gegeben. Dem Bruder hatte sie einen weit entfernten Platz zugewiesen, so wie es ihren Wünschen entsprochen hatte.

Bei der Besprechung des Genogramms hielt die Patientin zunächst rationalisierend daran fest, daß sie nur die realen Positionen wiedergegeben habe. Um einen Zugang zu den Wünschen zu finden, die das Kind gehabt haben mochte, habe ich eine der Personen aus dem Familiengefüge zum Rollentausch ausgewählt. Angemessen war in diesem Fall nur ein Rollentausch mit der in dem Genogramm einzig wohlwollenden Person: dem reetgedeckten Bauernhaus – dem Großvater. Dieses Haus habe ich gefragt, wie es dem kleinen Mädchen in der Umgebung geht, mit wem es sich gut versteht, bei wem es gerne sein möchte. Anschließend habe ich das Haus gefragt, was es dem Kind wünscht.

Durch dieses Vorgehen konnte ein emotionaler Zugang erreicht werden. Wenn das Haus nicht vorhanden gewesen wäre, also kein wohlwollender Mensch in der Familie gewesen wäre, hätte eine solche Form des Rollentauschs nicht durchgeführt werden können; sie ist an eine positive Repräsentanz gebunden.

5.4 Umstrukturierung des Bildes durch neue Zuordnungen

Die Umstrukturierung eines Bildes erfolgt entweder im Rahmen der Bildbearbeitung spontan durch die Patienten oder wird als Technik von den Therapeuten eingesetzt, um ein bestimmtes Thema zu akzentuieren. In dem Beispiel «Schwarzer Schwan und schwarze Spinne» (S. 101) verändert die Kollegin spontan die Zuordnung der übrigen Familiensymbole, nachdem sie in der Auseinandersetzung zwischen ihr selbst als Schwan und der Mutter als Spinne eine befriedigende Lösung gefunden hat. In dem Beispiel «Der Rat der Zigeunerin» (S. 115) fordert die Therapeutin die Zigeunerin auf, das Symbolbild nach ihrem Gutdünken umzuordnen, um damit zu einer Lösung des bedrängenden Konflikts beizutragen.

Tauchen in einem Bild gleiche Themen an unterschiedlichen Stellen auf und entsteht der Eindruck, daß dadurch ein Bewußtwerdungsprozeß verhindert wird oder werden soll, dann kann ebenfalls eine neue Zuordnung hilfreich sein. Die Versicherung, daß es nur darum geht, sich für eine kurze, überschaubare Zeit den Gefühlen zu stellen, gibt größere Sicherheit, sich auf etwas einzulassen, das zunächst gefährlich zu sein scheint. Wenn z.B. in einem Bild alle Kraft-Aggressionsanteile durch Probleme, Ängste und Unfähigkeiten umgeben oder sogar verdeckt sind, kann es sinnvoll sein, darauf hinzuweisen: «Mir fällt auf, daß alle Symbole, die etwas mit Kraft zu tun haben, von ganz andersartigen Symbolen eingerahmt, überdeckt oder abgetrennt sind. Könnten Sie sich vorstellen, sie einmal für kurze Zeit anders anzuordnen und sich dann anzusehen, was daraus wird?» Falls die neue Zuordnung Beunruhigung auslöst, bieten wir an, die alte Konstellation wiederherzustellen. Häufig schließt sich dieser therapeutischen Intervention eine Hin- und Herbewegung der Bilder an, ein Abwägen zwischen dem Erleben der ängstigenden Kraft und dem «beruhigenden» Einbinden dieses Potentials in Ängste oder andere Probleme. Dieses Ausloten, wohin der weitere Weg führen soll, ist mit starken Emotionen verbunden und braucht viel Zeit, wenn es nicht zu einer unangemessenen Lösung führen soll. Wir erleben meist, daß die Patienten sich dann doch für die kraftvolle Variante entscheiden; zumal wenn sie Fähigkeiten bei sich entdecken, die ihnen helfen können, die mit der Kraft verbundene Aggression unter Kontrolle zu halten. Aber es gibt auch Menschen, die das alte Bild mit der Begründung wiederherstellen, es sei zwar besser, das Neue zu wagen, aber es sei ihnen noch zu schwierig. Die Angst sei zu groß (s. Beispiel «Der verlockende und ängstigende goldene Apfel», S. 57).

Die Umstrukturierungen des Bildes erfolgen, indem einzelne Symbole andere Positionen und damit neue Zuordnungen erhalten. Die dadurch entstehende Dynamik macht deutlich, wie stark die emotionale Besetzung der Symbole ist. Deshalb muß eine Umordnung immer sehr behutsam vorgenommen werden. Das folgende Beispiel soll das erläutern. In einem Seminar, das ich (M.E.W.) für die Arbeitsgemeinschaft für Katathymes Bilderleben (AGKB) zur Einübung in Symbolverständnis durchführte, bezog ich als didaktisches Mittel unsere Symbolarbeit ein. Die Teilnehmer sollten über die eigene Erfahrung und die anderer Menschen Symbole verstehen lernen. Dazu forderte ich die Teilnehmer auf, sich ein Symbol zu suchen für eine Eigenschaft, die sie an sich mögen, und eines für eine Seite an sich, die sie nicht mögen. (Daß auch fruchtbare Ergebnisse in der Symbolarbeit mit nur zwei Symbolen zu erreichen sind, zeigt dieses Beispiel [Wollschläger 1989] sehr eindrucksvoll.)

Beispiel: Die edle Tarnung

Eine Kollegin wählte das Photo eines Kelches aus der Jugendstilzeit: so sei sie, man könne sie getrost in jedes wohlgepflegte Haus stellen. Sie sei immer auf ein angenehmes Äußeres bedacht, mit dem man nicht anecke, das andere Menschen erfreue. Unter das Photo hatte sie eine Karte gelegt, gut abgedeckt, eine Darstellung des Elementes Feuer durch einen strahlendroten, fließenden Stoff. Die Kollegin erzählte dann, daß diese Karte ihr schon beim Betreten des Raumes auf einem der Tische aufgefallen sei und sie magisch angezogen habe, daß sie sie aber immer weiträumig umgangen habe, bis sie dann, als es darum ging, die Bilder auf dem Boden auszubreiten, festgestellt hatte, daß die Karte ein zweites Mal vorhanden war und eine andere Frau sie sich bereits genommen hatte. Daraufhin mußte (konnte) sie ihre Karte auch nehmen; sie ordnete sie aber so verdeckt an, daß nichts davon zu sehen war. Als die Kollegin von der Karte und der darin ausgedrückten Lebendigkeit zu sprechen begann, überfiel sie große Angst: «Was würde aus mir, wenn ich so zu leben beginne?» Sie fürchte sehr, daß das Feurige, Vitale der braven, gefälligen und etwas langweiligen Oberfläche zugrunde läge, sie könne es sich selbst kaum eingestehen, geschweige den anderen.

Die Ambivalenz gegenüber den andrängenden Triebseiten war deutlich. Da ich die Kollegin aus früheren Seminaren kannte und auf eine gute Übertragung baute, die ihr die nötige Rückendeckung geben würde, habe ich ihr vorgeschlagen, sich für eine kurze Zeit der Angst zu stellen und zu spüren, was auf dem zweiten, sie so anziehenden und zugleich so ängstigenden Bild denn eigentlich los sei. Dabei geht es um ein kurzfristiges Erspüren der damit verbundenen Gefühle, einem «Probefühlen». Sie versuchte, die Karte etwas unter der zweiten hervorzuziehen, was aber große Angst auslöste. Ich schlug ihr vor, von der Karte nur so viel zu zeigen, wie sie aushalten könne. Dann konnte sie das Rot beschreiben: wild, unkontrolliert und möglicher-

76

weise verzehrend. Wenn man das lebe, wisse man ja gar nicht, wo man landen würde. Nach dieser Erklärung zog sie die Karte hervor – offensichtlich konnte sie sich nun auch im Bild offenbaren. Als sie das Bild noch einmal ansah, stellte sie zu ihrer Erleichterung fest, daß ein Zweig am Grunde des Bildes das Rot binde. Nun machte ihr das Bild zwar zunehmend weniger Angst, dennoch war sie sichtlich erleichtert, als sie die rote Karte wieder mit der Jugendstilvase abdecken konnte. Das fand sie zwar allmählich ärgerlich, weil edel und fade, aber immer noch besser als das unberechenbare wilde Rot.

Zu einem späteren Zeitpunkt hat sich die Kollegin die Karte besorgt und zunächst verdeckt in ihrem Zimmer aufbewahrt, dann probeweise sichtbar aufgehängt und nach und nach festgestellt, daß sie es ertrug, damit zu leben. Als ich in einem Vortrag dieses Beispiel verwenden wollte und die Kollegin dazu um Genehmigung bat, waren drei Jahre vergangen. Sie sagte, daß sie die roten Seiten auch im realen Leben habe integrieren können und sich nach Jahren der Einsamkeit wieder auf eine Beziehung habe einlassen können. Es gehe ihr gut; allerdings, sagte sie lachend, wisse sie nicht mehr ganz genau, «wo das noch hinführe mit dem vielen Rot».

In diesem Beispiel war mit der Umstrukturierung der Symbole ein «Probefühlen» verbunden, das die zunächst angsterregende, mit dem Rot verbundene Vitalität zum Teil entängstigte. Dennoch bewirkte die Rekonstruktion des vorherigen Bildes eine spürbare Erleichterung. Aber das Erleben der mit dem Rot verbundenen neuen Möglichkeiten stellte die bisherige Haltung in Frage und führte über eine schrittweise Annäherung an die Vitalität zu deren Integration.

5.5 Abdecken der Bilder

Bei der Bearbeitung eines Bildes kann es zu spontanen Umordnungen kommen, bei denen Symbole auch abgedeckt werden: «Das brauche ich nicht mehr» oder «Das habe ich erledigt». Ein solches Vorgehen kann im Prozeß dann sinnvoll sein, wenn es sich um ein Problem handelt, das erkannt ist. Aber die Therapeuten müssen darauf achten, daß es nicht zu Verleugnungen der Realität kommt. Durch ein bloßes Abdecken der mit den Problemen verbundenen Symbole werden Probleme nicht gelöst, sondern zugedeckt. Es ist in solchen Fällen immer nötig, daß die Therapeuten nachfragen, was sich dadurch emotional verändert und wo sich diese Veränderung in der Realität verankern läßt bzw. spürbar sein wird: «Wo und wie zeigt sich das in Ihrem Alltag?»

5.6 Fokussierung auf ein Thema

Wenn wir als Therapeuten die Hypothese haben, daß die Fülle der Probleme dazu dient, ein belastendes Thema zu vermeiden, dann entscheiden wir uns für eine Fokussierung. Dabei müssen wir die Schutzfunktion der Abwehr bedenken, also gleichzeitig erwägen, ob so viel Stärke bei dem Patienten oder der Patientin wahrzunehmen ist, daß er oder sie eine Konfrontation erträgt. In allen Fällen, in denen wir aktiv in das Bild eingreifen, überprüfen wir innerlich, ob wir die Patient-Therapeut-Beziehung für so tragfähig halten, daß eine Frustration nicht zu einem Vertrauensverlust führt. Um die zeitliche Begrenzung der Konfrontation zu betonen, fragen wir, ob wir das Bild für eine kurze Zeit verändern dürfen, und geben die Zusicherung, daß unmittelbar im Anschluß das ursprüngliche Bild wiederhergestellt werden kann.

Wenn wir die Stärke auf seiten der Patienten hoch oder deren Beziehung zu uns für belastbar genug einschätzen, entscheiden wir uns für eine Konfrontation, die wir nicht ankündigen. Wegen des emotionalen Überraschungseffektes hat diese Vorgehensweise Vorteile, da damit oft ein blitzartiges Erkennen verbunden ist.

Die Fokussierung geschieht folgendermaßen: Nur die Bilder, die ein bestimmtes Thema behandeln, bleiben liegen; alle übrigen werden weggenommen oder umgedreht, so daß eine einzige Thematik übrigbleibt. Ob man als Therapeut die Patienten auffordert, das zu tun, oder ob man selbst – autonomiebegrenzend – eingreift, ist von Fall zu Fall, d.h. hypothesengeleitet, neu zu entscheiden. Die Fokussierung kann auch erfolgen, wenn ein Symbol ambivalent besetzt ist und weder eindeutig angenommen noch eindeutig abgelehnt werden kann. Meist handelt es sich dabei um bisher angstvoll abgelehnte Impulsseiten, auf die man aber auch nicht verzichten will. In der Regel merkt man diese Ambivalenz im Umgang mit den Symbolen, wenn diese hin und her geschoben werden und keinen festen Platz erhalten. Das Hin und Her kann einen breiten Raum einnehmen und äußert sich derart, daß mal das Gewissen mit starken moralischen Tönen spricht: «So kann man sich doch nicht benehmen! Was bildest du dir denn ein?» aber dann die Impulsseite dagegenhält: «So möchte man doch auch leben und das ist ja auch recht!» Es ändert sich nichts, alles bleibt beim alten – ein Konflikt, der uns in der Psychotherapie sattsam bekannt ist. Diese Ambivalenz und ihre Konsequenzen können durch eine Fokussierung gut verdeutlicht werden, indem man als Therapeut das entsprechende Symbol entfernt, «damit endlich Ruhe einkehren kann und der Mensch nicht so gequält wird». Es bleiben Ordnung, Moral und Langeweile.

In solchen Fällen führt die paradoxe Intervention zu einer Klärung. Die Patienten spüren schlagartig, was ihnen an Lebendigkeit verlorengeht, und können nun nicht mehr darauf verzichten. Im Anschluß überlegen sie meist, ob die bisher gefürchteten Seiten noch immer so übermäßig stark und unkontrollierbar sind, und kommen gewöhnlich zum Schluß, daß ihnen als Erwachsene genügend Realitätsblick und Stabilität zur Verfügung steht, um mit Impulsdurchbrüchen fertig zu werden.

Beispiel: Der Pelikan auf dem Frühstückstisch

In einer Bildanordnung wurde der «Pelikan, der sich auf einem gedeckten Tisch in einem Strandcafé niedergelassen hatte» mit diesem Wechselbad der Gefühle bedacht. Empörung einerseits: «Also so kann man sich wirklich nicht benehmen!» Bewunderung andererseits: «Das ist ja super: mutig und fröhlich und keß zugleich, was der sich alles rausnimmt. Ach, wäre das schön!» Das Hin und Her dauerte, wie fast immer, entsprechend lang, bis ich (M.E.W.) erklärte, ich wolle den Pelikan wegnehmen, um die Spannung zu beseitigen. Als ich das tat, war die spontane Gefühlsreaktion eindeutig: auf keinen Fall!

Die Reaktion ist typisch und tritt dann auf, wenn auf der Gefühlsebene der Verlust eklatant wird. Mit Worten ist ein vergleichbares Erkennen meist nicht zu erreichen, da sie das Probefühlen in diesem Ausmaß nicht ermöglichen.

5.7 Eine Geschichte erzählen

Wenn ein Symbol nur vage, unangenehme oder auch ängstigende Empfindungen, aber keine Assoziationen über Erlebnisse auslöst, die diesen Gefühlen entsprechen, kann damit gerechnet werden, daß es sich um die Symbolisierung einer sehr belastenden, eventuell auch traumatischen Erfahrung handelt. In diesem Fall kann es hilfreich sein, dem Patienten oder der Patientin dadurch eine gewisse Distanzierung zu ermöglichen, daß man zum Erzählen einer Geschichte auffordert, in der das Symbol eine Rolle spielt oder im Mittelpunkt steht.

So wird eine Szene aufgebaut und die darin enthaltenen Gefühle können angesprochen werden. Sie sind aber, da sie in die distanziertere Form der Erzählung eingebunden sind, weniger ängstigend. Das Beispiel «Die Geschichte von der kleinen Eidechse» kann das verdeutlichen (S. 138).

5.8 Reduktion auf ein Hauptthema

In den dreitägigen Symbolseminaren ist auf Vorschlag einer Seminarteilnehmerin dieses Vorgehen eingeführt worden. Am Ende des Seminars stand der Abbau der jeweiligen Bilder an, mit denen sich die Teilnehmer drei Tage lang beschäftigt hatten und die infolgedessen emotional hoch besetzt waren. Die Symbole sollten nun zurückgelegt werden, bevor die Gruppe sich in einer Abschlußrunde verabschiedete. Für die Teilnehmerin war der Abbau des gesamten Bildes noch zu abrupt, und sie schlug deshalb vor, das Bild auf ein Zentralthema zu reduzieren und sich mit diesem Thema in die Abschiedsrunde zu begeben. Mit ihrem Vorschlag hatte die Kollegin uns aber auch darauf aufmerksam gemacht, daß wir ein Ritual entwickeln mußten, mit dem man sich von den Symbolen wieder lösen konnte.

Aus dieser Idee hat sich die Technik «Reduktion auf das Zentralthema» entwickelt, die sich auch in der therapeutischen Arbeit als sinnvoll erwiesen hat. Dabei ergeht die Anweisung, das Bild nach und nach und schweigend abzubauen. Als Kriterium, ob ein Symbol schon zurückgegeben werden kann, gelten die beim Abbau aufkommenden Gefühle. Solange mit einem Symbol Spannungen verbunden sind, soll es nicht weggenommen werden. Wenn der Eindruck entsteht, daß das mit einem Symbol verbundene Thema durch die Bearbeitung klar geworden ist, kann es weggelegt werden; besteht noch Unsicherheit, sollte es liegenbleiben. Es kann auch notwendig sein, ein bereits abgelegtes Symbol noch einmal zurückzuholen, wenn sich das im Laufe der Reduktion als notwendig herausstellt. Auf diese Weise bildet sich ein Zentralthema heraus. Dieses kann durchaus verschieden sein von dem, was zu Beginn der Reduktion als besonders wichtig vermutet worden war. Es bedarf also des genauen Nachspürens und Fühlens, um für sich zu klaren Entscheidungen zu kommen. Das entstehende Thema wirkt in der Regel wie eine Aufgabe, die in der kommenden Zeit zur Bewältigung ansteht (s. Beispiel «Ich darf doch etwas für mich haben wollen»,

S. 122). Wenn mehrere Menschen zusammen arbeiten – Paare, Familien oder Gruppen –, wird der Prozeß dadurch abgeschlossen, daß zuerst die zur Seite gelegten Symbole in die Sammlung zurückgegeben werden und dann das verbliebene Thema in Ruhe beschrieben wird. Danach werden auch die restlichen Symbole zurückgegeben. In diesem Ritual wird der Abschied und die Rückkehr in die Realität erlebbar. In Seminaren und bei Gruppen ist dies besonders eindrücklich: die Teilnehmer sprechen nacheinander; wer gesprochen hat, bringt seine Symbole zurück, und erst dann, wenn er oder sie wieder Platz genommen haben, beginnt der oder die Nächste zu sprechen. So leert sich nach und nach der Raum und wird wieder zum nüchternen Seminarfußboden.[9]

9 Ein wichtiger Nebeneffekt besteht darin, daß die Teilnehmer, denen ihre Symbole sehr wertvoll geworden sind, diese Symbole selbst zurückgeben. Eine Aufräumaktion unsererseits im Anschluß an das Seminar würde der emotionalen Bedeutung nicht entsprechen.

6. Ausweitung und Weiterführung

Inzwischen arbeiten Kolleginnen und Kollegen mit diesem Verfahren; einige von ihnen habe neue Erfahrungen eingebracht bzw. andere Varianten entwickelt. Krägeloh setzt Bilder und Gegenstände in der Kombination mit der Katathym-Imaginativen Psychotherapie (KIP) vorwiegend bei Borderline-Patienten ein. Oepen-Duré arbeitet im diagnostischen Prozeß mit den Bildern und Gegenständen als Symbolen und setzt sie dann im therapeutischen Prozeß mit der KIP als Bindeglied zwischen Sprache, Bild und Imagination ein, unter anderem auch als Motiv-Vorgabe. Klessmann (1998) berichtet in einer Vignette, wie sie, da sie keine Symbolsammlung zur Verfügung hatte, eine Patientin gebeten hatte, sich einzelne Möbelstücke vorzustellen, die ihre Familienangehörigen charakterisieren könnten, und daraus eine imaginative Szene entstehen zu lassen.

Wie bei psychosomatisch und psychotisch Erkrankten die Symbolarbeit eingesetzt werden kann, berichten die beiden folgenden Beiträge von Gundula Römer und Bernd Behrendt.

6.1 Arbeit mit psychosomatischen Patienten: Vierstufenprogramm zur Erhöhung von Introspektions- und Assoziationsfähigkeit

(Beitrag von Gundula Römer)

In einer psychosomatischen Klinik wird die Symbolarbeit als Training für Psychosomatiker eingesetzt, um die Reflexions- und Assoziationsfähigkeit zu erhöhen, die bei diesen Patienten weniger ausgeprägt sind. Die Arbeit wird in Kleingruppen von maximal fünf Patienten durchgeführt. Dabei hat sich eine Frequenz von zwei mal zwei Stunden pro Woche bei insgesamt vier Wochen als ausreichend erwiesen. Es wird mit möglichst wenig Symbolen gearbeitet, um bei den Patienten Gefühle von Überforderung und Angst zu vermeiden.

1. Stufe: Einführung: Zwei Symbole (angenehm – unangenehm)

In der ersten Stufe wird die Anzahl der zu wählenden Symbole bewußt auf zwei und die Anweisung auf das Gegensatzpaar «angenehm – unangenehm» beschränkt, da diese Vorgaben von allen als «einfach» erlebt werden und deshalb keine Ängste auslösen (die Auswahl dauert etwa 15 Minuten).

Anschließend werden die Symbole in der Gruppe in folgender Weise erarbeitet. Um die durch die Auswahl der Symbole aufgekommenen Emotionen nicht ansteigen zu lassen, sagen alle Patienten zunächst in einem «Blitzlicht», wie es ihnen jetzt geht, und geben eine kurze Beschreibung ihrer beiden Symbole. Danach wird jedes Bild einzeln erarbeitet; im Anschluß assoziieren die Gruppenmitglieder zu dem Bild, während der Patient, um dessen Bild es geht, schweigend zuhört; er gliedert sich erst wieder in das nun folgende offene Gruppengespräch ein. Zum Abschluß jeder einzelnen Arbeit erfolgt noch einmal ein «Blitzlicht», in dem alle mitteilen, wie sie sich jetzt fühlen (erneute Stabilisierung nach der emotional bewegenden Arbeit). Die Vorgehensweise erfordert 20 bis 30 Minuten für jede einzelne Arbeit, in einer Doppelstunde von 120 Minuten können somit 2 bis 3 Einzelarbeiten durchgeführt werden.

Erarbeitet werden folgende Schwerpunkte:

- Üben von Körperwahrnehmung im Zusammenhang mit den Symbolen mit dem Versuch emotionaler Zuordnungen

- Assoziationen zu den Symbolen

- Beziehungen herstellen zwischen Symbol – Körper – Emotion und Symptom.

Die therapeutischen Techniken des Erzählenlassens und Anreicherns werden vorrangig während der Einzelarbeit in der Gruppe genutzt. Ein weiteres therapeutisches Agens entwickelt sich während der Arbeit in der Gruppe: Die anderen Gruppenmitglieder spüren bei sich selbst wichtige emotionale Prozesse beim Zuhören. Es wird ihnen oft erstmalig bewußt, daß so Gegenstände als Symbole unterschiedlich wahrgenommen werden können, und sie erleben über die wertschätzende Annahme eine Entängstigung. Auch wenn es nur zwei Symbole sind, ist es auch hier möglich, den räumlichen Aspekt der Anordnung einzubeziehen.

2. Stufe: Individuelle Vorgabe von zwei Symbolen

Voraussetzung für diesen neuen Arbeitsschritt ist die Rückmeldung der Patienten über das bisher Erlebte sowie ihre eigenen Fragen und Wünsche. Die Patienten sollen zwei Symbole den beiden ersten Symbolen hinzufügen. Meine Fragestellung: «Was wird am meisten verdrängt?» und «Wo sind möglicherweise Ressourcen zu finden?» wird differenziert nach der Belastbarkeit der einzelnen Patienten modifiziert.

Beispiele:

- etwas «Kindhaftes» und etwas «Böses»

- etwas «Kindhaftes» und etwas «Aggressives» zum «Vater», zur «Mutter» o.ä.

- etwas «Stabiles» und etwas «Grenzenloses»

- etwas, was «Angst» macht, und etwas «Aggressives»

- zwei Gegenstände zum eigenen Ich.

Auffällig war dabei, daß Symbole, die zu dem Thema «Kindhaft» ausgesucht wurden, fast bei allen Patienten schnell in den positiv besetzten Ich-Anteil integriert werden konnten und eine Identifikation der Patienten mit den übrigen Symbolen erleichterten, obwohl diese immer wieder problematische Erinnerungen hervorriefen.

Mit diesen insgesamt vier Symbolen erfolgt nun eine Arbeit in der Gruppe nach der oben beschriebenen Struktur. Diese Phase erscheint sehr wichtig, damit die Patienten unter Angstreduktion wiederum durch die erlebte Wertschätzung und Wärme einen Teil ihrer bisher «notwendigen» Verdrängungsmechanismen spüren und verstehen lernen können sowie eine Ahnung von tieferliegenden Ängsten erhalten.

3. Stufe: ein Symbol für das Symptom

Die Arbeit und das Erleben in den beiden vorhergehenden Sitzungen ermöglicht es den Patienten jetzt, auch die Rolle ihrer Symptomatik in den Blick zu nehmen und sie im Zusammenhang mit Aspekten ihrer Persönlichkeit zu sehen. Die Anweisung heißt hier: «Suchen Sie sich ein Symbol für Ihr oder eines Ihrer Symptome.» Daraufhin erfolgt die Arbeit in der Gruppe mit allen fünf Symbolen – jetzt speziell zum Verständnis des Krankheitsgeschehens.

4. Stufe: Reduktion auf ein Symbol

Ursprünglich hatte diese Stufe nur den Abschluß des Programms strukturieren sollen, erwies sich aber als wichtiger eigenständiger Prozeß. Die Patienten bauen die Symbole, mit denen sie bisher gearbeitet haben, noch einmal auf und berichten nacheinander über die Erfahrungen, die sie damit gemacht haben. Dazu kommen die Rückmeldungen aus der Gruppe. Die Anweisung heißt dann: «Reduzieren Sie Ihre Symbole bis auf eines, das zum Schluß noch liegenbleibt. Die anderen Symbole können weggeräumt werden.»

Über das verbleibende Symbol wird dann mit jedem einzelnen und mit der Gruppe gesprochen. Die Sicht des Patienten ist jetzt zukunftsorientiert: es geht um die weitere Entwicklung. So war zu beobachten, daß die meisten Patienten das «Symptom-Symbol» als Abschluß-Symbol wählten, weil sich für sie eine veränderte Sicht ihrer Symptomatik ergeben hatte und sie bereit waren, sich in den nächsten Therapieabschnitten intensiver damit zu befassen.

6.2 Die Entwicklung eines kleinen Pinguins: Symbolarbeit mit einem schizophrenen Patienten

(Beitrag von Bernd Behrendt)

Vorüberlegungen

Die hier exemplarisch beschriebene Möglichkeit, in der Arbeit mit schizophrenen Patienten Symbole einzusetzen, beschränkt sich nach meinen Erfahrungen auf zwei Gruppen: zum einen auf schizophrene Patienten, die sich bereits in der postpsychotischen Remissionsphase befinden und deren akute psychotische Dekompensation weitgehend abgeklungen ist, zum anderen auf schizophrene Patienten, deren Zustand als «präpsychotisch» zu bezeichnen ist und bei denen sich eine mögliche psychotische Exazerbation mit persönlichen Warnsignalen ankündigt.

In der akuten Psychose ist das Arbeiten mit Symbolen nicht möglich: «Wenn alle äußeren Dinge die Taten und Erlebnisse des Patienten symbolisieren, dann gibt es scheinbar eine Hypertrophie der Symbole – im Grunde aber eine De-Symbolisierung der Welt –, weil die normalen, differenzierten symbolischen Zusammenhänge verlorengehen, während nur einige erhalten bleiben» (Benedetti 1992). Der Vorgang der Verdrängung funktioniert bei schizophrenen Patienten oft umgekehrt wie bei neurotischen Menschen, «indem nicht das Negative, sondern das möglich Positive verdrängt wird (...) Der psychotische Mensch verdrängt z.B. seine Sensibilität, die ihm dann im Wahn als Beeinflussung von außen erscheint; oder die eigene Liebesmöglichkeit, die ihm im Wahn als Verführung von außen erscheint; oder auch die eigene Aggressivität, die ihm als Destruktivität von außen erscheint. Er kann sich selber nur negativ wahrnehmen» (Benedetti & Peciccia 1989).

In seinem therapeutischen Ansatz arbeitet Benedetti mit dem «progressiven therapeutischen Spiegelbild». Analog zu Benedettis Ansatz bietet die Symbolarbeit die Möglichkeit, in der therapeutischen Identifikation mit den Symbolen des Patienten dessen verdrängte und abgespaltene positive Anteile wahrzunehmen, aufzugreifen und zurückzuspiegeln. Umgekehrt kann der Patient in der Identifikation mit den unterschiedlichen Aspekten seiner Symbole diese Anteile nach und nach integrieren, er erhält wieder einen entwicklungsfördernden Zugang zu seinen positiven, bislang nicht gelebten Anteilen, was zu einer Bewältigung des psychotischen Erlebens führen kann.

Der Patient

Der Patient, Herr D., Anfang dreißig, zur Zeit wegen einer psychotischen Dekompensation in einer psychiatrischen Klinik, ist bereits vor vierzehn Jahren zum ersten Mal erkrankt. Mehrere Krankheitsphasen mit langen Klinikaufenthalten wechselten mit Phasen relativer Stabilität ab. Er konnte zwar die Ausbildung in einem handwerklichen Beruf absolvieren, hat aber nie in seinem Beruf gearbeitet.

Zu seinen akuten Krankheitssymptomen gehören optische und akustische Halluzinationen, Personenverkennungen, Todesängste. Im Vordergrund steht ein fast ununterbrochenes und kaum zu unterbrechendes Gedankenkreisen und Grübeln mit quälenden Inhalten, begleitet von Suizidgedanken, Ängsten, Antriebs- und Interesselosigkeit, innerer Unruhe und einer großen Hoffnunglosigkeit bezüglich einer möglichen Veränderung seiner Symptomatik.

Die Therapie

Um dem Grübelzwang des Patienten zu begegnen, hatte ich zunächst versucht, verhaltenstherapeutisch vorzugehen, was sich in ähnlich gelagerten Fällen als erfolgreich erwiesen hatte. Bei diesem Patienten war es nicht möglich, den Grübelzwang zu beenden. Deshalb beschloß ich zu probieren, ob ich mit den Symbolen weiterkommen könnte. In Kriseninterventionen bei anderen Patienten hatte ich bereits gute Erfahrungen mit dem Vorgehen gemacht, das den Patienten durch das vorgegebene Material zugleich Struktur und eine größere Möglichkeit gibt, über ihre Gefühle zu reden.

Die Symbole, Bilder und Gegenstände werden in einem Glasschrank aufbewahrt; zum Arbeiten werden sie auf einen Tisch gestellt. Die Dauer der Sitzungen richtet sich bei den psychotischen Patienten nach deren Kapazität.

1. Phase: Die schwache und die starke Seite: Pinguin, Spinne und Krokodil

Erste Sitzung: Ich bitte den Patienten, Bilder oder Gegenstände für sich und seine gegenwärtigen Probleme auszusuchen; er wählt für sich einen kleinen etwa 2 cm hohen Pinguin sowie eine große schwarze Spinne (etwa 15 cm groß) und stellt beide im Abstand von etwa 30 cm auf. Nach seinen Gefühlen befragt, kann er sich gut mit dem Pinguin identifizieren (vgl. Diagramm 1):

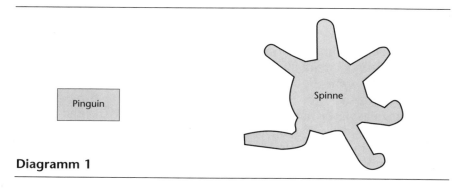

Diagramm 1

Pinguin: Ich komme mir so klein vor, so unfähig, hilflos der Spinne ausgeliefert. Die Spinne spinnt mich ein, sie ist mächtig und macht, was sie will!

Th: Wollen Sie das zulassen? Können Sie sich vorstellen, daß Sie jemand unterstützt?

Der Patient überlegt. Ich bitte ihn, sich ein «schützendes Symbol» auszusuchen. Er wählt ein Krokodil und stellt es schützend vor den kleinen Pinguin (vgl. Diagramm 2).

88

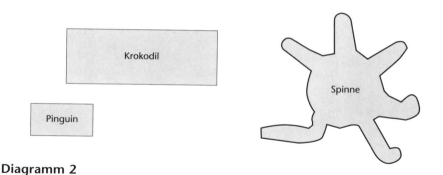

Diagramm 2

Das Krokodil hat ganz andere Eigenschaften als der Pinguin. Es ist stark und mächtig, es kann gut schwimmen, ist ruhig, kann sich gut wehren und gut beschützen. Hier handelt es sich offenbar um Seiten, die dem Patienten in seinem Alltag nicht zugänglich sind, auf der symbolischen Ebene aber schon auftauchen können. Mir ist wichtig, das Krokodil auch in seinen Bedürfnissen sichtbar zu machen:

Th: Wie geht's dem Krokodil?

D: Es ist hungrig.

Th: Woher könnte es jetzt was zu fressen kriegen?

D: Der Pinguin kann fischen und holt einen Fisch für das Krokodil, dem schmeckt der Fisch gut, es ist gesättigt.

Der Patient kann sich als Pinguin auf Fähigkeiten besinnen, die der starken Krokodilseite helfen können. Ich vermute, daß die Spinne auf der Objektstufe ihn bedrängende und einspinnende Kräfte anderer Menschen (Mutter?) und auf der Subjektstufe die eigenen, ihn ängstigenden Spinnereien darstellt, die er wahnhaft nach außen projiziert. Ich arbeite nicht auf der Objektstufe, um die «Bedrohung von außen» nicht weiter zu verfestigen, sondern auf der Subjektstufe, um eine Identifizierung mit diesen Anteilen zu erreichen.

Ich frage nach, wie es der Spinne geht.[10] Sie ist kleiner geworden, erkennt, daß sie gegen die beiden nichts ausrichten kann. Ich frage auch, wie es dem Pinguin geht; er fühlt sich etwas größer.

10 Von der Technik her handelt es sich hierbei um einen indirekten Rollentausch, der mit der Distanzierungsmöglichkeit eine Identifikation möglich macht, ohne Ängste auszulösen.

Die Rollen für den ersten Teil der Auseinandersetzung mit seiner Problematik sind für den Patienten verteilt, wenngleich eine Verbalisierung, was die beiden Symbole Krokodil und Spinne repräsentieren, noch nicht möglich ist. Die symbolische Repräsentanz im Pinguin ist ihm bewußt: «Der kleine Pinguin, das bin ich.»

Zu Beginn der zweiten Sitzung kommt es zu einer Auseinandersetzung zwischen Krokodil und Spinne. Das Krokodil verkündet der Spinne, daß sie ganz langsam zugrunde gehen werde.

Zum ersten Mal ist Aggression zu spüren. Ich lege den therapeutischen Fokus jedoch noch nicht auf den Konflikt Krokodil – Spinne, sondern auf das «Arbeitsbündnis» zwischen dem kleinen Pinguin und dem Krokodil. Deshalb frage ich, ob der Abstand zwischen Pinguin und Krokodil so stimmt. Nach längerem Nachdenken legt Herr D. den Pinguin auf das Krokodil. Der Pinguin fühlt sich geborgen und sagt zu dem Krokodil: «Wir müssen zusammenhalten. Ich bin nicht mehr allein, ich habe einen Partner, ich fühle mich sicher, gut gewappnet für den Kampf. Aber ich bin es doch gar nicht wert, daß ich so einen Partner habe.» Das Krokodil antwortet: «Natürlich bist du es wert.»

Das Krokodil als Selbstrepräsentanz kann dem Patienten Schutz und Geborgenheit geben; das vom kleinen Pinguin geäußerte Selbstwertproblem wird vom Krokodil, der starken Seite des Patienten, abgemildert. Offen bleibt in dieser Sitzung die Spinnenseite.

Zu Beginn der dritten Sitzung berichtet Herr D., daß er am Abend zuvor panische Angst gehabt habe, daß seine Grübeleien nicht mehr weggingen. Da ich vermute, daß seine Symptome in der Spinne gebunden sind, fokussiere ich jetzt auf die Spinne.

Auf die Frage, wie es der Spinne gehe, antwortet der Patient: «Sie will sich Freiraum verschaffen, es geht ihr nicht gut. Sie frißt sich überall durch, webt sich und andere ein wie ein Parasit, – sie webt meine Gesundheit ein.»

Um die Spinne aus der Position des Außenfeindes zu holen und um auszuloten, ob sie als Selbstrepräsentanz angenommen werden kann, versuche ich es wieder mit einer Identifikationsfrage und wende mich direkt an die Spinne:

Th: Wie geht's dir?

Spinne: Ich bin mächtig, ich kann nur fressen und einweben und Gift sprühen, –
        fühle mich gut, weil ich alles habe, was ich brauche: Selbstvertrauen; ich
        bin stark, mich macht keiner so schnell kaputt.

Hier wird deutlich, daß Stärke und Selbstvertrauen noch mit aggressiven und mörderischen Seiten verbunden und deshalb wohl auch nicht annehmbar sind. Zugleich wird aber auch deutlich, daß der Patient fürchtet, daß die Spinne zerstört wird. Das kann damit zusammenhängen, daß die Spinne im Krankheitsverlauf als Autonomieansatz gegen die Beeinflussung durch die Mutter erlebt worden ist. Der Patient hatte sich mit seinen Grübeleien (auch) gegen die Mutter gewehrt.

In der nun folgenden Interaktion wird die Spinne gefragt, wie es ihr geht, wenn sie merkt, daß sie kaputtgemacht werden soll. Die Spinne antwortet, daß es ihr schlecht geht; sie fragt, was die anderen gegen sie haben, und erklärt, daß sie sich wehren wird. Sie fühlt sich dabei stark.

Der Pinguin, befragt, wie es ihm gehe, sagt, daß er erleichtert sei, es gehe ihm gut. Die Spinne sei doch nicht so bedrohlich, wie er gedacht habe. Der Pinguin wird von Herrn D. näher an die Spinne herangerückt. Nun fragt der Pinguin die Spinne, was sie eigentlich gegen ihn habe, diese antwortet daraufhin, daß sie ja von irgend etwas leben müsse (bei der Antwort lacht Herr D.). In der Folge läßt sich die Spinne darauf ein, auch etwas Anderes zu fressen.

Aufgrund des Lachens vermute ich, daß Herr D. die Spinne und ihr Recht zu leben inzwischen etwas besser akzeptieren kann; deshalb versuche ich herauszufinden, ob er sich schon mit der Spinne identifizieren und ihre Stärke als schutzgebend akzeptieren kann. Ich frage die Spinne, ob sie dem Pinguin etwas mehr Sicherheit geben könne, damit er weniger Angst vor ihr haben müsse. Die Spinne winkt dem kleinen Pinguin zu und sagt ihm: «Ich will nicht mehr dein Feind sein!» Der Pinguin antwortet: «Ich bin dir auch nicht mehr feindlich gesinnt.» Herr D. rückt die Spinne näher an den Pinguin heran; Spinne, Krokodil und Pinguin bilden ein Dreieck. Die ängstigende Spinnenseite ist nun nicht mehr Außenfeind, sondern integriert.

Um zu klären, wie es nun der bisher mit Stärke und Schutz verbundenen Krokodilseite geht, frage ich das Krokodil, wie es ihm geht: Es fühlt sich zwar hintergangen, ist dann aber doch froh, daß es nicht gegen die Spinne anzugehen braucht.

Die Antwort klingt eher nach einer Verleugnung. Offensichtlich konnte es zwar schon zur Annahme der eigenen Spinnenseite kommen, aber die spaltende Haltung in Gut und Böse kann vom Krokodil noch nicht ganz aufgegeben werden, zumal es entmachtet wird, wenn auch die Spinne Schutz geben kann: es fühlt sich hintergangen, fürchtet vielleicht um seine Existenzberechtigung. Es sieht danach aus, als ob der Patient mit zwei konkurrienden starken Seiten noch nicht umgehen kann.

2. Phase: Autonomie

Zu Beginn der vierten Sitzung sagt Herr D., daß es ihm besser gehe, und äußert die Hoffnung, daß sich seine Probleme noch einmal ändern könnten. Er berichtet über eine Besserung seiner Essensproblematik: das Essen schmeckt ihm wieder. (Hat es etwas mit der Akzeptanz der zubeißenden Seite der Spinne zu tun?) Er sei allerdings verunsichert, weil seine Mutter ihm geraten habe, durch Autosuggestion seine Probleme in den Griff zu bekommen. Das lasse ihn nun nicht mehr los.

Herr D. ordnet die Symbole wieder im Dreieck an und stellt fest, daß eine große Harmonie herrscht. Das Essen wird zum Thema zwischen den drei Tieren: das Krokodil hat Hunger, der Pinguin, der betont, daß er gut schwimmen und fischen kann, versorgt das Krokodil. Anschließend legt sich der Pinguin auf das Krokodil. Auf die Frage, wie es den beiden geht, antwortet das Krokodil, daß sie sich wohl fühlen.

Die «schwache» Pinguinseite hat auch ihre Fähigkeiten und kann die starke Krokodilseite nähren. Daraus entsteht eine innige Verbindung. In dieser positiven Konstellation meldet sich das Problem zu Wort: «Ich habe Angst.» Es geht um die Autosuggestion. Auf meine Frage, ob das das sei, was die Spinne mache, sagt Herr D., ja, er müsse sich in die Autosuggestion einspinnen. Ich beschließe, wieder auf der Symbolebene zu arbeiten, da der Patient auf der Verbalebene wieder ins Grübeln zu geraten droht, und frage die Spinne, ob das, was sie tue, denn so gefährlich sei. Sie antwortet, es sei schon gefährlich – entweder für sie selbst, wenn sie sich selbst einspinne und dabei zugrunde gehe, oder für Pinguin und Krokodil, wenn sie sie einspinne. Es geht um die zerstörerischen Aspekte der Spinnereien, die sich gegen die verschiedenen Seiten des Patienten wenden.

Im folgenden Gespräch zwischen Therapeut und Spinne klärt sich, daß die Spinne, wenn sie Mücken, Fliegen und Wespen fressen kann, Pinguin und Krokodil nicht zu fressen braucht. Es wird akzeptiert, daß die Spinne etwas zum Leben haben muß, daß das aber nicht gegen Pinguin und Krokodil gerichtet sein muß. Die aggressiven Kräfte werden also nicht mehr selbstzerstörerisch eingesetzt. Pinguin und Krokodil verlieren daraufhin ihre Angst vor der Spinne und ihren Spinnereien, der Pinguin wächst: Statt der bisherigen 2 cm ist er jetzt etwa 10 cm groß. Ich bitte ihn, dafür ein Symbol auszusuchen, und er wählt eine Figur, die die Spinne und das Krokodil überragt. Alle drei beschließen, nun auf Wanderschaft zu gehen; alle dürfen sich jetzt auch die Tiere fangen, die sie zum Leben brauchen. Zunächst kommt es aber noch nicht dazu. Pinguin und Spinne rücken ganz nah zusammen, das Krokodil steht im Abstand.

Auf der Symbolebene hat der Patient seine kleinen, schwachen und hilflosen Seiten gegen größere und kräftigere eintauschen können. Der Gedanke, gemeinsam auf Wanderschaft und dabei auf Jagd zu gehen, um sich die Nahrung zu besorgen, führt zunächst auf der Symbolebene zu einer engen Verbindung zwischen Pinguin und Spinne. Es geht um autonome Schritte in der Peer-Group und die Akzeptanz der Aggressivität. Das ist ein wichtiger Schritt für den Patienten, da bisher Autonomie für ihn immer an quälende Gedanken gebunden war, mit denen er sich von den ihn bedrängenden Vorschlägen der Mutter (Spinne?) abgrenzen wollte, die sich aber im Grübelzwang gegen ihn gerichtet hatten. Mir ist wichtig, zu hören, wie es dem Pinguin mit der Nähe zur Spinne geht:

Th: Pinguin, wie geht es dir damit?

Pinguin: Gut, wenn die Spinne so nah ist.

Th: Und Spinne, wie geht's Dir damit?

Spinne: Gut, der Pinguin kann mich schützen! (D. legt die Spinne halb auf den Pinguin.)

Th: Spinne, fühlst du dich wohl?

Spinne: Ich fühle mich ein bißchen geborgen.

Th: Kennst du das?

Spinne: Das habe ich lange nicht mehr gespürt. Das ist was Neues für mich, so sanft. Ich fühle mich gut aufgehoben, wir sind Freunde! Ich würde dem Pinguin helfen, wenn er angegriffen wird!

Die den Patienten quälende Angstseite erfährt eine weitere Qualität: sie ist auch schwach und braucht Geborgenheit.

Th: Pinguin, dann hast du also jetzt zwei Helfer?

Pinguin: Ja, wir sind eine Familie.

Der Patient stellt die Symbole neu auf, so daß Krokodil, Pinguin und Spinne in einer Reihe stehen, der Pinguin in der Mitte, und stellt dann fest, daß der Pinguin manchmal Abstand braucht. Die Symbole stehen anschließend in einem Dreieck.

Die neue Freundschaft bedeutet für den Pinguin nicht, daß er nicht auch Abstand halten kann: Distanzierung ist erlaubt.

3. Phase: Partnerschaft und das lockere Leben

In der fünften Sitzung stellt Herr D. die Symbole so auf, daß der Pinguin wegschaut. Das Autonomiethema setzt sich fort, er riskiert, etwas Anderes zu machen als die beiden «Begleiter». Nach der anstrengenden Annäherung an die ängstigende Spinnenseite und dem Freundschaftspakt braucht die Pinguinseite eine Ruhepause: Der Pinguin setzt die bereits angekündigte Autonomie in die Tat um, er macht etwas für sich allein, geht in die Distanzierung. Er erholt sich, schwimmt, läßt sich treiben und entspannt sich. Auch die Spinne und das Krokodil fühlen sich wohl. Die Integration ist gelungen, nun kann eine neue Phase beginnen: die Partnerschaft. Das Krokodil kommt nämlich auf die Idee, sich ein Weibchen zu suchen. Herr D. nimmt ein kleineres Krokodil aus dem Schrank. Beide sprechen miteinander, doch plötzlich wird das große Krokodil stumm. Es ist nicht zufrieden, hätte gerne mehr vom Weibchen, Zärtlichkeiten, aber ihm fällt nichts ein, worüber es reden könnte.

Dieses Problem kennt Herr D. aus vergangenen Freundschaften. Aber anders als in der bisherigen Realität fällt ihm jetzt eine Lösung ein. Er bietet dem kleinen Krokodil die gemeinsame Nahrungssuche an, – beiden geht es gut.

Herr D. berichtet wieder in der sechsten Sitzung, daß ihm das Essen gut schmeckt. Mit der Versöhnung der unterschiedlichen Ich-Anteile und der Befriedigung oraler Bedürfnisse scheint auch in der Realität das genußvolle Essen wieder möglich zu sein. Er ist relativ frei von seinen negativen Gedanken und beschäftigt sich mit der Frage, wie es beruflich weitergehen kann.

Auf der Symbolebene wird das Thema Partnerschaft, das in der letzten Sitzung angeklungen ist, fortgesetzt. Die beiden Krokodile fühlen sich jetzt gut, sie schmusen. Der Pinguin äußert allerdings Ängste, keine Partnerin zu finden, die Spinne buddelt sich im Sand ein und braucht Zeit zum Nachdenken, wie sie bei der Partnersuche vorgehen soll. Sie findet eine Heuschrecke als Partnerin: Pyromella. Sie hat eine lockere (!) Lebensgeschichte, das Springen lockert sie auf. Außerdem kann sie gut sehen, fühlen, sucht sich gern etwas zum Fressen und genießt die Sonne; sie kann zirpen. Spinne und Heuschrecke verstehen sich gut und finden einen Platz in einem Blumentopf, etwa 3 m von dem Tisch entfernt, auf dem die anderen Symbole stehen. Der Pinguin sucht sich nun auch eine Partnerin. Er stellt sie seinen Freunden vor.

Die Pinguinseite hatte offensichtlich die größte Mühe, sich auf die Partnerschaft einzulassen, findet aber nach der Entdeckung der leichten und lockeren Seiten durch die Heuschrecke zu einer Partnerin.

4. Phase: Die bedrohliche Selbständigkeit und die guten Ratgeber

In der siebten Sitzung äußert Herr D. Ängste vor dem nächsten geplanten Therapieschritt, der Verlegung in eine andere Abteilung, die mehr Selbständigkeit und Eigenverantwortung von ihm verlangt.

Herr D. baut die Symbole auf und fragt sie um Rat für die neue Aufgabe. Das Krokodil berät den Pinguin, er solle nicht so schnell arbeiten, dann könne es gehen. Beide Krokodile gehen für ihn fischen; da er aber noch gar keinen Hunger hat, dankt er und schenkt die Fische seinem Weibchen. Die Krokodile sind enttäuscht: «Das ist nicht lieb von dir.»

Herr D. probt in der Begegnung mit seinen Tieren die auf ihn zukommenden sozialen Veränderungen. Er fragt um Rat und wagt es dennoch, ein Geschenk abzulehnen, und kann die damit verbundene Enttäuschung der Krokodile wahrnehmen.

8. Sitzung: Herr D. hat die Verlegung in die andere Abteilung geschafft, ohne psychotisch zu dekompensieren, ist aber deutlich labilisiert. Er berichtet, daß er sich «wieder in seine Vergangenheit eingesponnen» hat. Er wirkt depressiv, motorisch unruhig, zeigt wenig Antrieb.

Folgerichtig identifiziert sich Herr D. nicht mit dem Pinguin, sondern mit der Spinne, jedoch mit deren hilfloser und trostbedürftiger Seite. Er stellt die Symbole im Kreis auf, die Spinne in der Mitte. Alle trösten die Spinne. Sie sind ganz nahe bei ihr, es wird kaum gesprochen. Die Spinne fühlt sich dabei sehr gut, sie ist geborgen. Die Nähe der anderen wirkt tröstend.

Herr D. hat dieses Mal anders reagiert als bisher. Statt die Spinne als Außenfeind zu sehen und wieder in seine wahnhaften Grübeleien zu verfallen, kann er nun die hilflose und trostbedürftige Seite zulassen und sich Unterstützung und Geborgenheit holen.

9. Sitzung: Herrn D. geht es wieder besser. Die neue Situation scheint er gut bewältigen zu können. Er stellt die Symbole so auf, daß die Heuschrecke auf der Spinne liegt, das weibliche Krokodil auf dem männlichen und der Pinguin etwas abseits steht.

Ich frage, wie es dem Pinguin geht, und höre, daß er etwas einsam ist, weil er immer allein in die Abteilung gehen müsse (Herrn D.s neue Situation). Die Spinne erzählt, daß sie sich erleichtert fühlt, weil sie nicht mehr soviel spinnen muß. Sie mag sich gerne mit der Heuschrecke vergnügen.

Ich will die Spinne um Hilfe für den Pinguin bitten und frage sie deshalb, wie es dem Pinguin jetzt gehen könne. Sie schlägt vor, den Pinguin zu trösten. Herr D. schiebt Spinne und Heuschrecke an den Pinguin heran. Der sagt jedoch, daß er keinen Trost brauche, ihm gehe es gut. Was der Spinne in der letzten Sitzung gutgetan hat und was ihr geholfen hat (nämlich getröstet zu werden), kann der Pinguin für sich nicht akzeptieren. Er will stattdessen schwimmen gehen und auf Nahrungssuche. Er will wohl mit seinem Problem allein fertig werden.

10. Sitzung: Herr D. ist nach Hause entlassen worden. Er sagt, es gehe ihm gut. Er eröffnet die Sitzung mit der Frage, ob er unselbständig sei, wenn er Probleme, die er selber lösen könne, mit anderen bespreche. Er stellt die Symbole auf: Pinguin und Spinne stehen einander gegenüber.

Th: Wie geht's Euch?

D: Der Pinguin ärgert sich, daß die Spinne so groß ist.

Th: Hm, Pinguin. Du ärgerst dich also, daß die Spinne so groß ist?

Pinguin
(zur Spinne): Ich möchte, daß du winzig klein bist!

Th: Wie geht's dir damit, Spinne?

Spinne: Ich will so bleiben, wie ich bin.

Th: Und wie bist du?

Spinne: Ich bin schön groß und stark und gar nicht so gefährlich; es ärgert mich, wenn der Pinguin mich winzig klein haben will!

Nach einer kurzen Pause stellt Herr D. die Spinne und den Pinguin näher zusammen.

Th: Stimmt der Abstand so zwischen Spinne und Pinguin?

D: Nein, der ist doch etwas größer (rückt die Spinne weiter weg).

Zu Beginn der Sitzung hatte der Patient sein Autonomiethema angesprochen: Er äußert Angst vor Abhängigkeit von anderen Personen. Die Spinne stellte in seiner Symptomatik den bisher einzigen autonomen Aspekt dar, in den er sich zwar verlor, der aber vermutlich der Abgrenzung gegen die Mutter dienen sollte. Sie soll nun kleiner werden. Heißt die Veränderung, daß die stärker gewordene Pinguinseite die krankhafte Spinnenseite kleiner haben will? Es könnte auch um einen Beziehungskonflikt gehen: die Spinne hatte in der letzten Sitzung viel Zuwendung erhalten, das scheint den Pinguin geärgert zu haben. Unklar ist dann, wen die Spinne in diesem Konflikt repräsentiert.

5. Phase: Das schwere Schicksal – neue Lösungen

11. Sitzung: Herr D. wohnt seit einer Woche wieder in seiner Wohnung und hat große Mühe, sich einzugewöhnen. Er sei dauernd müde, niedergeschlagen, alles sei ihm zuviel, jeder Handgriff eine Riesenanstrengung. Er ordnet die Symbole folgendermaßen an: Der Pinguin steht etwas abgewandt in der oberen Ecke, die beiden Krokodile unf die Heuschrecke stehen auf einer Linie der Spinne gegenüber.

Th: Pinguin, wie geht's dir?

Pinguin: Es geht so. Man schleppt sich so durch.

Th: Was schleppst du denn so durch?

Pinguin: Das Schicksal, das schwere.

Th: Wie groß ist das denn, was du so schleppst?

Pinguin: So wie eine Kugel, ein kleiner Ball…

Th: Mögen Sie sich ein Symbol dafür aussuchen?

Herr D. sucht sich eine Glaskugel aus, die von einem sandfarbenen Band durchzogen wird, welches dunkelblaue und dunkelbraune Segmente aufweist. Die blaue Seite ist angenehm, die braune Seite steht für Negatives: keine Interessen mehr haben, Langeweile. Der Pinguin trägt die Kugel; sie ist zwar schwer, aber er kann sie tragen. Im folgenden Gespräch geht es darum, ob es eine andere Möglichkeit gibt, als sie zu tragen: Man könnte sie rollen. Der Pinguin will sie in eine dunkle Ecke stellen. Ich frage ihn, ob er diese Idee mit seinen Kollegen besprechen will. Alle finden die Idee toll. «Endlich hast du es mal geschafft», meint das große Krokodil, die Spinne sieht einen Riesenfortschritt darin.

Herr D. will sich offensichtlich mit seinem schweren Schicksal noch nicht befassen. Da die Kugel aber auch angenehme Seiten hat, hinter der sich eventuell noch Ressourcen verstecken könnten, mache ich mir Sorgen, daß Herr D. sich die Kugel und die damit verbundenen Eigenschaften nicht genau ansieht, sondern alles in Bausch und Bogen loswerden möchte. Ich beschließe, eine Identifikation mit der Kugel zu initiieren:

Th: Was hältst du von der Idee, dich in eine dunkle Ecke zu stellen?

Kugel: Gefällt mir nicht so gut. Ich möchte lieber rumrollen.

Th: Was machen wir denn jetzt?

Kugel: Ich rede mal mit dem Pinguin. Pinguin, darf ich rumrollen?

Pinguin: Ich hätte dich lieber in einer dunklen Ecke, ich will dich nicht immer über den Weg rollen sehen.

Th: Das sieht nach einem Konflikt aus!

Pinguin: Wir sollten uns einigen! Na gut, dann roll halt rum!

Th: Wie geht's dem Pinguin damit?

D: Der kann das akzeptieren, ist froh, daß er sie nicht mehr tragen muß, er fühlt sich erleichtert.

Th: Kugel, wo magst du bleiben?

Kugel: Mal hier, mal da, ich will die Welt erkunden, springen wie ein Hüpfball, ich fühle mich dann noch freier; im Wasser schwimmen, mich irgendwo einbuddeln, wo's warm ist; ich fühle mich dann geborgen.

Erst die Identifikation mit der Kugel eröffnet Herrn D. einen anderen Zugang: Hier zeigen sich dann seine vitalen Seiten, die er aber – wie die Kugel – verstecken möchte, nicht sehen kann oder aber losläßt und nicht als eigene Anteile spüren kann. Das gelingt ihm in den folgenden Interaktionen:

Th: Kannst du schwimmen?

Kugel: Ja, eigentlich bin ich zu schwer, da würde ich untergehen, das will ich aber nicht.

Th: Wem könntest du das überlassen?

Kugel: Dem Pinguin (lacht).

Th: Was würde passieren, wenn du hüpfst?

Kugel: Dann würde ich wohl zerbrechen.

Th: Wem könntest du das Hüpfen überlassen?

Kugel: Dem Pinguin und der Heuschrecke.

Th: Pinguin, wie geht's dir jetzt?

Pinguin: Befreit, wohl, ich kann mich bewegen, wie ich will, ich bin nicht mehr so schlapp, ich habe wieder Kräfte ohne die Kugel.

Sein Gefühl am Ende der Sitzung: gut, ruhig, erleichtert. Er darf loslassen. Pinguin, Spinne, Heuschrecke und die Krokodile übernehmen die vitalen Seiten, die er in der Kugel wahrgenommen hat.

6. Phase: Stabilisierung

In der 12. Sitzung steht Herr D. vor einem Entscheidungsproblem. Er hat die Möglichkeit, in eine Wohngruppe zu ziehen, von der aus er seinen geschützten Arbeitsplatz besser erreichen kann. Er äußert Ängste, daß ihm der Anschluß in der Wohngruppe nicht gelingen könnte und er dann einen erneuten Krankheitsrückfall riskieren würde. Er ordnet seine Symbole im Kreis an und befragt sie um Rat. Die Spinne rät ihm, da zu bleiben, wo er ist; die Heuschrecke schlägt den Umzug vor, da die Verbindung zur Arbeit besser ist. Das große Krokodil meint, er solle sich nicht so schwertun, er fände schon den richtigen Weg. Das kleine Krokodil sagt, er müsse sich schon selbst entscheiden, es könne ihm auch nicht helfen. Der Pinguin sagt, er habe große Angst vor dem Rückfall.

Ich bitte Herrn D., sich ein Symbol für die Angst zu suchen. Er wählt eine Handpuppe, einen Teufel. Es kommt zu einer sehr ängstigenden Begegnung zwischen dem Pinguin und dem Teufel. Der Teufel ist so schlimm, daß er gar keinen Namen hat, also auch nicht ansprechbar ist.

Eine Auseinandersetzung mit der Angst, deren Schilderung auch konkrete Erlebnisse aus seiner akuten Psychose beinhaltet, scheint an dieser Stelle für den Pinguin zu schwierig. Daher versuche ich zunächst, dem Pinguin einen Rückgriff auf seine Potenzen, seine Ratgeber zu ermöglichen: Ich frage den Pinguin, ob er allein ist. Er ist nicht allein, die anderen sind da. Aber auf meine Frage an die Ratgeber, ob sie den Pinguin beschützen können, sagen sie, daß man sich vor Grausamkeit nicht schützen kann. Ich will wissen, ob der Pinguin dann ganz auf sich gestellt ist. Die Gemeinschaft ist da und sagt ihm: «Stell dich der Angst, stell dich der Angst.»

Th: Kannst du die Kräfte, die hinter dir stehen, nutzen, daß du nicht so alleine bist?

Er sortiert die Symbole um, so daß er, von den anderen umgeben, dem Teufel gegenüber steht. Der Pinguin fühlt sich jetzt sicherer. Die einzelnen Ratgeber stellen dann dem Pinguin ihre unterschiedlichen Kräfte zur Verfügung, um mit dem Teufel fertig zu werden.

Um den Teufel nun nicht seinerseits als das alleinige Böse zu akzentuieren, versuche ich wieder, ihn über sein Ergehen zu befragen. Es wird deutlich, daß er nicht zerstört werden will. Er möchte Angst verbreiten. Im weiteren Gespräch wird deutlich, daß Angst nicht nur negativ ist, sondern als Warnsignal wertvoll sein kann, wenn ihr kein übermäßiger Raum zugestanden wird. Teufel und Pinguin beschließen daraufhin, vorläufig zusammenzuarbeiten.

Abschließende Beurteilung

Die geschilderten Phasen eines Abschnitts der Therapie über fünf Monate zeigt, wie der Patient Symbole für seine Problematik wählen, in der Identifikation mit den unterschiedlichen Symbolen teilweise Ängste bewältigen und einen Zugang zu abgespaltenen positiven Anteilen finden konnte.

In einer darauffolgenden Krise, in der er durch ein äußeres Ereignis wieder zu dekompensieren drohte, holte sich Herr D. in der Therapiesitzung erneut Hilfe von seinen Ratgebern und konnte sich sofort wieder stabilisieren. Zum gegenwärtigen Zeitpunkt sind 30 Therapiesitzungen durchgeführt worden. Herr D. hat weiterhin in den einzelnen Sitzungen über die Symbole die anstehenden Probleme lösen können. Eine neue Phase hat begonnen, seit Herr D. seine Symbole auch als Objektrepräsentanzen sehen und biographisches Material einbringen kann. Seine Arbeit kann er ohne wesentliche Einschränkungen bewältigen; vor Beziehungen mit Frauen scheut er noch zurück.

Die Therapie wird fortgeführt.

7. Fallbeispiele mit Prozeßbeschreibung

In den folgenden Arbeitsbeispielen, die wir zum Teil wörtlich wiedergeben, zeigen wir die einzelnen Arbeitsschritte; wir geben die Hypothesen zu der jeweiligen Konfliktsituation an und begründen, warum wir die jeweils eingesetzte therapeutiche Technik für sinnvoll erachten. In allen Beispielen habe ich (M.E.W.) als Therapeutin gearbeitet. Bis auf den «Rat der Zigeunerin» stammen die Beispiele aus Symbolseminaren.

7.1 Schwarzer Schwan und schwarze Spinne

«Ich[11] habe meine Herkunftsfamilie aufgebaut, aber mir war beim Aussuchen sehr mulmig, und ich habe lange geguckt, wo ich anfangen sollte. Ich habe mich entschlossen, meine Großeltern wegzulassen, weil es mir zu schwierig war.

Ich habe als erstes die Kette gefunden – die fand ich toll –, und ich dachte, die muß da rein. Dann habe ich diese Spinne gesehen. Ich finde die angsteinflößend, sie ist mir ungeheuer. Aber ich dachte, ich will die hinstellen und will sie mir angucken. Dazu gehört der schwarze Schwan, der hat viel von mir, und den habe ich für mich genommen. Zu der Spinne fiel mir als erstes meine Mutter ein. Das könnte sie sein. Für meinen Vater fand ich dieses Nilpferd, es fehlt ihm ein Ohr, und das paßt zu ihm. Es ist ein starkes Tier, das aber auch wutschnaubend sein kann und sehr nett.

Als nächstes fand ich die Kugel, die möchte ich zu dem Schwan haben, als Gegenpol zu dem Schwarz, etwas Leuchtendes, Schönes. Für meinen Bruder habe ich den Hund, für meine Schwester das Teesieb gefunden. Und dann für mich noch die Walnuß, gut zum Anfassen – und die ist schön, etwas Warmes, mit Furchen. Ja und zum Schluß habe ich das Bauernhaus genommen, für mein Elternhaus, das ist ein Bauernhaus, das paßt gut als Unterlage.» (Diagramm 3; siehe auch Bild 1, S. 129)

---

11 Die Kollegin wird im folgenden P. genannt

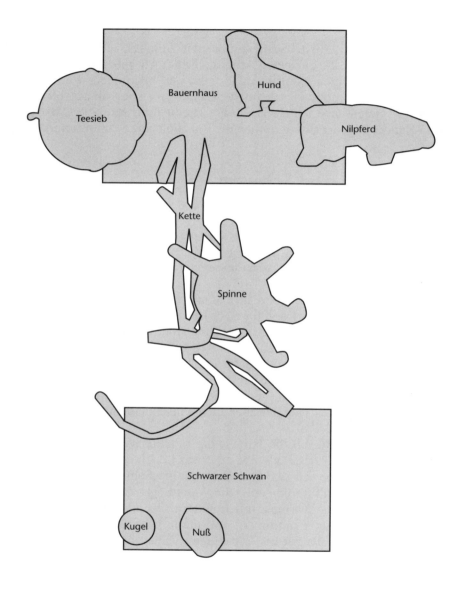

Diagramm 3: Gesamtbild

Die Anordnung ist für ein Familienbild ungewöhnlich. Welche Rolle die Großeltern spielen, bleibt unklar, – sie sind ausgespart. Die Anordnung weist auf Gruppenbildungen innerhalb der Familie hin: In der obersten Reihe liegt als Grundlage das Photo von einem Bauernhaus; darauf das Nilpferd (Vater), das Teesieb (Schwester) und der Hund (Bruder). In der Mitte des Bildes liegt die Spinne (Mutter), über und unter ihr ausgebreitet die Kette aus Apfelkernen, die so drapiert ist, daß sie eine Verbindung zwischen dem oberen und dem unteren Teil des Bildes herstellt. P. selbst wird im unteren Teil durch das Photo von dem schwarzen Schwan repräsentiert: dazu gehören eine Nuß und eine Glaskugel, die auf dem Photo liegen.

Die Bemerkung, daß ihr beim Aussuchen mulmig wurde und daß es schwierig gewesen sei, weshalb sie sich letztlich auf die engste Familie beschränkt habe, läßt auf einen – ihr noch nicht deutlichen – Konflikt innerhalb der Familie schließen, an dem die Großeltern in irgendeiner Form beteiligt sind. Die Kette wurde mit viel Aufmerksamkeit als toller Gegenstand beschrieben und dann nur als schönes Element einbezogen; sie scheint für P. eine noch nicht wahrnehmbare Bedeutung zu haben. Die Position unterhalb der Spinne läßt vermuten, daß ihr eine wesentliche Bedeutung in der Verbindung zwischen P. und der Spinne zukommt. Die Spinne war als erster Gegenstand, der eine Person kennzeichnet, eingebracht und als angsteinflößend bezeichnet worden. Mit ihr ist offensichtlich eine hohe emotionale Spannung verbunden. P. zögerte lange, bevor sie den Symbolen ihren Platz gab. Dann sagte sie, daß sie sich das Ganze nun doch ansehen wolle. Unter der Spinne erhielt der schwarze Schwan als ein Teil ihrer selbst einen Platz. Die Geschwister blieben blaß. Sie wurden mit jeweils nur einem Gegenstand besetzt, der nicht erklärt wurde, während sie selbst mehrere Attribute erhielt. Die Erklärung zu den Symbolen war auffällig leise, zögernd, bedacht. P. wirkte vorsichtig.

Die Familie mußte auf die Kernfamilie reduziert werden, damit sie angesehen werden konnte. Der angsteinflößenden Spinne als Mutterrepräsentanz stellte P. sich sofort als Gegenkraft, als schwarzen Schwan, gegenüber. Es scheint um einen Mutter-Tochterkonflikt zu gehen. Die Geschwister sind spärlich besetzt – es könnte sich um Rivalität handeln. Die Anordnung des Bildes zeigt eine Familienkonstellation, in der der Vater und die Geschwister auf der Grundlage des Bauern-Elternhauses eine Einheit bilden, P. selbst außerhalb liegt und nur über die angsterregende Spinnenmutter mit der restlichen Familie verbunden ist. Es gibt sehr ängstigende Komponenten: Absonderung, Isolierung, Mutterkonflikt, Geschwisterrivalität. Worauf bezieht sich die große Vorsicht?

103

Positiv besetzt ist lediglich das Bauernhaus, der Vater hat positive Konnotationen, liegt aber entfernt und ist nur über die Brücke der Mutter zu erreichen, die negativ besetzt ist.

Für mich bietet sich die Befragung eines wohlwollendes Teiles im Bild an, um aus schutzgebender Distanz das Familiensystem zu verstehen. Deshalb entschließe ich mich, die tragende Kraft, das Haus, über die Familie zu befragen:

P: Ja, das kennt die Geschichte.
    (Schweigen)

Th: Kennt es auch die Spinne?

P: Ja, noch viel mehr.
    (Schweigen)

Th: Mehr geht nicht? (Schweigen)

P: Ich muß dazu sagen, ich habe ganz bewußt den Bruder und die Schwester dorthin gelegt, das stimmt auch so, die sind noch zu Hause, sind sehr verbunden, meine Schwester fährt oft hin, mein Bruder lebt da. Mein Vater ist sowieso da, und ich bin weit weg. Das war schon immer so. Die Verbindung ist nicht so.

Es scheint viel Angst vorhanden zu sein. Darauf lassen das lange Schweigen, die minimalen Antworten, das unvermittelte Ausschwenken von der Spinne zu den Geschwistersymbolen und der Hinweis auf das Getrenntsein schließen. Um behutsam mit der Angst umzugehen, entscheide ich mich für ein Herantasten über die Bildkonstellation.

Th: Und zwischen Ihnen und dem Rest der Familie liegt die Mutter.

P: Ja, sie hält die Verbindung aufrecht und andererseits verhindert sie auch sehr viel.

Das Muttersymbol scheint mir ansprechbar.

Th: Warum haben Sie die Spinne für Ihre Mutter gewählt? Was paßt dazu?

P: (stöhnt) Sie will alles unter Kontrolle haben, nach allen Seiten greifen können, – etwas Unangenehmes auf jeden Fall. Ich habe hinterher gedacht, als ich das Bild fertig hatte, ich hätte es eigentlich ganz anders haben wollen. Das ist jetzt wirklich nur eine Seite, und am liebsten würde ich das Ganze noch einmal aufbauen. Hier das Negative und auf der anderen Seite das Positive. Es ist, als ob ich nur eine Seite rausgegriffen hätte.

Th: Ja, was käme dann auf die positive Seite, wenn Sie neu aufbauten?

P: (stöhnt, langes Schweigen) Ich glaube, da gibt es ganz viele Widerstände dagegen.

Das Bedürfnis, die positiven Seiten zu sehen, kann nicht durchgehalten werden. Wut und Enttäuschung scheinen dem entgegenzustehen. Mir scheint es wichtig, den Widerständen ihre Berechtigung zu geben.

Th: Also soll das Ganze erst mal so bleiben?

P: Aber so finde ich das Ganze auch nicht gut.
   (Schweigen)

Die Ambivalenz ist offensichtlich zur Zeit nicht auflösbar. Ich versuche am Widerstand entlangzugehen. Ich bleibe bei dem Thema «Gut/Böse», nehme es aber von der noch ängstigenden Mutterthematik weg und versuche, es auf andere Familienmitglieder zu verlagern.

Th: Ist denn das Negative auch oben in dem Bild bei Vater, Bruder und Schwester?

P: Nein.

Th: Nur bei der Mutter? So daß es nur um diese Mittelseite geht?

P: (Stimme unglücklich) Ja, das ist mein Gefühl.

An dieser Stelle wäre es auch möglich, der Traurigkeit Raum zu geben. Ich entscheide mich dagegen, da ich befürchte, daß die Traurigkeit doch nicht zugelassen werden könnte und sich stattdessen die Lähmung aus der ersten Phase wieder ausbreiten würde. Die Kette, die sehr positiv beschrieben war, scheint mir die Möglichkeit zu bieten, daß sich P. zunächst einmal mit einem positiv besetzten Symbol erholen kann. Ich spreche deshalb die Kette an, die um die Spinne geschlungen ist und verbindend zwischen den beiden Familienteilen liegt.

Th: Was ist eigentlich mit der Kette? Was sagt die hier aus?

P: (Stimme ist heiter) Das ist sowas wie das Chaos, so ein Gewusel, das dazu gehört. So was Ungeordnetes.

Th: Gehört das zur Mutter oder zu wem?

P: Ja, zur Mutter.

Bei der Kette könnte es sich um eine erheiternde Seite der Mutter handeln und, viel unbewußter, um nicht zugelassene Eigenanteile. Ich fokussiere deshalb auf die Kette und ihre wuseligen Anteile.

Th: Und Sie haben zu Beginn gesagt, daß Sie die Kette sehr schön finden. Finden Sie auch das Gewusel schön?

P: Ich mag es lieber übersichtlich, geordnet.

Die Reaktion zeigt, daß ich offensichtlich zu schnell auf unübersichtliche und ungeordnete Seiten zugegangen bin; das hat die Gegenbewegung ausgelöst. Da P. aber zuvor die Kette als besonders schön geschildert hat und die Stimme dabei heiter war, entschließe ich mich doch zur Konfrontation.

Th: Und dann finden Sie die Kette schön?

P: Na ja, ich finde sie schön, wenn sie sich in einem irgendwie geordneten Rahmen befindet.
    (lacht)

Th: Legen Sie sie doch mal so, wie sie sich in einem irgendwie geordneten Rahmen befindet.

Ich nehme die Bedingungen auf, unter denen Chaos erlaubt zu sein scheint, und wiederhole dazu bewußt P.s Worte. Das vertieft deren Aussage. Außerdem kann ich dadurch vermeiden, mit einer anderen Formulierung eine andere Bedeutung einzubringen.
Die Kette wird um Schwan, Kugel und Nuß gelegt (Selbstbilder). Da ich die Erfahrung gemacht habe, daß es in solchen Situationen nötig ist, viel Zeit zu geben, um die veränderte Gefühlskonstellation wirken zu lassen, warte ich ab.

    (Schweigen)
Th: Und was ist jetzt?

P: Jetzt finde ich die Spinne schlimmer als vorher, als ob sie hier jetzt so rüberkommen könnte.

Das Chaos ist – geordnet – in das Selbstbild eingebunden. Dadurch entfällt es als Mutter/Spinne bindendes Element; sie hat nun freien Zugang zu dem Selbst-Bereich des Schwans und wird gefährlich. Ich schlage vor, die alte Konstellation, in der die Mutter gebunden ist, wiederherzustellen. Ich tue dies aus zweierlei Gründen. Es könnte tatsächlich noch zu früh für ein klares Gegenüber sein, weil die Ambivalenz noch nicht auflösbar ist. Dann wirkt die alte Konstellation beruhigend. Andererseits könnte P. deutlich werden, wieviel Kraft durch die bisher notwendige Konstellation gebunden wird. Dann würde sie wahrscheinlich das alte Bild nicht mehr hinnehmen, weil die Unerträglichkeit klar geworden ist.

Th: Legen Sie die Kette doch noch einmal genauso, wie sie vorher war, und probieren Sie, was sich dadurch an Gefahr vermindert.
    (Herstellung des alten Bildes)

P: Die hält die Spinne fest.

Th: Und wie passiert das?

106

P: Die Spinne verwuselt sich da drin. Die bringt die Spinne zum Stoppen. Also, im Grunde genommen finde ich das sehr schade, und das stimmt auch. Als ich das so arrangiert habe, habe ich gedacht, daß es schade ist, daß die Kette unter der Spinne ist, weil die eben schön ist. Aber jetzt weiß ich auch warum. Denn wenn die da nicht wäre, dann wäre die Spinne sehr viel gefährlicher.

Es überwiegt eindeutig die Gefahr durch die Mutterkraft, die als potentiell zerstörend angesehen wird. Ich vermute, daß es sich um Ängste aus früheren Lebensabschnitten handelt. Um zu überprüfen, ob es nicht doch auch um Ängste in der heutigen Beziehung geht, versuche ich den Bezug zur Realität herzustellen.

Th: Und wo fürchten Sie in der Realität, also in Ihrem heutigen Leben, daß diese Seite Ihrer Mutter über Ihre Grenzen geht? Was fürchten Sie real? Und was passiert, wenn sie auf den Schwan zugeht und auf die Nuß und auf die kleine Glaskugel?

P: …Ich kann es nicht genau sagen, ich weiß nur, daß ich manchmal das Gefühl habe, daß meine Mutter mich braucht, fast therapeutisch, sodaß sie bei mir Hilfe sucht. Sie will etwas von mir, was ich ihr nicht geben kann und nicht geben will. Das könnte es vielleicht sein.

Th: Und die Abgrenzung, die Sie jetzt mit der Kette versucht haben, die reicht nicht?

P: Nein.

Es ist deutlich, daß es um heutige Abgrenzungen geht und daß das Wissen um die Hilfsbedürftigkeit der Mutter der Tochter die Abgrenzung verbietet. Aber die Enttäuschung und die Wut über die Mutter hindern die Tochter gleichzeitig, die Tiefe von deren Leid zuzulassen. Da es aber dieses Wissen dennoch gibt, wirkt es sich dann wieder bremsend auf die Wut aus. So kann es zu keiner Klärung kommen. Der Konflikt bewirkt ein dauerndes Sich-im-Kreise-Drehen. Ich entschließe mich, die Bedürftigkeit der Mutter zu akzentuieren, um ihr und damit der Seite der Tochter, die der Mutter etwas Gutes tun will, Raum zu geben.

Th: Das heißt auch, Ihre Mutter ist bedürftig.

P: Hm.

Th: Was kriegt sie denn nicht?

P: Ich denke, sie hat keine Person, die ihr wirklich zuhört, von der sie wirklich was kriegt.

Th: Und sie weiß, daß Sie dazu fähig sind?

P: Hm.

Daß die Mutter sehr allein ist, wird ganz deutlich. Gleichzeitig verstärkt sich der Druck, helfend eingreifen zu müssen. Deshalb halte ich es für sinnvoll, daß P. jetzt wieder auf sich achtet: Sie muß das gleiche Recht haben, das dem Leid der Mutter eingeräumt wurde.

Th: Und was passierte mit Ihnen, wenn Sie ihr zuhörten?

P: Was mit mir passiert? Es ist zuviel; dann könnte ich mich auch nicht mehr retten.
    (Weinen)
    Dann wäre das so, als wenn meine Mutter mein Kind wäre.

Th: Ist sie so arm dran?

P: Hm, ich könnte auch nicht meine Großeltern als Symbol legen, weil meine Mutter keine Eltern hatte – sie ist früh Vollwaise geworden.
    (Schweigen)
    Ein Gruppenmitglied schaltet sich ein:
    Bevor ich wußte, was du sagst zu den Dingen, habe ich zu deinem Bild geschaut, und mir schien immer, daß die Spinne und der schwarze Schwan etwas miteinander zu tun haben. Es ist beides so ein starkes Schwarz. Hat das einen Zusammenhang?

P: Ja, ich wußte auch, die gehören zusammen. Mein Gefühl ist auch, daß da irgend etwas Gemeinsames ist, aber worin das besteht, das weiß ich nicht. Was mir einfällt als Gemeinsames: Beide hätten etwas Kräftiges, Starkes, Mächtiges.

Da die Assoziation der Kollegin aus der Gruppe akzeptiert wird, ist deutlich, daß das Schwarz als Kraft erlebt wird. Ich entschließe mich deshalb zu einem Rollentausch mit der Farbe Schwarz, weil ich vermute, daß aus der Identifikation mit der Stärkerepräsentanz eine Lösung gefunden werden könnte.

Th: Könnten Sie mal versuchen, in die schwarze Farbe einzutauchen? Und zu spüren, wie Sie sind, wenn Sie «Schwarz» werden?
    (Schweigen, Nicken)

Th: Schwarze Farbe, was machst du mit dem Mächtigen, wie lebst du, wenn du mächtig bist?

P: Fällt mir nur ein: allein.

Th: Allein, was heißt das? Bist du mächtig und allein?

P: Ich brauche niemanden.

Th: Ah so, du kannst allein sein?

P: Hm.

Th: Gibt es sonst noch etwas, wenn du so schwarz bist?

P: Ich bin auch traurig.

Th: Hm – und wie würde es sein, wenn du jetzt weiß würdest?

P: Das geht nicht, dann verliere ich meine Konturen. Da würde ich mich so auflösen vor dem Hintergrund.

Th: Dann wärst du so, wie das Wasser drumherum?

P: Ja.

Th: Und wie wärst du vom Charakter her? Als Schwarz bist du mächtig und kannst alles allein. Wie wärst du, wenn du ein weißer Schwan wärst?

P: Mütterlich. Dann würden ganz viel kleine Schwäne drumrumschwimmen. Und dann würde ich mich auflösen. Dann wäre ich nicht mehr so bei mir.

Schwarz verleiht Konturen, während die Identifikation mit dem weißen Schwan eine Annahme des Mütterlichen bedingen würde. Da die Hypothese der Kollegin aus der Gruppe angenommen wurde, daß es sich bei dem «Schwarz» der beiden Tiere um etwas Gemeinsames handelte, nehme ich den Gedanken auf.

Th: Also, jetzt muß ich dich, schwarzer Schwan, etwas fragen; du weißt vermutlich am allerbesten da Bescheid. Kennst du die schwarze Spinne ein bißchen?

P: Hm – nur so von ferne.

Th: Was ist denn die, die ist ja nun auch schwarz. Meinst du, ihr habt Ähnlichkeiten?

P: Ja, vielleicht. Das, was ich auf dem Wasser habe.

Th: Ihr lebt in ganz verschiedenen Bereichen? Fühlst Du Dich so wohl dabei?

P: Es ist besser so.

Th: Was wäre dann, wenn ihr zusammen sein müßtet? Du und die Spinne?

P: Wir würden uns beißen.

Th: Ja?

P: Ja!

Th: Warum?

P: Ja, wir passen überhaupt nicht zusammen. Wir wären dann die Konkurrentinnen. Also es ist gut, daß wir getrennt leben, sie auf dem Land und ich auf dem Wasser.

Th: Konkurrentinnen worum?

P: (prompt) Um die Macht.

Th: Um die Macht. Also ihr habt es beide mit der Macht. Und beide wollt ihr mächtig sein?

P: Ja.

Th: Sag mal, schwarzer Schwan, was denkst du denn, wenn ihr wirklich Krieg anfangen würdet, wer gewinnen würde?

P: Kann ich mir nicht vorstellen. Das ist wie ein endloser Kampf.

Th: Ihr laßt euch gegenseitig nicht gewinnen?

P: Hm, ja da müßte höchstens jemand nachgeben, sonst wäre es endlos.

Es handelt sich offenbar um zwei gleich starke Kräfte, verbunden mit dem Wissen um die beiderseitige Aggressivität. Ich vermute, daß in den anderen Symbolen, Kette, Nuß und Kugel, beiderseits noch Hilfskräfte verborgen sind.

Th: Ja, nun hat die Spinne noch das Chaos mit der Kette und Du hast noch die Nuß und eine schöne kleine Kugel. Was ist denn damit?

P: Ich würde sagen, ich bin etwas im Vorteil, weil die Spinne eben das Chaos noch hat.

Th: Die verheddert sich dann?

P: Ja, und ich habe eher noch etwas Schönes bei mir.

An dieser Stelle scheint mir die Klärung so weit gelungen zu sein, daß ich glaube, auf den Rollentausch – die Identifikation mit dem Schwarz – verzichten zu können. Mir scheint es möglich, sich jetzt das Geschehen mit realen Augen anzusehen.

Th: Können Sie wieder Sie selbst werden?

P: Also, es ist nicht mehr so bedrohlich. Es hat viel von seiner Bedrohlichkeit verloren. Es ist eigentlich gar nicht mehr schlimm, nur noch ein ganz bißchen mit der Spinne.

Th: Die Bedrohlichkeit verloren?

P: Weil ich denke, der Schwan hat die Kraft wieder gefunden. Aber die Kette würde ich trotzdem gerne haben.

Th: Ja, probieren Sie es doch mal aus mit der Kette.

Das Bild wird umgeordnet. Die Kette wird gefaltet und rechts neben den Schwan gelegt. Dann wird die Spinne rechts von der Kette abgelegt. Nachdem klar wurde, wie stark die beiden schwarzen Tiere sind, kann P. offensichtlich darauf verzichten, die Spinne durch die Kette unschädlich zu machen (Diagramm 4; siehe auch Bild 2, S. 132).

Th: Und wie geht es jetzt? Was macht jetzt die Spinne?

P: Jetzt ist es klarer.

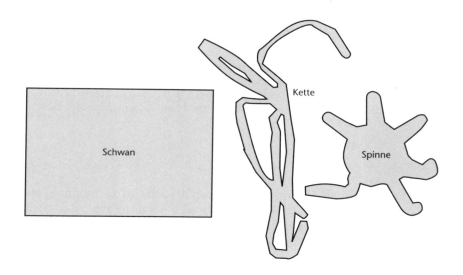

Diagramm 4: Umgeordnetes Bild

Th: Was heißt das?

P: Das Gewusel unter der Spinne ist jetzt weg. Jetzt ist was zwischen uns, aber wir sind beide da, sie dort, ich hier.

Th: Und was ist zwischen Ihnen?

P: Sicherheitsbarriere oder so.

Mit der jetzt möglichen Abgrenzung und der eingeführten Sicherheitsbarriere scheint es mir notwendig zu sein, die Funktion dieser Barriere genau abzuklären. Ich halte es aber auch für möglich, die in der Position der Symbole deutliche Hinwendung des Schwans zur Spinne anzusprechen.

Th: Ja. Sie haben die Spinne jetzt in die Richtung gelegt, in die Sie als Schwan schwimmen.

P: (lacht) Ach ja.

Th: Und Sie haben eine Sicherheitsbarriere dazwischen. Sie müssen sich die Sicherheitsbarriere noch genau ansehen. Was ist die jetzt zwischen Ihnen? Was ist möglich, und was ist nicht möglich?

P: Also ich kann auf jeden Fall die Spinne angucken. Aber Kontakt eben nicht, am wenigsten Körperkontakt.

Th: Und bisher war Angucken nicht möglich?

P: Genau. Und jetzt fällt mir gerade ein, das paßt zu meiner Mutter. Ich kann mich so an früher nicht erinnern, daß sie mich in den Arm genommen hätte. Ich weiß aber, daß sie in den letzten Jahren das versucht, und das ist etwas, was ich ganz unangenehm finde. Sie versucht jetzt, auf mich zuzugehen und mich in den Arm zu nehmen. Und das paßt gut dazu, daß Körperkontakt nicht geht, also nicht auf diese Art.

Th: Aber Angucken geht.

P: Hm!

Der Bezug zur Realität wird jetzt hergestellt. Jetzt ist es möglich, sich ohne Angst der Mutter zuzuwenden, aber sich auch trotz der Bedürftigkeit abzugrenzen. Ich versuche, mit einer Phantasie hinsichtlich der weiteren Beziehung zwischen Schwan und Spinne einen Zukunftsaspekt anklingen zu lassen.

Th: Also noch eine kurze Phantasie: Was, glauben Sie, müßten der Schwan und die Spinne noch zu tun kriegen miteinander, die beiden schwarzen Tiere?
(Langes Schweigen)

Th: Ist das noch nicht zu phantasieren?

P: Also, ich habe schon das Gefühl, daß es sein könnte, aber was es sein könnte, ist noch unklar.

Am Ende einer Bearbeitungphase bitte ich immer darum, das Ganze noch einmal zu überprüfen und, wenn nötig, noch Veränderungen vorzunehmen.

Th: Sehen Sie sich das Ganze noch einmal an, ob es so stimmt. Wie geht es Ihnen nach dieser Arbeit?

P: Also, das ist mir jetzt zu weit weg (bezieht sich auf die restliche Familie).

Sie schiebt das Photo von dem Bauernhaus mit Vater, Bruder und Schwester in ihre Nähe direkt über die Kette. (Diagramm 5; siehe auch Bild 3, S. 133)

Th: So läuft die Verbindung – oder die Barriere – nicht mehr über Ihre Mutter. Sie haben anders angeordnet. Soll es so bleiben?

P: Ja, so ist es gut. Aber, – ich möchte jetzt mal gerne wissen, wie es so gekommen ist.

112

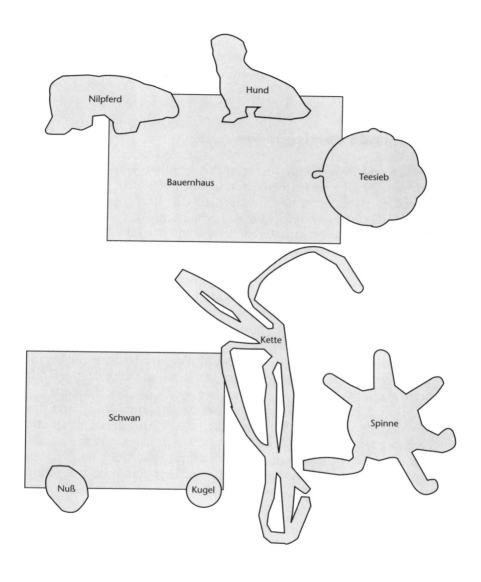

Diagramm 5: Schlußbild

Da es sich bei diesem Arbeiten um eine Seminarsituation handelt, in der es auch das Ziel ist, daß die Teilnehmer das hypothesengeleitete Vorgehen verstehen können, ist eine anschließende Prozeßbeschreibung Bestandteil des Seminars. Das heißt also, daß ich anschließend erzähle, mit welchen Hypothesen ich jeweils an den einzelnen Stellen gearbeitet habe und warum ich welche Intervention eingebracht habe, so wie es hier beschrieben ist.

Abschließende Überlegungen

Die begleitende Prozeßanalyse zeigt, mit welchen Hypothesen zum inneren Konflikt ich gearbeitet habe, und macht deutlich, warum ich in den einzelnen Arbeitsschritten unterschiedliche Techniken eingesetzt habe. Das Hauptthema war der Mutter-Tochterkonflikt, fokussiert in der Gegenüberstellung des schwarzen Schwans und der schwarzen Spinne. Chaosanteile, in der «tollen» Kette repräsentiert, zunächst der Mutter zugeschrieben, sind deutlich ambivalent besetzt und dienen der Bindung der inneren, einander widerstreitenden Gefühle in der Beziehung zur Mutter. Nachdem die Kette einen klar strukturierten Platz im Gesamtgefüge erhalten hat, aber zugleich die aggressionsbindenden Funktionen aufgegeben wurden, wird dieser innere Konflikt greifbar; die davon ausgehende Gefährlichkeit ist beängstigend. Mit der Akzentuierung auf die Stärke der schwarzen Farbe (die beiden, Mutter und Tochter, zur Verfügung steht) wird diese Gefahr reduziert. Der zerstörerisch erlebten Kraft der schwarzen Spinne steht die eigene Kraft in der Gestalt des schwarzen Schwans gegenüber. Die Zuwendung zur Mutter und das Verständnis für deren Lebensgeschichte ist deutlicher sichtbar; die eigene Kraft reicht aber noch nicht aus, um sich gegen die erwarteten Übergriffe sicher zu schützen. Das Verhältnis zum Vater und zu den Geschwistern kann sich nun verändern. Nachdem die Spinne aus dem Zentrum genommen wurde, entstand das Bedürfnis, das Nilpferd (Vater) und die Symbole für die Geschwister, Teesieb und Hund, näher an sich heranzurücken.

7.2 Der Rat der Zigeunerin: Ein Symbol als innerer Ratgeber (Technik: Rollentausch)

Eine ehemalige Therapiegruppe traf sich zu einem Katamnesewochen-ende. Die Gruppe bestand aus acht Teilnehmern; es standen neun Zeit-stunden zur Verfügung. In der Eingangsrunde hatten die meisten über einschneidende berufliche oder private Veränderungen gesprochen; das führte bei den meisten zur Akzentuierung auf diese Thematik. Um genü-gend Zeit zur Bearbeitung eines jeden Bildes zu haben, hatte ich die Zahl der Symbole auf sechs begrenzt (M.E.W).

Ein Teilnehmer hatte sich im Gegensatz zu den übrigen kein Thema gewählt, sondern wollte sich darauf einlassen, seine freudigen und ängstlichen Gefühle als Auswahlkriterium zu benutzen. Für ihn war das ein progressiver Schritt; bisher war er immer darauf bedacht gewesen, keine unkontrollierten Äußerungen zu machen. Das zeigte sich unter anderem in seinen sehr überlegten Formulierungen. Es wurde von ihm auch als notwendige Schutzmaßnahme empfunden.

Er ordnete sein Bild folgendermaßen an: Links im Bild lag die Melan-cholia I von Edvard Munch; er sah darin eine ihn sehr bedrohende Fratze, die er der Mutter zuordnete, mit der er in einer Haß-Abhängig-keitsbeziehung verbunden ist. Neben der «Fratze» lag ein großer Kiesel, auf den ein Labyrinth aufgezeichnet ist. Der Stein wurde zunächst sehr positiv geschildert: als wohltuende Fähigkeiten, die der Patient allmäh-lich an sich entdecke. Er verwandelte sich aber im Verlauf der Erzäh-lung aufgrund seiner Schwere in eines der Krankheitssymptome des Mannes: einer Beklemmung, als ob er einen schweren Stein auf der Brust fühle. Über dem Stein lag eine Zeichnung aus einer Ausgabe von Hauffs Märchen, der Geschichte von dem falschen Prinzen. Sie zeigt einen Mann, der sich im Spiegel sieht. Auf dem Buchdeckel entdeckt er das Wort «Mutabor» und vergewissert sich bei den anderen Gruppen-teilnehmern, daß es «Ich werde mich verwandeln» heißt. Im Spiegel sieht er sich selbst, für ihn ein Wagnis, da er in der Realität nicht in einen Spiegel sehen kann: er kann sein Spiegelbild nicht ertragen. Er findet sich «furchtbar». In der Zeichnung entdeckt er einen Nachttopf auf dem Boden und stellt mit Verwunderung fest, daß der Mann offensichtlich «in den Topf pinkelt und sich dennoch nicht schämt, sich im Spiegel anzusehen». Er könne sich das für sich nicht vorstellen. Ihm sei noch immer beschämend, daß er bis in die Pubertät hinein Bettnässer gewe-sen sei. Neben dem Stein in der mittleren Ebene steht ein Kinderspielzeug, das eine Kamelmutter mit ihrem Kind darstellt. Das Spielzeug ist aus Holz und so gearbeitet, daß das kleine Kamel in einen Ausschnitt unter den Bauch der Mutter paßt. Das Kamel sei ein Bild seiner selbst: seine kleine, hilflose, schwache Seite müsse in der großen so verborgen werden, daß niemand sie sehen könne. Ganz unten liegt das Bild eines Embryos von Veronika Oepen: Der Embryo ist ein Beginn. In dem Bild sei wichtig, daß er in einer Höhle liege und daß diese so dargestellt sei, daß sie ein freies Hinausgehen ermögliche. Neben dem Märchenbuch liegt rechts oben im Bild die Zigeunerin («Bohémienne»)[1,2,3,4,5] von Frans Hals. Sie sieht ihn an und sagt: «Na, Kleiner!» (Diagramm 6; siehe auch Bild 4, S. 136)[12]

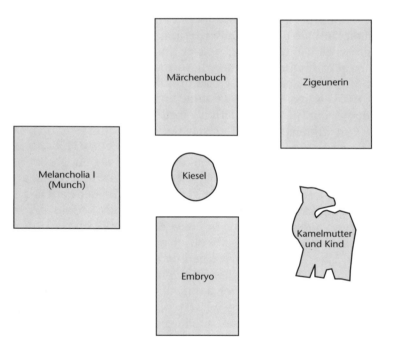

Diagramm 6: Gesamtbild

12 Im Bild 4 fehlen das Märchenbuch und die Zigeunerin.

Auf meine Frage: «Antworten Sie ihr?» reagiert er prompt, in einer Mischung aus Ärger und Amüsement, das sei ja das Problem: er könne das nicht. Es war deutlich, daß die Frau etwas Angenehm-Verführerisches hatte, mit dem er nicht umgehen konnte. Ich fragte nach, ob er das lernen wolle. Er bejahte. Ich sah die Zigeunerin auf der Objektstufe als verlockende Frau, der er sich nicht zu nähern wagte, auf der Subjektstufe seine ihn bisher sehr ängstigende Lebendigkeit. Ich bat den Patienten, sich sein Bild noch einmal anzusehen und dann die Zigeunerin zu fragen, ob sie die jetzige Anordnung gut finde.

Die Zigeunerin schlug ihm zuerst vor, das kleine Kamel aus dem Bauch der Mutter zu lösen. Es sei an der Zeit, die «Kleinheit» nicht zu verstecken, sondern offen als eine Seite zu zeigen. Um diese Veröffentlichung ertragen zu können, riet sie dem Patienten, sich bei einem anderen Gruppenmitglied das Photo eines Falken[13] auszuleihen, das in der Besprechung seines Bildes als zähmbarer Raubvogel erarbeitet worden war. Danach meinte die Zigeunerin, er könne nun den schweren Stein aus der Bildmitte herausnehmen und stattdessen an den oberen Rand legen. Außerdem müßten jetzt, da der Falke da sei, auch die Fratze und der Embryo nicht mehr soviel Raum einnehmen. Sie wurden an den Rand des Bildes gelegt. Kamelmutter und Kamelkind, die bisher noch nahe aneinander gestanden hatten, wurden getrennt aufgestellt, rechts und links von der Zigeunerin, von einem tiefen Durchatmen begleitet. (Diagramm 7; siehe auch Bild 5, S. 137)
In meiner Hypothese zum bisherigen Prozeß sah ich die Zigeunerin als Lebendigkeitsaspekt, der es ermöglichte, die bedrückte Grundstimmung des ersten Bildes aufzulösen. Indem er selbst hörte, was die Zigeunerin sprach und deren Antworten weitergab, identifizierte er sich mit ihr. Sie riet dem Patienten, seine «Kleinheit» nicht mehr zu verbergen, und hatte ihm beteuert, daß jeder Mensch kleine und große Seiten habe. Sie brachte den Falken als einen gezähmten Raubvogel ein und vermittelte damit die Hoffnung, daß Aggressivität kontrollierbar sein könnte. Die folgende Aktion – Verlegen des Steines, der Fratze und des Embryos – zeigt, daß mit der Hinzunahme der zähmbaren Aggressivität sowohl die Atemnot wie die Haß-Abhängigkeitsbeziehung zur Mutter nicht mehr so gravierend und zentral erlebt werden müssen und an die Seite rücken können. Das lange Schweigen war für mich ein Hinweis, daß dieses Erleben seinen gefühlsmäßigen Raum beanspruchte und ich keine rationalisierende übereilte Entscheidung fürchten mußte. Nach dem langen

13 Das Photo stellt einen Steinadler dar, der wie ein Falke auf einer Hand sitzt.

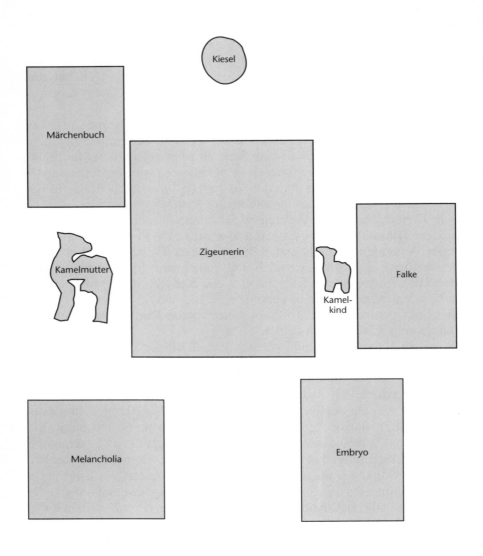

Diagramm 7: Erste Veränderung mit dem Rat der Zigeunerin

nachdenklichen Schweigen fragte ich den Patienten, ob die Zigeunerin mit dieser Anordnung jetzt einverstanden sei. Sie verneinte und schlug folgende Anordnung vor: Die Kamelmutter sollte neben die Zigeunerin gelegt werden, daneben käme das Kamelkind, neben ihm sollte der Falke seinen Platz finden. Der Spiegel wurde so angeordnet, daß er das Bild von der Seite her ansah. «Jetzt ist es gut. Mit dem Falken wird es gehen, ich muß meine Kraft entdecken.» (Diagramm 8; siehe auch Bild 6, S. 140)

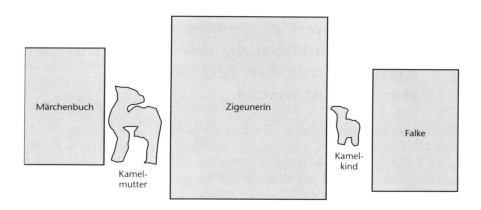

Diagramm 8: Schlußbild

Abschließende Überlegung

Meine Hypothese zum momentanen Stand des therapeutischen Prozesses: Die schwachen und die starken Seiten des Patienten sind voneinander getrennt (Kamelmutter und -kind) – die schwache Seite muß nicht mehr versteckt, sondern kann offen gezeigt werden. Die Kraft dazu erhält der Patient von der Lebendigkeit der Zigeunerin und der Kraft-Aggressivität des Falken. Das verstärkende Moment für die Freiheit, sich die Falkenseite zuzugestehen, liegt in der Modellfunktion, die das

119

andere Gruppenmitglied – der Falke – eingenommen hatte: Aggressivität ist zähmbar. In dieser Konstellation ist es dem Patienten möglich, sich im Spiegel anzusehen – das Wort Mutabor in der Zeichnung bleibt sichtbar, das heißt, daß er hinsichtlich seiner Fähigkeit, sich zu ändern, optimistisch ist.

Nach einigen Monaten, als ich den ehemaligen Patienten um Genehmigung zu dieser Veröffentlichung bat, schrieb er mir, daß er sich ein Bild der Zigeunerin in eins seiner Zimmer gestellt habe. Es diene ihm in Situationen, in denen er unsicher sei und nicht weiter wisse, als Erinnerung. Sie sei wirklich zum inneren Ratgeber geworden.

7.3 Die Weisheit einer Maske: die Verdeutlichung der Latenz durch Symbole mit der Technik des Rollentauschs

Eine Kollegin hatte in einem Seminar für sich ein Genogramm gelegt. Während sie über die Zuordnung der einzelnen Symbole zu den jeweiligen Familienmitgliedern sprach, hielt sie eine kleine Porzellanmaske in der Hand. Sie legte sie nicht zu den übrigen Gegenständen auf den Boden. Mir fiel die liebevolle Geste auf, mit der die Kollegin die Maske hielt. In der Erklärung des Genogramms kam die Maske nicht vor. Als die Kollegin endete, behielt sie die Maske ratlos in den Händen: «Ich weiß nicht, was ich mit der Maske will; ich habe alle Familienmitglieder besprochen, es ist niemand mehr übrig.» Die Maske blieb weiter in den Händen.

Ich intervenierte zunächst nicht, sondern wartete, was nun mit der Maske geschehen würde. Das Verhalten der Kollegin war so auffällig, daß ich vermutete, mit der Maske müsse es eine besondere Bewandtnis haben. Die liebevolle Geste und das Festhalten der Maske sprachen dafür, daß es um etwas gehen müsse, das nicht – mehr – aus der Hand gegeben werden solle, das wertvoll sei und liebevoll behandelt werden müsse. Ich hatte die Hypothese, daß es sich um eine latente Seite handeln könne, die bisher nicht zugelassen werden konnte, aber nun wohl doch gelebt werden könnte. Bestärkt in dieser Hypothese wurde ich durch eine Beobachtung während der Erklärung des Genogramms. Mir war aufgefallen, daß die Kollegin, selbst Psychotherapeutin, mit heiterem Lächeln über die Schizophrenieerkrankung ihrer Großmutter, über deren Wahninhalte und ihr Verhalten in der Krankheit berichtete. Während sie zuvor erzählt hatte, waren ihre Mimik und ihre Stimme ernst, eher bedrückt. Das Lächeln, mit dem sie die Großmutter begleitete, war fröhlich, liebevoll und verständnisvoll; es vermittelte mir den Eindruck, daß die Kollegin unbewußt der Meinung war, die Großmutter habe sich auf diese Weise aus den Zwängen einer bürgerlichen Gesellschaft befreien können, und daß dies mit den uneingestandenen Wünschen der Kollegin selbst in Zusammenhang stehen müsse.

Aufgrund dieser Hypothese fragte ich nach längerem Schweigen die Kollegin, ob sie sich vorstellen könne, mit der Maske einen Rollentausch zu machen; ich würde mich gerne mit der Maske unterhalten. Sie stimmte zu. Ich fragte die Maske, ob meine Vermutung stimme, daß sie die Kollegin und deren Familie gut kenne. Die Maske bejahte. Ich fragte dann, wie denn die Kollegin lebe, was sie in ihrer Freizeit mache, wie ihr Alltag aussehe. Wie erwartet, erfuhr ich, daß sie sehr viel arbeite, sich nichts gönne, keine freie Zeit habe. Alles sei sehr mühsam und verantwortungsvoll. Ich habe daraufhin die Maske gefragt, was sie von dieser Art des Lebens hielte. Die Maske fand das alles unmöglich, freudlos, unlebendig. Dieser Kommentar wurde mit veränderter Stimme gegeben, lachend, ein Kopfschütteln unterstreichend. Ich bat dann die Maske, mir zu sagen, wie denn die Kollegin leben würde, wenn sie auf ihren Rat hören würde. Die folgende Schilderung war auch für mich überraschend: Zuerst würde sie sich anders anziehen, nicht so brav, die Haare nicht so streng. Sie lebe auch nicht mehr in Deutschland, sie übe keinen Beruf aus. Sie lebe in einer Höhle an einem Strand, lebe in den Tag hinein, sorge sich um nichts. Sie renne am Wasser entlang, trage leichte, flippige Kleider, der Winter sei fern, es gehe ihr gut. Auf meine Frage, was denn würde, wenn der Winter käme, antwortete die Maske, da würde sich schon was finden.

Während dieses Dialogs war die Atmosphäre heiter, vergnügt. Ich bat dann die Kollegin, den Rollentausch zurückzunehmen und wieder sie selbst zu werden. Sie war völlig verblüfft. Auf meine Frage, wie sie sich jetzt fühle, sagte sie, es gehe ihr sehr gut, sie fühle sich leicht, aber verwirrt. Denn das Leben, das ihr die Maske empfohlen habe, sei ihrer jetzigen Lebensweise sehr konträr. Ihre Kleidung sei immer «angemessen», die Haare streng gescheitelt, sie mache nichts Ungewöhnliches. Natürlich renne sie nie; wenn sie mit ihrem Hund nach draußen gehe, bleibe sie ruhig stehen und warte, bis er sich ausgetobt habe. Ihr Leben sei geregelt, sie könne sich nicht vorstellen, so einfach in den Tag hinein zu leben. Ich fragte, ob meine Vermutung stimmen könne, daß ihr die Großmutter mit ihrer psychotischen Seite deshalb so gut gefallen habe, weil sie sich um keine Regeln gekümmert habe. Die Antwort war ein Lächeln.

Zwei Jahre später erzählte die Kollegin, daß sie mit der Maske sehr beschäftigt gewesen sei und eine Menge ihrer Ratschläge habe umsetzen können. Als wir sie jetzt (nach 5 Jahren) baten, diesen Text veröffentlichen zu dürfen, schrieb sie, daß sie sehr verblüfft gewesen sei, als sie wörtlich las, was sie damals gesagt hatte. Die Maske habe ein Erlebnis dieses Jahres beschrieben: sie habe sich so leicht, so frei und so unbeschwert erlebt.

7.4 Ich darf doch etwas für mich haben wollen: die Entwicklung eines neuen Selbstbildes aus einem Genogramm

Eine Teilnehmerin eines Seminars entschied sich, ihr Genogramm zu legen, um sich noch einmal ihrer Herkunftsfamilie zu stellen. Sie wollte vor allem verstehen, wie sich ihre Biographie auf ihre beiden Ehen ausgewirkt habe, und überprüfen, wieviel sich davon noch heute in ihrem Selbstverständnis niederschlage. Sie saß zwischen uns beiden, also zwischen dem Leiterpaar. Darauf angesprochen, ob ihr das zu eng werde bei der nun anstehenden Arbeit und ob wir uns lieber umsetzen sollten, fing sie an zu weinen und sagte: «Ganz im Gegenteil. Ich bin ganz überwältigt von dem Gefühl, zwischen zwei sich nicht streitenden Eltern behütet zu sitzen.» Das habe sie nie erlebt.

Die Arbeitssituation beginnt mit einer positiven Übertragung.

«Das Photo einer Frau aus der Jahrhundertwende stellt meine Großmutter dar. Sie war eine stille, liebe Frau; für meinen Großvater habe ich das Buch ‹Charakterköpfe› ausgesucht; er war Fregattenkapitän a.D., Nazi, jähzornig, Alkoholiker, aber mir ein liebevoller ‹Opi›. Das Auge steht für einen älteren Bruder meiner Mutter; der war sehr lebendig. Daneben liegt ein Stein; er gilt einem jüngeren Bruder meiner Mutter, der nach einer Familienfeier unter Alkoholeinfluß tödlich verunglückte. Die drei folgenden Symbole sind alle für meine Mutter: Das Ohr steht für ihre Taubheit, sie ist seit ihrem 38. Lebensjahr taub. Das Photo des dicken Kindes zeigt ihre Unersättlichkeit; sie will seit jeher versorgt werden, und es reicht nie, was ich tue. Aber sie ist auch wie die Lokomotive, sie überrennt alles» (vgl. Diagramm 9).

Diagramm 9: Gesamtbild

Auf der Großelternebene ist nur die mütterliche Seite vertreten, die Eltern des Vaters sind ausgespart. In der Anordnung fällt auf, daß Tod und Leben einander gegenübergestellt werden (Auge und Stein liegen nebeneinander am Rande des Bildes).

«Das ist die Seite des Vaters. Das Auge stellt eine ältere Schwester meines Vaters dar, sie lebte noch zu Lebzeiten meines Vaters. Neben ihr liegt mein Vater mit seinen beiden Seiten: als Roland, Beschützer der Stadt Bremen, und – das ist auch in der Strenge der Figur zu sehen – als Oberstaatsanwalt, als unerbittlicher Vertreter der Moral, streng, zynisch, verächtlich, was sich besonders der Mutter gegenüber zeigte. Mit dem Bild der Flaschen wird die Alkoholikerseite meines Vaters verdeutlicht; er fällt nachts betrunken auf den Flur, wenn meine Mutter ihm auf Sturmklingeln hin öffnet. Zwei Steine kennzeichnen zwei tote Brüder meines Vaters: einer starb als Säugling; ein anderer Bruder beging als Mittdreißiger Suizid wegen seiner Homosexualität.» (vgl. Diagramm 10)

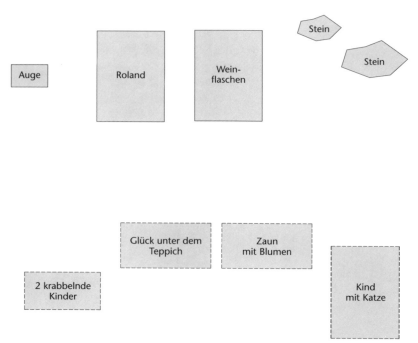

Diagramm 10: Die Seite des Vaters

Beide Eltern haben Geschwister verloren. Lebendigkeit bzw. noch lebend sein wird zum zweiten Mal durch ein Auge repräsentiert. Sind die Augen auch ein Gegenstück zu dem anderen Sinnesorgan, dem Ohr, als Symbol der Taubheit? Versinnbildlicht die Taubheit auch eine Art Unlebendigkeit der Mutter? Steine als Todessymbol tauchen erneut auf. Im ersten Bild lag das Auge dem Stein gegenüber: Leben gegen Tod. Symbolisiert die lebende Schwester des Vaters wieder einen Gegensatz zu dem erstarrten Vater?

«Jetzt kommt meine Generation. Das Photo von den zwei kleinen krabbelnden Kindern zeigt meine beiden toten Brüder. Der erste verhungerte auf dem Treck, meine Mutter hatte nicht genug Milch. Ich war damals zweieinviertel Jahre alt. Mein zweiter Bruder starb als Baby; er war eine Frühgeburt. Ich war sieben Jahre alt. Das Bild hier habe ich für mich ausgesucht: die Frau, die auf der Suche nach dem großen Glück den Staub unter dem Teppich fegt. Das zeigt, wie ich auf falsche Weise nach dem Glück suche; da muß ich mich dann nicht wundern, wenn ich es unter dem Teppich nicht finde. Die Blumentöpfe vor dem Gartenzaun zeigen: der Garten ist für mich versperrt.» (vgl. Diagramm 11)

Diagramm 11: Meine Generation

Die Todeserfahrung wiederholt sich auf der Ebene der Kollegin selbst; es ist ganz ungewöhnlich, daß in einer Familie so viele Menschen so früh sterben. Wie hat die Familie das verkraftet? Wie hat es sich auf ihr Lebensgefühl ausgewirkt?

Das Photo der beiden krabbelnden Kleinkinder könnte den Wunsch repräsentieren, sie lebendig zu haben. Auch sich selbst? Denn sie hat auch nicht am lebendigen Leben teil. Sie sucht sinnlos nach dem Glück unter dem Teppich, der Zugang zu einem lebendigen Garten ist ihr nicht gewährt.

«Das Mädchen mit der Katze auf dem Schoß ist meine Schwester. Sie ist zehn Jahre jünger als ich. Sie war immer lieb und ist mir auch heute noch nah. Sie war Mutters Liebling. Das Schmuckkästchen stellt ihre sechzehnjährige Tochter dar, die mag ich sehr. Der ‹kleine Trommler›, die Schlumpffigur, ist ihr zwölfjähriger Sohn, nett, aber nervig.» (vgl. Diagramm 12)

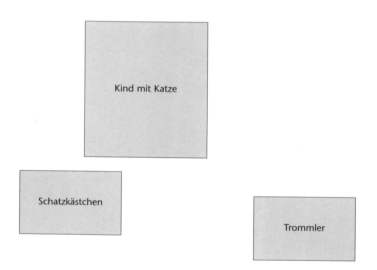

Diagramm 12: Meine Schwester und ihre Familie

Die Beziehung zur Schwester scheint ambivalent zu sein. Drückt sich das auch in der Aufteilung bei deren beiden Kindern aus?

126

«Jetzt kommt meine erste Ehe. Wir waren zwanzig Jahre zusammen, davon sechzehn Jahre verheiratet. So habe ich mich in der Ehe verstanden: als Frau, die ein Kind auf dem Rücken trägt; aber das Kind war mein Mann. Ich habe seine Ausbildung finanziert, habe fraglos alle Lasten in der Ehe übernommen. Meine große Tochter aus dieser Ehe wird durch diese Skulptur (Lehmbruch) dargestellt; so liebevoll ist sie mit ihrem Baby. Aber mir gegenüber ist sie noch immer das Baby, dem ich mich so zuwenden soll, als sei sie noch ein Säugling. Dagegen kann ich mich kaum wehren, obwohl sie einunddreißig Jahre alt ist. Meine jüngere Tochter ist jetzt 29 Jahre, das Pferdephoto paßt für sie: sie ist ein eigenwilliger Springinsfeld; manchmal ängstigt sie mich mit ihrem schwierigen Lebenskurs, aber sie geht ihren Weg.» (vgl. Diagramm 13)

Diagramm 13: Meine erste Ehe

«In meiner zweiten Ehe bin ich seit vierzehn Jahren verheiratet; wir leben als Paar seit achtzehn Jahren zusammen. Für meinen Mann habe ich die Figur des Kriegers ausgesucht, er ist ein Kämpfer und Held. Aber seine weiche und erotische Seite (Photo des nackten Mannes) kann er nicht leben. Das Bild von den beiden Händen zeigt, wie ich mir mehr innere Berührung wünsche (Schöpfung, Sixtina, Michelangelo). Das Photo daneben zeigt auch meinen Mann, als Vater mit seinem Sohn aus der ersten Ehe. Das Kind da drunter ist er auch, er war ein Jahr alt, als ich ihn kennenlernte.»

In der Bildkonstellation ist auffällig, daß der heute 19 Jahre alte Sohn des Mannes aus seiner ersten Ehe als Kind dargestellt wird: beide Kinder werden von Erwachsenen behutsam begleitet. Zeigt sich in der Wahl der beiden Photos die Trauer darüber, selbst nicht so behütet gewesen zu sein? Und spielt es eine Rolle, daß es sich jeweils um Männer, Väter, handelt, die das Kind begleiten? (vgl. Diagramm 14)

«Das Bild von den Luftballons paßt zu unserer elfjährigen Tochter. Sie ist fröhlich und lebendig. Das Bild von den beiden Katzen zeigt uns beide. Da ist eine große Innigkeit und Nähe, aber ich weiß, daß eine Entfernung bald ansteht, sie kommt in die Pubertät.»

Zwischenüberlegungen

Im Blick auf das gesamte Bild fielen die bedrückte Stimmung und die Häufung der Todeserlebnisse auf. Außer bei der Großmutter und den beiden Töchtern (Pferd und Ballons) gab es keine eindeutig positiven Beschreibungen. Der «liebe Opi» war zugleich Nationalsozialist, der beschützende Roland-Vater zugleich zynisch und haltlos. In der Beziehung zur Mutter war das vorherrschende Thema deren Anspruchshaltung und Grenzüberschreitung. Die Taubheit, die Mitleid erregen könnte, wird emotionslos benannt. Die Beziehung zur Mutter beinhaltet nichts Wohltuendes. Die Schwester, das liebe Kind, war gleichzeitig Konkurrenz in der Liebe der Mutter. Die Kollegin selbst beschreibt sich als sinnlos Suchende, die, indem sie den Staub unter dem Teppich fegt, ihr großes Glück sucht, der der Zugang zu dem Garten versperrt ist und die, in der Beziehung zu ihrem ersten Mann, sich als Lasttragende versteht gegenüber einem erwachsenen Kind. Die sich wiederholende Thematik von Lebendigkeit und Tod bzw. Lebendig-/Tot-Sein scheint sich in ihr selbst zu zeigen. Sie hat in ihrer Kindheit den Tod von zwei Geschwistern und die Flucht auf dem Treck mit den damit verbundenen

Bild 1 zu Diagramm 3

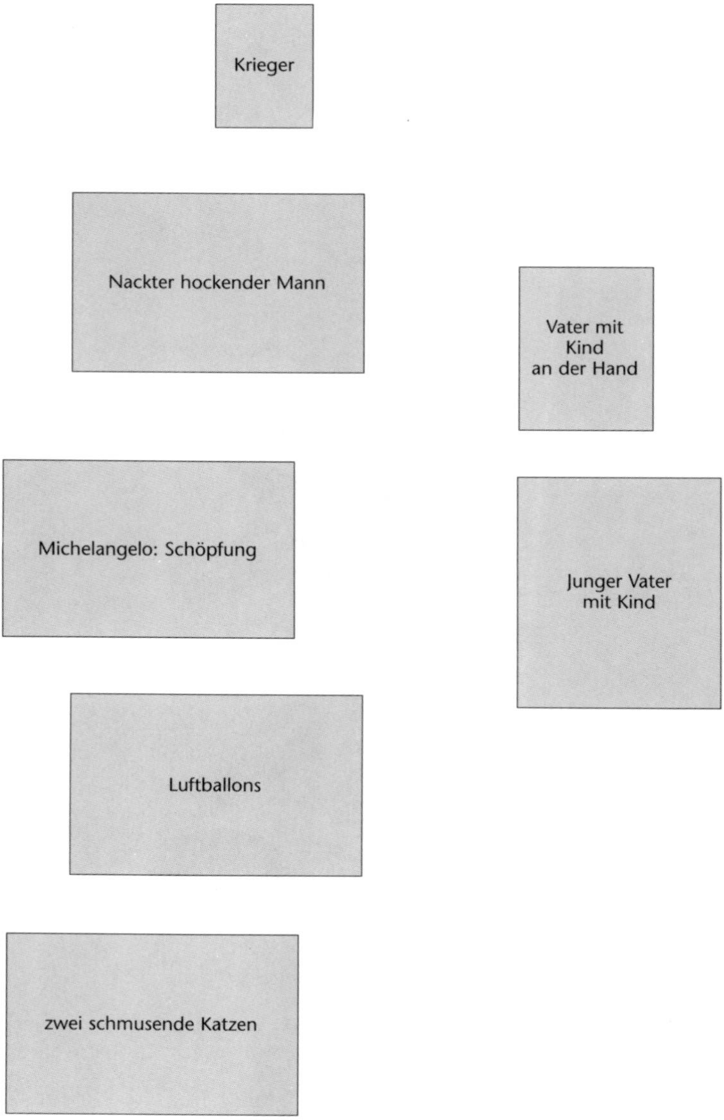

Krieger

Nackter hockender Mann

Vater mit
Kind
an der Hand

Michelangelo: Schöpfung

Junger Vater
mit Kind

Luftballons

zwei schmusende Katzen

Diagramm 14: Meine zweite Ehe

Ängsten erlebt. Eine ganz andere Kindheit zeigt sich in den beiden Photos, die sie für den Sohn ihres Mannes ausgewählt hat: ein behütetes Kind. In ihrer Familie gilt die Liebe der Mutter der Schwester und nicht ihr; sie selbst entscheidet sich in ihrem Leben für die Aufopferung als Lösung ihres inneren Konflikts: Sie trägt als Frau den erwachsenen Mann auf dem Rücken und erfüllt, zwar widerwillig, die Versorgungswünsche ihrer Mutter und der erwachsenen Tochter.

Wir haben die Hypothese, daß die Kollegin selbst viele Defizite erlebt hat, darunter leidet und sich selbst nichts zu nehmen wagt. So können die Negativerlebnisse von ihr nicht relativiert werden. Sie kann ihre eigene Geschichte nicht neu schreiben. Um ihr einen neuen Weg zu ermöglichen, geben wir die Anweisung, dem Kind, das sie selbst war, einmal all das zu geben, was es gebraucht hätte, und dies mit Hilfe der Symbole auszudrücken.

Nach der Anweisung zögert sie. Sie soll für sich selbst sorgen? «Das geht doch nicht – da sind doch all die anderen, die etwas brauchen.» Nachdem die Anweisung wiederholt wurde, beginnt sie zu arbeiten. Sie holt sich die Mütterlichkeit von ihrer ältesten Tochter (Lehmbruch), die Lebendigkeit von den beiden anderen Töchtern (Pferd und Luftballons) und die zärtliche Zuwendung (Katzen) aus ihrer Beziehung zu der jüngsten Tochter. (vgl. Diagramm 15)

Offensichtlich kann sie in ihrer eigenen Familie, in der Beziehung zu den Töchtern, das Tabu, nichts für sich haben zu dürfen, am schnellsten brechen.

Bei dem Bild der Schwester zögert sie lange; sie darf ihr, die ihr so lieb ist, doch nichts wegnehmen. Wir erinnern an das Kind, das etwas braucht: Dem Kind kann sie es dann geben, auch noch das Schmuckkästchen der Nichte, als Zeichen, daß es erlaubt ist, selbst ein Schatz zu sein, einen inneren Schatz haben zu wollen. Als Basis legt sie die Beziehung zu ihrem Mann (dargestellt in dem Schöpfungsbild von Michelangelo), der sie Verwirklichung der Nähe und gelebte Weichheit und Erotik wünscht. So geht es ihr gut. Sie wirkt glücklich und gelöst.

Im Zentrum des Bildes liegt das kleine Mädchen, umgeben von Symbolen, die liebevolle Zuwendung, Lebendigkeit und Unbekümmertheit ausdrücken. Dem Mädchen selbst beigegeben ist das Schatzkästchen, das zeigt, daß man selbst ein Schatz sein kann, einen Schatz haben darf.

Wir beenden unsere Seminare mit einem letzten Arbeitsschritt. Das bisherige Bild wird nach und nach abgebaut und auf ein einziges Thema zurückgeführt (s. Kap. 5.8). Dieses Thema soll als Aufgabe für die nächste Zeit mitgenommen werden.

Bild 2 zu Diagramm 4

Bild 3 zu Diagramm 5

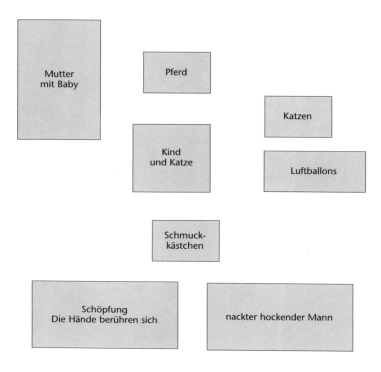

Diagramm 15: Ein neues Bild für das kleine Mädchen

Nun (s. Diagramm 16) wagt sie es, sich nicht nur von der Schwester etwas zu nehmen, sondern auch die toten Brüder mit einzubeziehen. Hier war die Hemmung, sich selbst etwas zu erlauben «auf Kosten der anderen», besonders deutlich. «Ich kann doch nicht den Toten, die schon nicht leben durften, auch noch etwas wegnehmen.» Daran erinnert, daß es auf der Symbolebene sehr wohl möglich sei, sich etwas zu nehmen, ohne jemandem zu schaden, nimmt sie das Bild der die Welt erkundenen Kinder als Sinnbild fröhlicher Lebendigkeit in ihr Schlußbild auf und legt als Basis die Berührung zwischen sich und ihrem Mann. Daß es sich bei der Darstellung um die Schöpfung des Menschen handelt, verdeutlicht für sie noch den Neubeginn.

Das Schlußbild, das sie als ihr Ziel kennzeichnet, besteht nur noch aus diesen drei Symbolen, dem kleinen Mädchen mit der Katze auf dem

Schoß, den munteren Kindern und dem Schöpfungsbild. Sie will sich um sich selbst kümmern, darauf achten, daß es ihr gutgeht und sie ihre Lebendigkeit findet. Sie traut sich nun zu, mit Hilfe dieser beiden Bilder ihre Basis, die innige Verbindung zu ihrem Mann wieder sichtbar zu machen. (vgl. Diagramm 16)

Diagramm 16: Schlußbild

Abschließende Überlegungen

Was ist in diesem Prozeß, der sich über drei Tage hinzog, geschehen? Die Kollegin hatte das «Genogramm» gewählt, um zu überprüfen, wie sich ihre Biographie auf ihre beiden Ehen und auf ihre Lebenseinstellung ausgewirkt haben könnte. Die Durchgängigkeit der Todesthematik war ihr zuvor schon bewußt. Überrascht und bestürzt war sie über die Stärke ihrer eigenen Opferhaltung, wie sie sie im Spiegel der Symbole erlebte. Ihre Hemmung, sich selbst etwas nehmen zu dürfen, wurde erst im Prozeß deutlich, ebenso der zugleich schwelende Ärger auf diejenigen, die sie weiterhin «ausnützen» wollen und denen sie sich nicht verweigern kann.

Bild 4 zu Diagramm 6

Bild 5 zu Diagramm 7

Die therapeutische Arbeit begann mit dem sie erschütternden Erlebnis, daß sich «zwei Eltern» um sie kümmern, ohne sich zu streiten. Eine für sie neue Erfahrung. Wir vermuten, daß das neue Thema, das sich aus dem Genogramm entwickelt hat, «ein anderes Bild von sich aufzubauen», davon wesentlich beeinflußt war. Mit zwei wohlwollenden Eltern im Hintergrund durfte sie sich um sich selbst kümmern; nun konnte sie sich mit Hilfe der Symbole selbst heilende Kräfte geben. Wir nehmen an, daß die Verbitterung darüber, selbst immer zu kurz zu kommen, gelockert werden konnte.

Besteht aber bei einem so spektakulären Prozeß von «Selbstheilung» nicht die oben beschriebene Gefahr, daß über eine Umordnung von Symbolen ein Erfolg erreicht wird, der keine Entsprechung in der Realität hat? In diesem Fall haben wir diesbezüglich keine Bedenken, da wir die Kollegin als sehr selbstkritische Frau kennen. Grundsätzlich muß aber davon ausgegangen werden, daß mit einer einmaligen Umstrukturierung, die im Bild und im emotionalen Erleben geschieht, keine grundlegende Heilung verbunden sein wird. Aber wir sind der Meinung, daß sowohl durch das Erleben auf der emotionalen Ebene wie durch die Spiegelung des Geschehens in der bildlichen Darstellung eine Veränderung im emotionalen Gefüge entstanden ist. Diese Veränderung findet auf der Ebene des Primärprozesses ab, wie ihn Noy (1969) versteht, und führt damit zu neuer Erkenntnis.

7.5 Die Geschichte von der kleinen Eidechse [14]

In einem Seminar hatte sich eine Kollegin [15] das Thema Selbstbild gewählt. Als sie ihre Symbole erklärte, sagte sie, daß sie ein Symbol dabei habe, das sie sich habe nehmen müssen, von dem sie aber nicht wisse, warum sie nach ihm gegriffen habe. Es war eine kleine Eidechse aus Metall. Sie konnte nichts dazu sagen, ihr fielen keine Zusammenhänge zu ihrem Selbstbild und ihrem Erleben ein. Sie hatte keine Beziehung zu Eidechsen. Es gab keinerlei Hinweise. Ich (M.E.W.) überlegte, ob es vielleicht Gefühle geben könnte, die mit der Eidechse verbunden wären, durch die wir einen Anhaltspunkt bekommen könnten.

---

14 Das Beispiel stammt aus einem Seminar mit einer Gruppe slowakischer Kolleginnen und Kollegen. Die Mitschrift der Vignette verdanken wir Tibor Hvozàn.
15 Wir nennen die Kollegin L.

Th: Welche Gefühle löst die Eidechse bei Ihnen aus?

L: Unangenehme.

Th: Woran liegt es, daß die Gefühle unangenehm sind?

L: Ich denke, daß es mit der Bewegung der Eidechse zu tun hat. Wie sie die Beine bewegt, als würde sie schwimmen, dabei hat sie doch keine Flossen.

Th: Sie schwimmt an Land – dort, wo es nicht hingehört, nicht passt? Es hängt irgendwie mit der Bewegung zusammen. Erinnert Sie die Bewegung an etwas, was Sie schon kennen? Haben Sie eine Assoziation zu dieser Bewegung?

L: Mir fallen nur Bilder ein, nicht aus der Natur, nur vom Fernsehen: aus dem Leben der Eidechse.

Th: Und ist es so stark, daß es für Sie unangenehm ist? Haben Sie vorher noch nie eine Eidechse gesehen?

L: Aber ja, an dem See, an dem ich wohne.

Th: Bei dem See?

L: Ja.

Th: Hat es etwa mit dem Wasser zu tun?

L: Ich habe nur gesagt, sie bewegt sich, als ob sie schwimmen würde – es ist irgendwie unnatürlich.

Th: Sie finden es unnatürlich? Was ist das für ein Gefühl?

L: Es fällt mir ein: Warum macht man etwas Unnatürliches? Ich bin ärgerlich.

Th: Haben Sie solche Gefühle auch in anderen Situationen: warum macht man etwas Unnatürliches? Und das ärgert Sie?

L: Ich bin zuerst unsicher, dann erst kommt der Ärger.

Th: Es sind starke Gefühle; es muß etwas Wichtiges sein. Unsichersein scheint ein Schlüsselwort zu sein. Und es ist mit Unnatürlichkeit verbunden.

L: (Schweigen, sie denkt lange nach) Ich kann nichts finden.

Mir scheint kein Zugang möglich zu sein. Da weder Assoziationen zu der Eidechse noch zu den mit ihr verbundenen Gefühlen durchführbar sind, scheint mir keine der sonst üblichen Techniken anwendbar zu sein. Der Rollentausch mit einem so stark mit Abwehr verbundenen Symbol verbietet sich, die Eidechse in das Bild einzubinden und mit Fokussieren oder Umordnen zu arbeiten, bietet sich ebenfalls nicht an, da die Eidechse nur isoliert gesehen war und bisher zu dem Gesamtbild kein Zusammenhang erkennbar war. Ich suche nach einer Technik, die eine schutzgebende Distanzierung erlaubt, und entscheide mich zum narrativen Vorgehen:

Bild 6 zu Diagramm 8

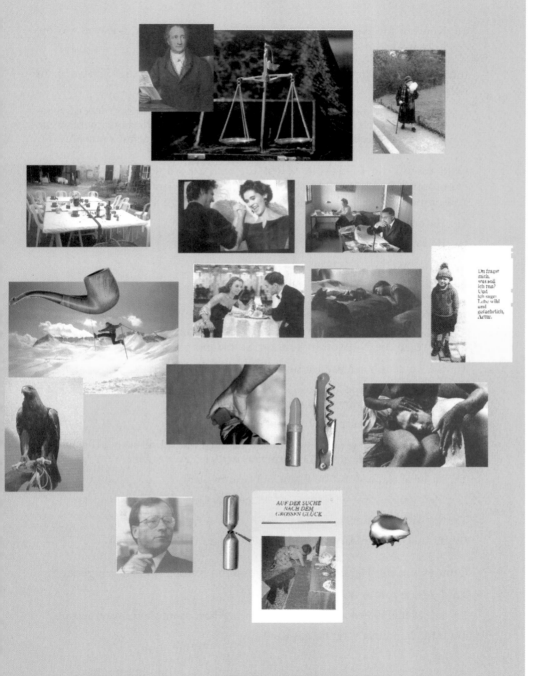

Bild 7 zu Diagramm 17

Th: Könnten Sie eine Geschichte erzählen von diesem Tier, wie und wo die Eidechse lebt, was sie tut, wie es ihr geht?

Ich formuliere bewußt beiläufig, um dem Ganzen die Schwere zu nehmen.

L: Jetzt weiß ich nicht, ob die Eidechsen aus dem Ei kommen oder lebend geboren werden? Ich habe mich entschlossen, daß sie lebend geboren wird. Wenn solch eine Eidechse geboren wird, kann sie sich um sich selbst kümmern.

Geht es um die Fähigkeit, selbst für sich zu sorgen? Warum? Tut es eventuell kein anderer? Um den Charakter des «Erzählens» noch mehr zu betonen, will ich der Eidechse einen Namen geben lassen:

Th: Hat sie einen Namen?

L: Eidechse.

Th: Ist sie weiblich oder männlich?

L: Weiblich.

Ich habe die Hypothese, daß es sich um eine Selbstrepräsentanz handeln könnte. Ich greife deshalb das zuvor geäußerte Bedürfnis nach, beziehungsweise die Notwendigkeit zur Selbständigkeit auf.

Th: Sie wurde geboren und hat sich gleich um sich selbst gekümmert?

L: Ich habe die Vorstellung, daß die Landschaft so sandig ist, und es gibt dort den See, wo sie schwimmen kann.

Th: Was macht sie denn gern?

L: Ich denke, sie liegt gern in der Sonne auf den Felsen. Und sie muß darauf achten, von den badenden Menschen nicht zertreten zu werden.

Th: Ist sie allein, oder hat sie Eltern und Geschwister?

L: Sie ist allein, aber es ist mir eingefallen, daß sie eine Familie gründet.

Th: Sie will eine Familie gründen?

L: Ja, und sie sorgt dann für die kleine Eidechse.

Geht es um die Herstellung einer besseren Kindheit als der eigenen?

Th: Und wie geht es der Eidechsenfamilie?

L: Die Mutter muß noch auf die Kleine achtgeben, damit sie niemand zertritt.

Th: Aha, die Mutter sorgt für das Kind.

Ich bin inzwischen sicher, daß es sich bei der Eidechse um eine Selbstrepräsentanz handelt. Da die Eidechsenmutter fürsorglich ist, möchte ich einen Kontakt zwischen der behütenden Mutter und L. (dem vermutlich nicht behüteten Kind) herstellen. Ich schlage deshalb ein Gespräch zwischen L. (der erwachsenen Kollegin) und der Eidechsenmutter vor.

Th: Jetzt möchte ich Sie um etwas Kompliziertes bitten. Könnten Sie die Eidechsenmutter fragen, was sie über L. denkt?

L: Sie sagt, daß sie ähnlich sind.

Th: Sie ist der Eidechse vom Anfang ähnlich, als die noch keine Eidechsenmutter war? Als sie sich um sich selbst sorgen mußte? Gibt es eine Ähnlichkeit zwischen der kleinen Eidechse und L.?

L: Ich erinnere mich nicht genau, aber die Mutter hat mich in der Kindheit weggegeben. Andere sorgten für mich.

Th: Wie geht es Ihnen bei dieser Erinnerung?

L: Wenn ich darüber spreche, möchte ich weinen.

Th: Die Eidechsenmutter kennt diese Geschichte. Sie weiß, wie es L. ging, aber sie macht es anders – sie sorgt für ihr Kind.

L: Jetzt fällt mir ein: ich wollte mich zu Anfang nicht für die Eidechse interessieren, als ich sie zuerst gesehen habe. (Weint.)

Th: Es ist mit viel Traurigkeit verbunden.

L: (Weint weiter.)

L. ist sehr bewegt. Da die anfängliche Schwierigkeit, die Eidechse gefühlsmäßig greifbar zu machen, im jetzigen Zusammenhang auf ein hohes Maß an Schmerz hinweist, bin ich mir unsicher, ob L. weiterarbeiten möchte oder ob es ihr zu anstrengend wird. Deshalb frage ich sie:

Th: Möchten Sie weitermachen, oder wollen Sie hier lieber Schluß machen?

L: Wir können weitermachen.

Das Arbeitsbündnis ist wiederhergestellt. Da L. über die Eidechsenmutter ihre Gefühle besser spüren kann als in der Position der erwachsenen L., versuche ich die Eidechsenmutter als Vermittlerin einzusetzen:

Th: Und jetzt möchte ich Sie bitten, die Eidechse zu fragen, ob sie weiß, warum L. sie so unangenehm und so unnatürlich gefunden hat.

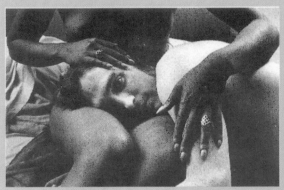

Bild 8 zu Diagramm 18

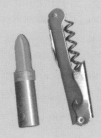

AUF DER SUCHE
NACH DEM
GROSSEN GLÜCK

Bild 9 zu Diagramm 19

L: Mir fällt ein, daß sie eine Bewegung machen muß, die noch nicht auf die trockene Erde gehört... Jetzt weiß ich gar nicht, ob ich die Frage beantwortet habe.

Th: Es ist in Ordnung. Wir können weitermachen. Sie muß Bewegungen machen, die nicht auf die Erde gehören?

L: Sie müßte sie im Wasser machen.

Es geht vermutlich um ein verfrühtes Selbständigseinmüssen: sich schon auf der Erde bewegen müssen, obwohl es eigentlich erst im Wasser möglich ist. Aber um welche Zeit geht es? Ist die allererste Säuglingszeit gemeint, oder geht es um spätere Autonomie?

Th: Ging es Ihnen ebenso?

L: (langes Schweigen, etwa zwei bis drei Minuten)

Th: Könnten Sie sagen, wo Sie im Moment sind?

L: Nirgendwo, würde ich sagen.

Th: Können Sie sagen, wie alt Sie bei diesem Gefühl sind?

L: Ungefähr wie ein Kleinkind.

Da sie zuvor eine heile Eidechsenfamilie geschildert hatte, in der die Mutter für ihr Kind sorgt, möchte ich dem Kind L. diese Familie anbieten. Es ist eine Ressource, die sie selbst geschaffen hat.

Th: Wenn Sie die kleine Eidechse wären, mit Eidechsenmutter und Eidechsenvater, wie würden Sie sich fühlen?

L: Ich glaube, ich würde mich sicher fühlen.

Th: Könnten wir uns ansehen, was die Eidechsenfamilie jetzt macht?

L: Die kleine Eidechse schaut vom Felsen herab und sieht sich die Landschaft an.

Th: Und was machen die Eltern?

L: Sie sind oben in den Felsen.

Th: Und was möchte die kleine Eidechse machen?

L: Sie möchte ein bißchen in den Felsen herum laufen und spielen.

Th: Und was machen die Eltern, wenn die Kleine so spielt?

L: Sie lassen sie sein, solange es sicher ist.

Th: Heißt das, dort ist sie sicher?

L: Hm!

Ich vermute, daß die Kollegin über die kleine Eidechse Behütetsein und Freiraum für sich erleben kann. Sie fühlt sich sicher. Deshalb nehme ich an, daß sie den Schildkrötenpanzer (aus dem Symbol der Schildkröte) als Panzerung gegenüber anderen Menschen nicht mehr braucht.

Th: Wenn die kleine Eidechse beide Eltern hat, braucht sie dann noch den Panzer der Schildkröte? Sehen Sie sich das Bild an, ob die Eidechse an dem richtigen Platz ist, unter den Dingen, die Sie gern haben?

L: Ich weiß nicht, aber ich will es in diesem Moment nicht ändern. Ich habe Angst, es zu ändern.

Bei der Position der Symbole fällt mir auf, daß die Eidechse mit einem Fuß auf dem Stopzeichen liegt.

Th: Ich habe das Gefühl, daß die Eidechse auf dem Stopzeichen bleiben muß. Sie steht mit einem Fuß drauf. Was heißt das? Die Eidechse liegt so, daß sie in den Teil hineinragt, den Sie an sich nicht mögen.

L: Es heißt, ich will nicht, daß mir jemand befiehlt. Aber es kann auch heißen, daß sie für mich sehr wichtig ist.

Die Eidechse liegt in direkter Nachbarschaft zur Eule, die bei der vorausgehenden Erklärung der Symbole die Weisheit repräsentierte und mit der Universität und einer für die Kollegin guten Zeit verbunden war. Ist das als Zeichen für die Akzeptanz der Eidechse zu verstehen?

Th: Und wie vertragen sich die Eidechse und die Eule?

L: Mir fällt ein, daß die Eule ein Raubtier ist.

Th: Und das heißt?

L: Sie könnte die Eidechse angreifen.

Th: Ach! Sie haben gesagt, daß die Eule die Universität, das Studium und die schöne Zeit bedeutet. Was kann daran für die Eidechse gefährlich werden?

L: Mit fällt dazu ein, daß die Eidechse mit der Kindheit und die Eule mit der Adoleszenz zusammenhängen.

Th: Was heißt das?

L: (Schweigen)

Th: Heißt das, daß die Eule sich gegenüber der Eidechse nicht gut verhält? Heißt das vielleicht, daß Ihr intelligenter, kluger Anteil nicht gut mit dem Eidechsenteil umgeht?

L: Ja, so fühle ich mich, wenn ich hilflos bin.

Th: Könnten Sie daran etwas ändern? Wenn Sie sich z.B. öfter das Bild der Eidechseneltern in Erinnerung rufen?

Bild 10 zu Diagramm 20

Bild 11 zu Diagramm 22

L: (drei Minuten Schweigen) Ich weiß jetzt, warum ich keine Lust habe, die Eidechse zu verschieben. Ich will nicht tun, was die anderen wollen. Ich will nur machen, was ich will.

Es ist offensichtlich eine Übertragungssituation entstanden, in der L. erlebt, daß sie etwas tun soll, was ich will. Aus zeitlichen Gründen verzichte ich auf eine Übertragungsanalyse, die in einer Einzeltherapie jetzt angemessen wäre, aber jetzt, im Seminarverlauf, nicht möglich ist.

Th: Ich erwarte nicht, daß Sie die Eidechse verändern. Ich will etwas aufgreifen, was ich vorhin beobachtet habe. Als Sie von den Eidechseneltern erzählt haben, sahen Sie sehr glücklich aus. Und ich habe die Vermutung, daß Sie sowohl Eidechsenkind und auch Eidechsenmutter sind und daß Sie für das Eidechsenkind gut sorgen können. Ihr Bild von der Eidechsenmutter sagt, daß Sie ein Stück Heilung selbst schaffen können. Mit einer solchen Mutter kann das Eidechsenkind den Kopf heben und von den Felsen aus die Landschaft ansehen. So war es vorhin im Bild. Wie erleben Sie das?

L: (Schweigen) Es ist ein gemischtes Gefühl. Es ist Trauer und Ergriffenheit.

An dieser Stelle wurde die Arbeit beendet, um dem neu entstandenen Gefühl Raum zu geben.

Abschließende Überlegungen

Wir haben die Vignette eingebracht, um die Methode des Geschichtenerzählens anschaulich zu machen. Die Kollegin hatte die Eidechse als Symbol gewählt, hatte aber keinerlei Assoziationen zu der Eidechse und nur den Eindruck, sie unbedingt an sich nehmen zu müssen. Wir wissen aus Erfahrung, daß mit einem derart beschriebenen Symbol immer große Bedeutung und hohe Abwehr verbunden sind. Um der Abwehr gerecht zu werden, ist es dann nötig, mit Bedacht eine angemessene Technik zur Bearbeitung zu wählen. Hier haben wir uns für das «Geschichtenerzählen» entschieden, da damit viel Distanz möglich wird, die entängstigend wirkt.

In diesem Fall war es möglich, das Symbol der Eidechse so weit zu entschlüsseln, daß die damit verbundene Kindheitssituation greifbar wurde.

8. Arbeit mit Symbolen bei Paaren

8.1 Die Entwicklung unseres Konzepts

Die Konzeption, auch in der Paartherapie mit Symbolen zu arbeiten, hat sich aus unseren Ausbildungsseminaren zur Arbeit mit Symbolen entwickelt. Seminarteilnehmer hatten uns gebeten, doch auch Seminare für Paare anzubieten; sie würden gerne ausprobieren, ob sich die Arbeit mit Gegenständen auch in der Paartherapie anwenden ließe, und seien bereit, dazu mit ihren Partnern zu kommen. Wir nahmen die Idee auf und erarbeiteten eine inhaltliche Konzeption, die in dem zeitlich vorgegebenen Rahmen eines Seminars realisierbar erschien. Als Arbeitsvorgaben wählten wir «Genogramm», «Selbst- und Spiegelbild», «aktueller Konflikt» und «Lebenssituation»; die therapeutischen Techniken übernahmen wir uneingeschränkt.

Das Resultat dieses Seminars war, daß wir alle, Teilnehmer und Leitung, die Verwendung von Symbolen in der Arbeit mit Paaren als überraschend lebendig und bereichernd erlebten. Wir hatten den Eindruck, daß über die Symbole eine andere Art der Verständigung zwischen den Partnern möglich war. Gefühle, Wahrnehmungen und Gedanken konnten mit den Symbolen anders ausgedrückt werden als mit Worten allein. Beeindruckend war außerdem, daß durch das Erklären der Symbole überraschend schnell eine akzeptierende Atmosphäre entstand, eine Erfahrung, die sich auch in unserem weiteren Arbeiten vielfach bestätigt hat.

Die Teilnehmer versprachen sich darüber hinaus von den Symbolen eine Übersetzungshilfe für künftige Gespräche: sie würden sich nur gegenseitig an ein bestimmtes Symbol zu erinnern brauchen, um sich einander verständlich zu machen.

Eine konkrete Konzeption zeichnete sich nach diesem ersten Seminar aber noch nicht ab. Diese entwickelte sich erst, als einzelne Teilnehmer des Seminars nach einem halben oder dreiviertel Jahr darum baten, zu einem eigenen Paar-Termin kommen zu dürfen. Die Bilder hätten sie über die vergangene Zeit beschäftigt und getragen, aber nun brauchten sie neue Kräfte. Allgemeiner Grundtenor war: Das Erleben der Symbole

Bild 12 zu Diagramm 23

Bild 13 zu Diagramm 24

und die Sprache über die Bilder hätten ihnen, wie erhofft, den Umgang miteinander erleichtert, sie seien sensibler füreinander geworden. Die Bilder würden intensiv im Gedächtnis haften, eindeutig besser als Worte, was wohl zu dem erlebten Wohlbefinden beitrüge.

Da einige dieser Paare eine Anreise von mehreren hundert Kilometern hatten, war es nicht möglich, häufige Termine zu vereinbaren. Die uns bisher geläufige Frequenz von wöchentlich eineinhalb bis zwei Stunden war nicht geeignet. Die große Entfernung erforderte auch, das jeweils anliegende Problem so weitgehend zu klären, daß die Partner anschließend in der Lage waren, allein daran weiterzuarbeiten, ohne schnell auf einen Folgetermin angewiesen zu sein. Eine weitere Komponente für die zeitliche Planung betraf die Arbeit mit den Symbolen selbst: Für die Klärung der Fragestellung und die anschließende Bearbeitung des Bildes mußten erfahrungsgemäß vier bis fünf Stunden angesetzt werden. Wir entschlossen uns deshalb, das «Blocksystem» (Kap. 8.5.2), mit dem wir in unseren Paar-Seminaren gute Erfahrung gemacht hatten, in das Konzept zu übernehmen, und boten die Arbeit in Blöcken an: entweder eine halbtägige Arbeit von etwa fünf Stunden oder an zwei aufeinanderfolgenden Tagen fünf und drei Stunden.

Weitere Seminare schlossen sich an. Nachdem wir über zwei Jahre in dieser Weise gearbeitet und gute Erfahrungen gemacht hatten, beschlossen wir, auch für Patienten diese Therapieform zu übernehmen. Eine ausführliche Analyse unserer diesbezüglichen Erfahrungen geben wir am Ende dieses Kapitels. Zunächst wollen wir nur den derzeitigen Stand unseres Konzepts darlegen.

8.2 Die Arbeitsphasen

8.2.1 Der erste Kontakt

Der erste Kontakt zwischen den Paaren und uns entsteht in der Regel, wenn einer der Partner bei uns anruft, um einen Termin zu vereinbaren. Wir erklären kurz unser inhaltliches und zeitliches Konzept und bitten darum zu überlegen, ob ihnen beiden diese Arbeitsweise zusagt. Falls das der Fall ist, soll der Ehepartner/die Ehepartnerin, der oder die bisher nicht mit uns gesprochen hat, die Anmeldung bestätigen. Diese Anregung, die wir Kollegen zu verdanken haben, erweist sich als sinnvoll, da dann beide Partner die Verantwortung für das Zustandekommen des Termins übernehmen und keiner dem andern erklären kann, er sei ja nur um ihret- oder seinetwillen mitgekommen.

8.2.2 Die erste Begegnung

Die Arbeitssituation in der Symbolarbeit unterscheidet sich zu Beginn der Paartherapie wesentlich von der der Einzel- und Gruppentherapie. Wenn wir mit Einzelnen oder mit Gruppen mit den Symbolen arbeiten, ist der diagnostische Prozeß schon vorausgegangen. Eine Entscheidung zur Therapie hat schon stattgefunden. Zu einer Paartherapie kommen zwei Personen, von denen häufig nur eine die Notwendigkeit sieht, mit Hilfe einer Therapie den Konflikt zu lösen. Die oder der andere, meist sind es die Männer, sind der Meinung, daß man doch alles mit Reden lösen könne; es handle sich ja schließlich bei ihnen beiden um denkende Menschen. Daß sie aber mit ihrem «Denkansatz» oft über Jahre nicht weitergekommen sind, wird dann damit erklärt, daß die Gespräche durch die unsachgemäßen Reaktionen der bzw. des anderen unmöglich gemacht würden.

Die erste Begegnung in der Paartherapie bei uns beginnt mit der Begegnung zwischen vier Menschen: einem Paar, das Rat sucht, und dem Therapeutenpaar, das seine Erfahrung zur Verfügung stellt. Wir sind ein altes Ehepaar, beide über sechzig Jahre alt und über den Namen als Ehepaar kenntlich. Diese Konstellation löst natürlich Gefühle bei den Ratsuchenden aus. Sie reichen von Hoffnung: «Wenn die beiden es so lange geschafft haben» und «Vielleicht können wir von ihren Erfahrungen profitieren» bis zu Ängsten: «Wollen die uns eventuell klar machen, daß man eigentlich so etwas schaffen müßte?» Die in jeder ersten Stunde einer psychotherapeutischen Begegnung vorhandene Spannung ist in dieser Zusammensetzung sehr viel größer als in der Einzelsituation. Jeder einzelne ist mit seinen Ängsten konfrontiert, wobei die Konfliktsituation, die zwischen dem Paar herrscht, potenzierend wirkt. Vorsicht voreinander und vor uns bestimmt zunächst die Atmosphäre. Wir selbst arbeiten mit einer Haltung der Spannungsverminderung, was z.B. dazu führt, daß wir die Kommentare zur abgelegenen Lage des Hauses, zu der Nähe eines Flusses oder auch zur Schönheit des Eichengebälkes im Therapieraum, einem Dachboden, als sicherheitsfördernden Bezug zur realen Umwelt aufnehmen. Wir gehen auch so weit darauf ein, wie es einer ersten Vertrauensbildung förderlich zu sein scheint. Daß Fragen wie «Ist das Dachgebälk sehr alt?» oder «Gehört der unordentliche, wunderbar blühende Garten am Haus etwa Ihnen?» und die Bejahungen entsprechende Übertragungen auslösen, wissen wir. Wir sprechen sie aber zu diesem Zeitpunkt nicht an und später nur dann, wenn es für den therapeutischen Prozeß sinnvoll zu sein scheint.

Bild 14 zu Diagramm 25

Bild 15 zu Diagramm 26

8.2.3 Klärung der Problematik

Wie in jeder ersten Therapiestunde geht es zunächst einmal um das Problem, weshalb die beiden eine Paartherapie machen möchten, seit wann die Schwierigkeiten bestehen, in welchem Zusammenhang sie auftreten und wie sie begonnen haben. «Eheliche Schwierigkeiten werden im allgemeinen auf einer oberflächlichen, beschreibenden Ebene präsentiert, und wie bei dem sprichwörtlichen Eisberg kann es sein, daß der sichtbare Teil an dem Ganzen das Unbedeutendste ist.» Blanck und Blanck (1978), die die Ehe als Entwicklungsphase verstehen, sehen infolgedessen die Ehe als Chance von Entwicklungsprozessen und betonen, daß «das Ausbleiben einer Entwicklung während der Phasen des Erwachsenenalters ähnliche Entwicklungshemmungen und Fixierungen zur Folge hat wie diejenigen, die aus der Kindheitsentwicklung wohlbekannt sind».

Anders als in der Einzeltherapie geht es in der Paartherapie also nicht nur um den inneren Konflikt eines einzelnen Menschen: Bei Paaren spielen die jeweils eigenen bewältigten und unbewältigten Konflikte und das sich daraus ergebende förderliche oder hemmende Zusammenspiel in der Partnerbeziehung eine Rolle.

Die Klärung dieser Fragen erfordert einen längeren Zeitraum. In der ersten Sitzung kann über die derzeitige Fragestellung nur ein erster Schritt in die Klärung der zugrundeliegenden Problematik erfolgen. Wir versuchen dies mit Hilfe der Symbole. Wenn die beiden Partner uns aus ihrer jeweiligen Sicht das sie belastende Problem geschildert haben, versuchen wir eine Arbeitsaufgabe zu formulieren. Dieser Prozeß geschieht in einem gemeinsamen Abwägen von uns Leitern und dem Paar. Wir achten darauf, daß sich die beiden Partner in der Formulierung verstanden fühlen und es für sinnvoll halten, so vorzugehen.

8.2.4 Auswählen der Symbole

Im zweiten Arbeitsschritt geht es um das Suchen der als Symbole geeigneten Gegenstände; es geschieht in der gleichen Form, wie wir es für die Einzeltherapie beschrieben haben. Auch bei Paaren wird die Anweisung gegeben, sich die Symbole zunächst nur auszusuchen und sie nicht wegzunehmen. Mit diesem Vorgehen sollen erhellende Doppelwahlen ermöglicht werden. Wie in den Seminaren erhalten die beiden Zettel und Bleistift, damit sie sich Notizen machen können. Sie werden gebeten, schweigend ihre Symbole auszusuchen, um sich nicht gegenseitig zu

stören und sich nicht ihre eigenen Gefühle zu zerreden. Für die Auswahl
der Symbole geben wir eine Dreiviertelstunde, die nach Bedarf verkürzt
oder verlängert wird. Die Auswahl von Symbolen für Genogramme
erfordert meist viel mehr, für Selbst- und Spiegelbilder gelegentlich
weniger Zeit. Während das Paar seine Symbole sucht, ziehen wir beide
uns zurück und überprüfen unsere Hypothesen.

8.2.5 Die Symbole verstehen lernen

Im Anschluß sollen sich die beiden Partner gegenseitig erzählen, warum
sie bestimmte Gegenstände ausgewählt haben und was diese für sie
bedeuten. Das Zwiegespräch gelingt nicht immer, das kann mehrere
Gründe haben. Viele Menschen können nur sehr schlecht oder gar nicht
über ihre Gefühle reden. Sie sind, durch familiäre Umgangsformen und
Haltungen bedingt, nur fähig, auf der rationalen Ebene miteinander
umzugehen. Die Gefühlsebene macht ihnen häufig Angst, sie ist ihnen
unangenehm und peinlich. Ein weiterer Grund für die Unfähigkeit, sich
im Gespräch über die Symbole aneinander zu wenden, liegt in der Spannung, die zwischen beiden besteht. Meist haben sie in der vergangenen
Zeit nur noch streitend miteinander gesprochen und sind so erbittert, daß
sie auch in dieser Situation das Wort nicht aneinander richten wollen.
   In solchen Fällen erklären uns dann die beiden, was sie in den Symbolen für sich sehen. Wenn sie z.B. «Selbst- und Spiegelbild» gewählt
haben, erzählen sie uns, was sie aneinander mögen, nicht mögen oder
sich bei dem oder der anderen wünschen. Wir müssen dann für einige
Zeit als Übergangsansprechpartner zur Verfügung stehen. Es scheint an
der Symbolebene zu liegen, daß sich während des Redens die Spannung
immer mehr verringert und sich dann die Partner einander zuwenden.
Die Atmosphäre ist ruhig, aufmerksam, häufig sehr viel weicher, als sie
noch in der Gesprächsphase war. Manchmal kommt Heiterkeit auf.
   Während ein Bild erklärt wird, soll der jeweils andere Partner
zunächst aufmerksam zuhören und nur dann nachfragen, wenn etwas
nicht verstanden worden ist. Es sollen vor allen Dingen keine Kommentare oder gar Stellungnahmen bzw. «Richtigstellungen» abgegeben
werden. Damit wird diese Phase bereits zu einem ersten wichtigen
Erfahrungs- und Lernschritt in der Partnerschaft. Wenn beide Partner ihr
Bild erklärt haben, ist die Zeit des Nachfragens gegeben, wieder mit der
Anweisung, keine «Richtigstellungen» oder Kommentare abzugeben.
Daß es nach unserer Erfahrung nötig ist, diese Anweisung noch einmal
zu wiederholen, zeigt, wie wenig Menschen gewohnt sind, die Ansicht

Bild 16 zu Diagramm 27

eines anderen als dessen persönliche Meinung anzuhören und anzunehmen. Wir führen das auf den Umgang mit Autonomie in den Herkunftsfamilien und auf ein weit verbreitetes Bedürfnis zurück, etwas allgemein Richtiges und Gültiges zu finden und zu vertreten.

Salvisberg verdanken wir die Anregung zu der Variante, daß die Partner ihr Bild nicht selbst erklären, sondern jeweils der andere bzw. die andere dies tut und so zu verstehen versucht, was in den Symbolen des anderen enthalten ist. Dieses Vorgehen ist sehr verständnisfördernd, setzt aber voraus, daß beide Partner schon bereit sind, sich so intensiv füreinander zu engagieren. Maxeiner hat dieses Vorgehen noch einmal verändert. Sie schlägt vor, daß beide, nachdem sie jeweils gegenseitig ihre Bilder zu verstehen suchten, sagen, was dieser Versuch bei ihnen ausgelöst hat. Wir haben mit beiden Varianten gearbeitet und waren überrascht, wie stark Gefühle der Enttäuschung und des Sich-Nichtverstandenfühlens dabei aufkommen: «Du siehst mich überhaupt nicht richtig» oder «Du spürst überhaupt nicht, worum es mir geht» bis «Jetzt zeigt sich doch deutlich, warum du nichts von mir begreifst, wenn du noch nicht einmal erkennst, was ich mit meinen Symbolen aussagen will». An den Therapeuten liegt es dann, die der Forderung zugrundeliegende tiefe Sehnsucht nach völligem, wortlosen Verstandenwerden deutlich zu machen und behutsam zu klären, daß zwischen erwachsenen Partnern nicht Fähigkeiten zum Tragen kommen können, wie sie eine Mutter im Umgang mit ihrem Säugling entwickeln kann. Ein Baby, das nicht sprechen kann, ist darauf angewiesen, daß eine Bezugsperson, sei es Mutter oder Vater, erkennt, was es braucht, auch wenn es das selbst noch nicht auszudrücken vermag. Aus dieser Situation sind die Überzeugungen erhalten, daß ein Mensch, der einen liebt, doch wissen muß, was man braucht, auch wenn man nichts sagt. Der Umkehrschluß heißt dann: «Wenn der andere es nicht weiß, liebt er mich nicht.» Darüber reden zu müssen ist unerträglich; es ist mit der Enttäuschung über die «fehlende» Liebe verbunden.

Diese Arbeitsphase erfordert Zeit, es kann bis zu zwei Stunden in Anspruch nehmen. Es ist wichtig, nicht zu drängen; das Ziel ist momentan nur die Kommunikation auf der symbolischen Ebene und damit ein besseres gegenseitiges Verstehen.

8.2.6 Der Blick in die Zukunft

Die nächste Phase ist zukunftsorientiert. Jetzt geht es darum, daß beide Partner gemeinsam erarbeiten, wie sie sich in der kommenden Zeit mit einer bestimmten Thematik auseinandersetzen können. Wir wählen dazu eine zielgerichtete Formulierung: «Worum wollen/müssen wir uns gemeinsam in der kommenden Zeit bemühen, wir beide gemeinsam und jeder für sich allein?» oder «Was wünsche ich mir von Dir in der nächsten Zeit für unsere Beziehung, und was biete ich von mir aus dazu an?» Durch die Formulierung wollen wir auf die Notwendigkeit hinweisen, daß beide Partner am Erhalt ihrer Beziehung interessiert sein und sich in gleicher Weise dafür einsetzen müssen.

Um ein solches Vorhaben realisierbar zu machen, halten wir eine überschaubare Zeitvorgabe, etwa zwei Monate, für sinnvoll. Veränderungsvorhaben müssen konkret formuliert werden, damit sie nicht in vagen Vorstellungen versanden und neue Enttäuschungen produzieren. Und sie müssen sich aus der bisherigen Arbeit mit den Symbolen ergeben, damit sie eine reale Basis haben, und wieder in Symbolen ausgedrückt werden. Der jetzt beginnende Prozeß ist sowohl auf der Ebene der Symbole wie auf der kommunikativen Ebene besonders wichtig. Wir schlagen dazu vor, einen neuen Bereich in der Symbolanordnung zu eröffnen. Gemäß der Vorgabe, daß beide etwas einbringen müssen für ihre Beziehung, sollen sie Vorschläge machen, was sie von den eigenen Symbolen und den damit verbundenen Möglichkeiten zur Lösung der Probleme einbringen möchten, und müssen einander fragen, ob der oder die andere damit einverstanden ist. Es ist nicht selbstverständlich, daß eigene «gute» Ideen auch dem anderen gefallen. Auf der Ebene der Symbole heißt das, daß ich fragen muß, ob etwa mein von mir als wunderbare Kraft erlebter Panther von dem anderen auch positiv erlebt wird; er könnte ja auch, verständlicherweise, ängstigen. Oder, in einem anderen Symbol, ob das Photo eines ruhigen Sees von beiden als Kraftquelle verstanden wird; es könnte auch als schwer erträgliche Einsamkeit erlebt werden. Fazit: Nicht alles, was ich als «Geschenk» anbiete, wird von meinem Partner oder meiner Partnerin auch als Geschenk erlebt.

Wenn man in dem Bild des oder der anderen ein Symbol als hilfreich für die Beziehung ansieht, kann man nachfragen, ob er oder sie bereit ist, dieses Symbol einzubringen. Ein Griff in das Bild des andern: «Ich nehme dein Haus, das können wir gut gebrauchen», ohne dessen Erlaubnis einzuholen, ist ein Übergriff. Dabei handelt es sich gewöhnlich um im Alltag gebräuchliche Grenzüberschreitungen, die zwar zu Verstimmungen führen, aber kaum noch bewußt registriert werden. Da es im Bild darum geht, den anderen um Unterstützung durch dessen Ressourcen zu bitten, also auch um das Eingeständnis, daß man selbst eine Fähigkeit nicht besitzt, die der andere hat, kann daraus eine kommunikationsfördernde Handlungsweise werden. «Mich würde es freuen, wenn du das Wildwasser mit eingeben würdest. Du hast das als deine Lebendigkeit und Kreativität beschrieben – ich erlebe dich auch so; ich möchte von dir lernen.» In der Formulierung der Bitte liegt bereits ein therapeutischer Schritt: es wird deutlich, daß die Hilfe und die Potenzen des anderen der eigenen Problemlösung dienlich sein können, ohne daß dem anderen delegiert wird, was man selbst nicht zu leben wagt. Außerdem wird deutlich, daß ich dankbar bin, von dem anderen zu profitieren. Von Bölcs[16] haben wir übernommen, auf den Ton und die Art der Formulierung zu achten («höflich und wohlgeformt»). Diese Anweisung macht deutlich, daß Bitten nicht als versteckte Forderung oder als geheimer Vorwurf angebracht werden dürfen.

In dieser Phase achten wir besonders darauf, daß nicht vorschnelle, verleugnende und damit nicht tragfähige Angebote gemacht werden. Nach der Fokussierung auf die gemeinsame Aufgabe wird das Paar aufgefordert, sich nach dem vereinbarten Zeitrahmen einen gemeinsamen Termin zu setzen, an dem sie miteinander klären, was sie von ihrem Vorhaben geschafft haben und was ihnen mißlungen ist, welche Hindernisse sich dem Gelingen entgegengestellt haben, und in welchem Kontext sie auftraten. In diesem Gespräch kann auch eine neue Vereinbarung getroffen werden.

8.2.7 Die zeitliche Planung

Bei einem ersten Termin rechnen wir für die Klärung der Problematik und für die anschließende Symboltherapie etwa sechs Zeitstunden. Wir haben keinen festen Zeitrahmen, sondern richten uns nach der aktuellen Situation. Wenn Paare eine weite Anfahrt haben, bieten wir zwei Tage nacheinander an: einen Nachmittag und den darauf folgenden Vormittag. Der gemeinsame Abend nach der ersten Therapiesitzung wirkt sich als positiv-verstärkender Faktor aus. Ein Nachfolgetermin wird nur dann vereinbart, wenn die Partner darum bitten, und auf keinen Fall vor Ablauf von zwei Monaten, um die Eigenverantwortung der Partner deutlich zu machen. Der zeitliche Aufwand der folgenden Sitzungen liegt zwischen vier und fünf Stunden, da die Eingangsphase weniger zeitaufwendig ist.

---

16 Eine Vorgehensweise von Dr. E. Bölcs in dem Seminar: Das Unbewußte als Cotherapeut.

8.3 Die Arbeitsvorgaben in der Paartherapie

Die Arbeitsvorgaben, die wir in der Paartherapie einsetzen, entsprechen teilweise denen der Einzeltherapie, andere sind aus unserer langjährigen psychodramatischen Arbeit mit Paaren oder aus den Denkansätzen der Familien- und Paartherapeuten übernommen, deren Konflikt- und Lösungsmodelle unser Vorgehen geprägt haben. Die von uns zitierten Vorgaben haben sich als sinnvoll erwiesen, sollen aber dennoch nur als Beispiele verstanden werden, da besonders bei Paaren in jeder Sitzung und bei jeder Fragestellung eine neue Vorgabe entstehen muß.

8.3.1 Ich und Du: Selbst- und Spiegelbild

Unter Selbstbild verstehen wir, sich darüber klarzuwerden, was man an sich mag, was man nicht an sich mag und wie man zu sein wünscht (s. S. 55). Wir gebrauchen in der Paartherapie nur selten die erweiterte Formulierung, mit der auch die Seiten eingeschlossen sind, die einen bei sich selbst ängstigen. Um sich denen stellen zu können, braucht es eine vertrauensvolle Atmosphäre, die in der Krise einer Paar-Beziehung oft nicht so gegeben ist. Als Spiegelbild bezeichnen wir die Spiegelung, die ein Mensch einem andern zukommen läßt: «Was mag ich an dir? Was mag ich nicht an dir? Wie hätte ich dich gerne?» Diese Vorgabe wird von uns relativ häufig als Einstiegsthema gewählt. Wir haben festgestellt, daß Unklarheit in der gegenseitigen Wahrnehmung und in den Erwartungen aneinander ein wichtiger Faktor in der Störung einer Beziehung ist und daß eine entsprechende Klärung spannungsmildernd wirkt. Durch die Formulierung der Vorgabe sind beide Partner gezwungen, sich auch den eigenen negativen Seiten zu stellen und sich nicht nur, wie in Streitsituationen üblich, über die des Partners zu beklagen. Dadurch wird die Stimmung zwischen beiden weniger zerstörerisch. Wie wir aus den Einzeltherapien bereits wissen, haben viele Menschen kein positives Selbstbild, sie finden keine Symbole für eigene Stärken und Fähigkeiten. In der Paartherapie wird dann offenbar, daß die fehlende positive Selbsteinschätzung oft auch den Blick für die positiven Seiten des anderen trübt. Das ist meist mit der Enttäuschung darüber verbunden, daß der Partner oder die Partnerin doch nicht dem Bild entspricht, das man zunächst von ihm oder ihr gewonnen hatte. Wir stellen fest, daß es sich dabei meist um eine Idealisierung gehandelt hatte, die der Realität nicht standhalten konnte; die Ernüchterung ist jedoch in solchen Fällen fast immer mit schweren Abwertungen verbunden.

Die Auswertungskriterien im Selbst- und Spiegelbild

Finden beide Partner bei sich selbst und dem bzw. der anderen positive Seiten? Worauf beziehen sie sich? Was beinhalten die negativen Seiten? Sind Vorwürfe an den anderen mit nicht lebbaren, weil ängstigenden, eigenen Seiten gekoppelt? Handelt es sich bei den Wünschen an den Partner oder die Partnerin um Delegationen, die entsprechende Enttäuschungen zur Folge haben? «Wenn ich schon nicht stark sein kann, darf er doch nicht schwach sein!» Gibt es in der Beziehung einseitige, gegenseitige oder keine Bewunderung? J. Willi hat darauf hingewiesen, daß gegenseitige Bewunderung eine wesentliche Basis für eine Partnerschaft darstellt.[17] Gibt es noch Erwartungen aneinander, oder ist Resignation vorherrschend?

8.3.2 Variante des Spiegelbildes: die Projektionsebene

In den Paartherapien geben wir diese Arbeitsvorgabe entweder in einem fortgeschrittenen Stadium der Therapie, wenn, ähnlich wie in den Seminaren, emotional der dazu notwendige Raum vorhanden ist, oder direkt in einer Krisensituation, wenn wir den Eindruck haben, daß die Problematik zwischen den beiden Partnern insbesondere auf der Projektionsebene angesiedelt ist. Wir haben die Vermutung, daß die Partner häufig keine Vorstellung davon haben, was ihr Partner oder ihre Partnerin an ihnen mag, nicht mag oder gerne hätte oder, wenn sich bei einem von ihnen oder bei beiden der Mechanismus eingeschlichen hat, sich Phantasien darüber zu machen, was der andere denkt, fühlt, annimmt, und sie dann aufgrund der eigenen Phantasien reagieren. Watzlawick (1996) hat diesen Automatismus und seine Folgen für Beziehungen eindrücklich und humorvoll beschrieben. Wir erweitern dann die Anweisung in der Form: «Wie, glaube ich, magst du mich? Wie, glaube ich, magst du mich nicht? Wie, glaube ich, hättest du mich gern?»

---

17 Mündliche Mitteilung in einem Seminar.

Dieses Thema macht vor allem Seminarteilnehmern Spaß. Sie kommen gewöhnlich nicht in einer akuten Krise und sind dann neugierig, einmal dem nachzugehen, welche Vorstellungen sie sich davon machen, was sie voneinander denken und welche Veränderungswünsche sie aneinander haben.

Auswertungskriterien der Projektionsebene

Welcher Art sind die Phantasien, die die beiden haben? Vermuten sie vorwiegend positive oder hauptsächlich negative Gedanken und Gefühle beim anderen? Was haben diese Phantasien mit der eigenen Lebensgeschichte zu tun? Reagieren sie bei anderen Menschen ähnlich? Das Beispiel «Das kräftemessende Paar» (S. 174) geht von dieser Vorgabe aus.

8.3.3 Das Genogramm

Das Genogramm schlagen wir vor, um zu klären, in welcher Weise der Paarkonflikt durch die beiderseitige Biographie bestimmt sein kann und mit welchen Problemen in Gegenwart und Zukunft zu rechnen ist. In dieser Vorgehensweise schließen wir uns dem Genogrammverständnis der Familientherapeuten an, wie es McGoldrick (1990) zusammenfassend beschrieben hat.

Die Anweisung zum Genogramm entspricht der, die wir im Kapitel über die Einzeltherapie beschrieben haben:

Es sollen mindestens drei Generationen dargestellt werden, frühere Ehen und Verbindungen müssen einbezogen werden; auch die Toten sollen durch Symbole charakterisiert werden, selbst wenn sie nicht mehr persönlich erlebt wurden. Um die Symbolisierung zu ermöglichen, sollen Erzählungen über diese Menschen, Zuschreibungen und Kennzeichnungen benutzt werden (z.B. «Die hat immer alles bestimmt» oder «Sie war eine ganz liebevolle Frau»). Es soll erkennbar sein, wer aus der Familie verstoßen wurde. (In der Wahl des Symbols ist dann oft schon ein Hinweis auf den Anlaß der Verstoßung und auf die dieser Wahl zugrundeliegende Norm enthalten.) Wenn Menschen, die nicht direkt zur Familie gehört haben, aber z.B. als «Nenntante» oder «Kinderfrau» eine Rolle gespielt haben, sollen sie mit einbezogen werden.

Die Erstellung eines Genogramms kann sehr erleichternd wirken, wenn den Partnern z.B. deutlich wird, daß sie sich auch mit Problemen

166

quälen, die nicht nur in der Paarbeziehung angesiedelt sind, sondern in der unbewußten Übernahme familiärer Grundhaltungen zu suchen sind. Nach unseren Erfahrungen können solche Haltungen relativ gut auf ihren Sinn in der gegenwärtigen Beziehung hinterfragt werden.

Auswertungskriterien

Im Genogramm können Grundhaltungen in den beiden Herkunftsfamilien deutlich werden: Normen, Stil des partnerschaftlichen Lebens, Formen der Konfliktbearbeitungen, Haltung zu Autonomie und Bindung, Nähe und Distanz in Beziehungen. Koalitionsbildungen oder Dreiecksbeziehungen innerhalb einer Generation und über Generationen hinweg, die Bedeutung von Geburt oder Tod eines Familienmitglieds, die Auswirkung besonderer Erfolge oder Mißerfolge eines Mitglieds und die Auswirkung familiärer Erkrankungen.

Beispiel: Die unterschiedlichen Botschaften aus den Elternfamilien machen einem Paar das Leben schwer

Ein Paar ist zu uns gekommen – C. (Frau) und M. (Mann) –, weil sie in ihrer Beziehung sehr verunsichert sind. Sie liebten sich sehr, würden aber immer wieder neu an ihrer so grundsätzlich unterschiedlichen Haltung in der Lebensauffassung verzweifeln und sähen dann nur noch die Trennung als Ausweg. Ihnen läge viel aneinander, aber angesichts der ohnehin realen schwierigen Situation hätten sie nicht den Mut, noch allzu große Hürden anzugehen. Beide sind Anfang dreißig; C. ist geschieden und hat aus ihrer Ehe zwei Söhne im Alter von sechs und elf Jahren. Beide haben akademische Berufe. Sie wohnen getrennt.

Ihre unterschiedlichen Auffassungen zeigen sich darin, daß M., gleichgültig, wie müde und erschöpft er ist, die anstehenden Arbeiten erledigt, bevor er es sich gutgehen läßt. C. hingegen läßt in der gleichen Situation alles stehen und liegen und versucht, sich erst einmal zu erholen. Für M. ist es dann wiederum unmöglich, sich in «einem solchen Chaos» auszuruhen: er macht ihr Vorwürfe. Sie ist über seine Haltung und den Vorwurf ungeheuer erzürnt. In ihrer Einschätzung ist sie als alleinerziehende Mutter und berufstätige Lehrerin sowieso weit über ihre Kräfte hinaus gefordert. Sie beansprucht für sich das Recht, auch noch leben zu wollen und das Leben zu genießen. Dann sei Unordnung zweitrangig. M. will zwar auch genießen, aber doch bitte in Maßen und zur rechten Zeit.

Wir erlebten die Beziehung der beiden in ihrer Zugewandtheit als tragfähig. Die Stärke der Konfrontation war für uns überraschend, ebenso der Gedanke an ein Scheitern der Beziehung. Wir vermuteten, daß Gesetze in den Herkunftsfamilien für die Vehemenz des Konflikts verantwortlich sein könnten. Deshalb schlugen wir ihnen vor, ihr jeweiliges Genogramm in Symbolen darzustellen.

Das Genogramm von M.: Die Eltern hatten beide um anderer Familienmitglieder willen ihre Berufswünsche aufgeben müssen. Die Mutter hatte kurz vor dem Abitur die Schulausbildung abgebrochen, weil ihr Vater pflegebedürftig wurde; sie wurde später Sekretärin – sie liebte den Beruf nicht. Sie wurde durch zwei Symbole gekennzeichnet, die ihre entgegengesetzten Seiten zeigten: eine rote Kugel, die ihre Fähigkeit, den Kindern die Welt zu zeigen, darstellte, und das Photo einer einsamen Frau in einer dunklen Straße, die ihre verlorene Seite verkörperte. Der Vater mußte die seit langem ersehnte landwirtschaftliche Berufsausbildung auf einer Fachschule wieder abbrechen, weil sie finanziell nicht mehr tragbar war. Ein Bruder hatte inzwischen auf Wunsch der Mutter eine Priesterausbildung begonnen, die die vorhandenen Finanzen erschöpfte. Der Vater hatte sich widerstandslos gefügt und den von ihm ungeliebten Beruf des Bergmanns ausgeübt. Er blieb im Bild des Sohns depressiv (Beckett in einer Zimmerecke mit traurigem Gesichtsausdruck), unscheinbar und ohne wahrnehmbaren Inhalt (kleine durchsichtige Glaskugel). In beiden Familien waren Familienzusammenhalt und Familienharmonie sehr wichtig. Sich zu widersetzen, um die eigenen Bedürfnisse auszuleben, war nicht denkbar. Die neue Familie, in der M. aufwuchs, übernahm die Normen. Pflichtbewußtsein, der Verzicht auf eigene Wünsche und die vorrangige Sorge für das Wohl der anderen Menschen wurden zur Grundhaltung. Verbunden waren diese Normen mit einer ablehnenden Haltung gegenüber einer lustvollen, «verantwortungslosen» Lebenseinstellung. Diese Seite lebte allein der Bruder des Vaters (Photo eines schicken jungen Mannes im Cabrio). Er hatte später die Ausbildung zum Priester abgebrochen, eine evangelische Frau geheiratet und sich dann von ihr wieder scheiden lassen, um sich erneut zu verheiraten.

Das Genogramm von C.:
In ihrer Familie dominierten zwar ebenfalls hohe Normen, aber C.s Eltern hatten mit alten Familientraditionen gebrochen, um ihr eigenes Leben leben zu können. Die Mutter war aus der DDR geflüchtet. Sie hatte als junges Mädchen auf ihre Familie verzichtet, weil ihr klar

war, daß sie in dem totalitären System nicht leben konnte (Photo einer Braut, die mit Koffer und einem Kalb an ihrer Seite ihrer Wege geht). Der Vater brach mit einer jahrhundertealten Familientradition und wählte einen Beruf, den er sich aussuchte (Vogel aus Ton, Adler und Friedenstaube als Zeichen für Autonomie und Bedürfnis nach Harmonie).

Nachdem die beiden Genogramme vorgestellt waren, waren beide Partner verblüfft, welche Botschaften in ihren Biographien deutlich wurden: Auf der einen Seite stand das klare Gebot «man darf nicht an sich selbst denken»; auf der anderen Seite bestand durchaus die Möglichkeit, für das eigene Wohl zu sorgen. Nun stand es an, eigene Wertmaßstäbe zu finden, die für beide Gültigkeit haben sollten.

Der günstige Zeitpunkt für ein Genogramm

Wenn man in einer Paartherapie mit dem Genogramm beginnt, hat es den Nachteil, daß für die Schlußphase, in der beide Partner einbringen sollen, was sie aus dem eigenen Fundus zum Erhalt der Beziehung einzubringen bereit sind, kaum Material zur Verfügung haben. Das Genogramm birgt zwar eine Fülle von Symbolen, sie repräsentieren aber nicht eigenes Material, sondern die Eigenschaften anderer Menschen und eignen sich deshalb nicht für diesen Prozeß. Deshalb sind wir inzwischen dazu übergegangen, in der ersten Sitzung einer Paartherapie mit dem Selbst- und Spiegelbild oder mit einer vergleichbaren Thematik zu beginnen, die genügend Aussagen über die beiden Partner selbst enthält. Die stehen dann nicht nur für die Schlußphase dieser Sitzung, sondern auch für die der kommenden Termine zur Verfügung, da darauf immer wieder zurückgegriffen werden kann.

8.3.4 Unsere Beziehung heute und unsere Beziehung zu Beginn

Manche Paare klagen darüber, wie schlimm ihre Beziehung heute sei und wie schön und beiderseitig befriedigend sie begonnen habe. Sie hätten sich zu Beginn so gut ergänzt, nun fiele das völlig weg. Meist beklagt ein Partner besonders stark diese Veränderung, er oder sie fühlt sich im Stich gelassen. Eine solche Situation finden wir vorwiegend bei Paaren, bei denen eine gegenseitige «Ergänzung», d.h. das Auffüllen eigener Schwachstellen durch Fähigkeiten des anderen, eine große Rolle gespielt hat. Willi (1980) hat diese Beziehungsform beschrieben: «Ich kann stark sein, weil du schwach bist», aber auch «Ich kann schwach sein, weil du stark bist». In dieser Formulierung wird deutlich, daß die jeweilige Gegenseite nicht gelebt werden muß, da sie vom Partner vertreten wird, oder, noch verschärfter, daß die Wahl des Partners in dieser «Ergänzung» begründet ist. Entwickelt sich einer der beiden, wird z.B. ein schwacher Mensch stärker, wird die bisherige Konstellation zur Falle: «Ich muß schwach sein, weil du stark bist.» Es kann natürlich auch umgekehrt sein, daß derjenige, der bisher die starke Seite übernommen hatte, Rückschläge erlebt (Beruf, Unfälle o.ä.), aufgrund derer seine «Stärke» zusammenbricht. Dann ist ebenso die einseitige Fixierung nicht mehr aufrechtzuerhalten und führt folgerichtig in der Partnerschaft in eine Krise. Das Beispiel von Wollfaden, Schaf und Wolf (S. 54) zeigt einen solchen Fall. Die Frau hatte eine schwere phobische Symptomatik. Sie konnte das Haus ohne den schützenden Beistand ihres Mannes nicht mehr verlassen. Ihre Berufstätigkeit hatte sie aufgeben müssen. Sie hatte keinerlei Zutrauen zu sich, war ängstlich darauf bedacht, im Hintergrund zu bleiben. Ihr Mann war rührend um sie besorgt und beschützte sie mit seiner Stärke. Er wurde von ihr als einziger Halt erlebt. Er selbst kannte keine Schwäche und bewältigte alle Probleme. Als die Frau durch die Therapie gesund geworden war, wurde die Schwäche des Mannes deutlich. Er versagte im Beruf, entwickelte Ängste und wurde impotent. Die beschützende Rolle gegenüber seiner Frau hatte es ihm bisher ermöglicht, sich nicht mit den eigenen Schwächen konfrontieren zu müssen. Nun stand für ihn eine Therapie an.

Wir wollen bei diesem Beispiel bewußt nicht auf den inneren Konflikt der beiden Partner eingehen, sondern nur zeigen, wie eine solche Partnerwahl durchaus zunächst stabilisierend wirken kann, aber keine Chance zur förderlichen Entwicklung läßt, wenn es nicht zur Krise kommt, die nach einer Lösung drängt. Willi sieht in der Auflösung der Fixierung eine Heilungsmöglichkeit, d.h., daß beide Partner die bisher vermiedenen Seiten selbst leben müssen: «Schwache» Menschen müssen sich damit auseinandersetzen, warum sie Kraft und Stärke nicht leben können oder wollen. Sie müssen sich fragen, was sie entweder in ihren eigenen Reaktionen oder in denen anderer Menschen fürchten, wenn sie die Stärke leben. Umgekehrt müssen sich die «Starken» verdeutlichen, was sie ängstigt, wenn sie ihre schwachen Seiten leben müßten.

Wenn sich beide so weit stabilisiert haben, daß sie die bisherige Rollenfixierung aufgeben können und ihre bisher ängstlich verborgenen Seiten zu leben wagen, kann sich aus einer Krise eine Chance der Neuorientierung und damit der völligen Neubestimmung der Beziehung entwickeln. Die Anweisung, die der Klärung dieser Problematik dient, heißt: «Wie habe ich dich erlebt, als wir uns kennenlernten – wie erlebe ich dich heute? Was habe ich an dir gemocht, bewundert – wie sieht es heute aus?»

8.3.5 Die «Zukunftswerkstatt»

Der Begriff der Zukunftswerkstatt stammt von Robert Jungk und Norbert R. Müllert (1995) und bezeichnet ein Modell, das die Veränderung einer bisherigen Situation zum Ziel hat. Es ist geeignet, sowohl Großprojekte (Ökostadt Basel) wie kleinere Aufgaben anzugehen, z.B. die Neugestaltung eines Hauses oder wie hier die einer Beziehungssituation. Für die Situation einer Partnerschaft ist die Zukunftswerkstatt dann geeignet, wenn sich die Schwierigkeiten vorwiegend auf eine unerträgliche Situation beziehen, die einen oder beide Partner betrifft. In solchen Fällen kommt es oft zu einer Erstarrung, die keinerlei Lösung mehr ermöglicht.

Die Zukunftswerkstatt arbeitet in drei Phasen: in der ersten Phase soll festgehalten werden, was alles an der jetzigen Situation nicht gut ist, ärgert, wütend macht, einengt, zu kurz kommen läßt. Die zweite ist die progressivste, kreativste, aber auch schwierigste Phase: die Phantasie- und Utopiephase. Jetzt sollen alle Wünsche für die Zukunft zur Geltung kommen mit der Maßgabe: Undenkbares denken, sich unangepaßt und wandlungsfähig verhalten, experimentierfreudig und neugierig sein und vieles andere mehr. Wir haben gute Erfahrungen mit der Formulierung «Zeit und Geld spielen keine Rolle». Bei der Aufstellung der Wünsche merkt man, wie schnell sie von Bedenken der Nichtrealisierbarkeit abgeblockt werden, was zur Folge hat, daß die Phantasie von vornherein eingedämmt wird und Lösungen ausgeschlossen werden. Man muß dann als Therapeut immer wieder darauf hinweisen, daß alte Gesetze nicht gelten, um den Phantasiefluß wieder zu ermöglichen. In der dritten Phase wird die Umsetzbarkeit in die Realität geprüft. Das geschieht häufig mit den gleichen Kriterien, die zuvor als Einwand benutzt wurden. Während sie in der zweiten Phase hemmend wirkten, sind sie jetzt für eine realistische Lösung zuständig. In der Paartherapie haben wir erlebt, daß Lösungen gefunden wurden, die zuvor nicht denkbar waren.

8.4 Die therapeutischen Techniken in der Paartherapie

In der Paartherapie wenden wir die gleichen therapeutischen Techniken an, wie wir sie für die Einzeltherapie beschrieben haben. Deshalb wird an dieser Stelle nicht mehr ausführlich darauf eingegangen.

8.5 Unsere Erfahrungen mit diesem Konzept

8.5.1 Die Symbole als neues Medium in der Kommunikation

Wir haben inzwischen mehrere Jahre in dieser Art gearbeitet. Die Vorgehensweise scheint, wie von uns beabsichtigt, die Eigenkräfte des Paares zu mobilisieren. Der Wechsel in das Medium der Symbolsprache wirkt entspannend in der Arbeit selbst und eröffnet in der Partnerschaft eine differenziertere Umgangsform als die bisherige nur verbale Kommunikation, die von vielen Streitgesprächen oft aggressiv besetzt ist. Die Symbole haben Aufforderungscharakter und haften in ihrer Bildhaftigkeit länger im Gedächtnis; zudem werden sie als Erinnerungs- und als Übersetzungshilfe in neuen Konfliktsituationen eingesetzt. Häufig sagen uns Paare, wenn sie nach mehreren Monaten wiederkommen, sie hätten reichlich arbeiten müssen, um das umzusetzen, was in den Bildern deutlich geworden sei. Sie trauten sich jetzt auch viel mehr an Klärung zu, seit sie nicht nur auf Worte angewiesen seien, sondern auf die Symbole zurückgreifen könnten. Hilfreich sei auch die durch die Symbole bewirkte Intensität und die Tiefe des über mehrere Stunden dauernden Miteinanderredens gewesen. Oft geschah dies zum ersten Mal in der seit vielen Jahren während Beziehung.

8.5.2 Die Intensität des Blocksystems

Das Blocksystem mit fünf oder, auf zwei Tage verteilt, mit acht Stunden erfordert und ermöglicht viel Zeit. Der hohe Zeitaufwand verlangt von den beiden Partnern, daß sie sich für einen halben Tag oder, wenn sie von weither anreisen müssen, für zwei Tage Zeit nehmen, eventuell zwei Tage ihres Urlaubs dafür opfern müssen. Dadurch erhält der Termin eine hohe Bedeutung und fordert viel Motivation ein. Eine Übernachtung im Hotel und ein gemeinsames Abendessen und Frühstück bietet die Möglichkeit zu Gesprächen und verleiht dem Termin ein wenig Urlaubsstimmung, die sich konstruktiv auf die Problembearbeitung auswirken kann. Die zeitlich hohe Belastung scheint zwar anstrengend, aber nicht übermäßig strapazierend zu sein. Mit unserem Konzept arbeiten wir in mehreren Phasen. In dem anfänglichen Gespräch versuchen wir, den momentan belastenden Konflikt zu erarbeiten. Das Gespräch endet nicht nach eineinhalb Stunden, sondern wird in der Suche nach der Ursache der Probleme und nach ersten Veränderungsmöglichkeiten fortgesetzt. Die Aufgabenstellung am Ende der Sitzung, die auf ein umschriebenes Vorhaben fokussiert und auf einen überschaubaren Zeitraum zu dessen Realisierung einengt, wirkt sich hilfreich für eine realitätsangemessene Veränderung aus.

8.5.3 Das niedrigfrequente Vorgehen

Die Konzeption sieht seltene Termine vor; frühestens nach zwei Monaten erhalten die Paare einen neuen Termin. Termine werden nicht selbstverständlich nach jeder Sitzung verabredet. Alle Paare haben die Möglichkeit, sich nach Bedarf selbst wieder zu melden. Das kann nach einem halben oder nach einem Jahr sein. Das zeitliche Vorgehen erhöht, wie von uns beabsichtigt, die Motivation und das Zutrauen der Partner zu sich selbst, den Konflikt weitgehend mit eigenen Kräften lösen zu können. Unsere anfänglichen Bedenken, daß wir, wenn wir keine festen Termine vereinbaren, der Abwehr Vorschub leisten könnten, scheinen nicht berechtigt zu sein.

8.5.4 Einschränkungen und Ergänzungen

Wir sind allerdings der Meinung, daß die niedrigfrequente Vorgehensweise nicht bei allen Paaren indiziert ist. Wenn eine Problematik besonders ängstigend ist oder die Partner sehr labil sind, halten wir eine hochfrequente und damit stützende Vorgehensweise für angemessener.

Wenn Therapien länger andauern, arbeiten wir in der Regel nicht nur mit Symbolen, sondern setzen Imaginationen ein, wie sie von Kottje-Birnbacher (1983) für die Paartherapie (KIP) beschrieben werden, oder den kontrollierten Dialog, der im Bereich der Kommunikationsschulung zur Klärung von Problemen und Konflikten entwickelt wurde.

8.6 Arbeitsbeispiele

8.6.1 Selbst- und Partnerbild mit der Variante der Projektion: Das kräftemessende Paar

Im folgenden geben wir ein Beispiel aus einem Ausbildungsseminar. F. (Mann) und V. (Frau) hatten sich das erweiterte Selbst- und Spiegelbild als Thema ausgesucht, weil sie es spannend fanden. Das Beispiel zeigt den Verlauf eines solchen Prozesses: die erste Phase, in der sich beide gegenseitig ihr Bild erklären, die zweite Phase, in der es zu einem Lösungsversuch kommt, und die letzte Phase mit der Reduktion auf ein Thema, mit dem sie sich in den nächsten Monaten beschäftigen wollen.

F: «Das Bild hat zwei Achsen: eine vertikale ‹Wunschachse› und eine horizontale ‹Eigenschaftsachse›. Die vertikale Achse zeigt in der Mitte die Symbole, wie ich mich bzw. uns beide im Moment sehe, oben liegen die Symbole für das, was ich persönlich anstrebe, unten diejenigen, die zeigen, was ich für mich und für uns beide nicht will. Auf der horizontalen Achse links liegt die rationale, rechts die eher gefühlsmäßige Seite. (Diagramm 17; siehe auch Bild 7, S. 141.)
Die Waage zeigt mein Bedürfnis, die verschiedenen Seiten, die in meinem Bild zum Ausdruck kommen, in ein Gleichgewicht zu bringen. Das Bild von Goethe repräsentiert meinen Wunsch, eine Persönlichkeit zu werden, d.h. vielseitig und gebildet zu sein, zahlreiche Interessen, eine natürliche Autorität zu haben, die nicht auf der Funktion basiert, sondern auf dem Menschen. Der für viele Menschen gedeckte Tisch zeigt, daß wir eigentlich beide Gäste lieben, aber wir laden viel zu selten Leute ein; wir sollten uns vornehmen, Leute an unseren gedeckten Tisch zu laden. Der Skifahrer im Sprung steht für meine vitalen Seiten, in denen ich durchaus Lebensfreude empfinden kann. Die Pfeife zeigt meinen Wunsch, mir Freiräume zu nehmen. Die sind mir wichtig, jedoch empfinde ich es oft als unerhört, daß ich mir diese Freiheit einfach so nehme, z.B. wenn ich zwanzig Minuten für mich spazierengehe. Das Bild von Stefan Schmidheiny stellt meine Angst dar, daß ich zu einem Karrieretyp werde und vor lauter beruflichem Einsatz das Leben zu genießen vergesse. Die alte Frau

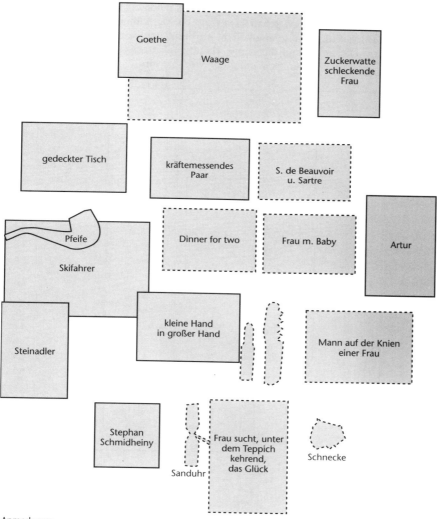

Goethe

Waage

Zuckerwatte schleckende Frau

gedeckter Tisch

kräftemessendes Paar

S. de Beauvoir u. Sartre

Pfeife

Skifahrer

Dinner for two

Frau m. Baby

Artur

Steinadler

kleine Hand in großer Hand

Mann auf der Knien einer Frau

Stephan Schmidheiny

Sanduhr

Frau sucht, unter dem Teppich kehrend, das Glück

Schnecke

Anmerkung:
– Zwischen den Händen und dem Mann auf dem Schoß einer Frau liegen ein Flaschenöffner und ein Lippenstift
– Die Symbole, die F. zunächst erklärt, sind durchgehend gedruckt.

Diagramm 17: Gesamtbild von F.

mit der Zuckerwatte ist ein Ausgleich zu Goethe, der vielleicht etwas zu wenig Vitalität und Unkonventionelles beinhaltet, damit beim Streben, eine Persönlichkeit zu werden, nicht die Lebensfreude auf der Strecke bleibt. Artur zeigt den Zwiespalt, in dem ich oft stecke: einerseits möchte ich wild und gefährlich leben, andererseits bin ich genau so verzagt wie der kleine Junge auf dem Bild. Der Adler steht für meine Fähigkeiten, im Beruf kompetent und führungsstark zu wirken. Die große und die kleine Hand zeigt meine Beziehung zu meiner Tochter[18] und meinen Wunsch, ein guter Vater zu sein.

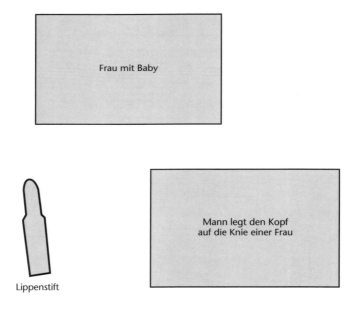

Diagramm 18: Meine Bilder von V.

18 Die Tochter ist das Kind aus einer früheren Beziehung von F.

Für V. habe ich das Photo der Mutter ausgesucht, die sich über ein Bett beugt und ihrem Baby liebevoll zulächelt; das schätze ich an V. sehr: ihre Mütterlichkeit und ihren liebevollen Umgang mit meiner Tochter. Meine Hilflosigkeit, wenn ich mich klein fühle, zeigt das Photo der Frau, auf deren Knien der Mann seinen Kopf abstützt. Leider kann ich sie oft eben nicht zeigen; die Karte symbolisiert auch, was ich an V. schätze: daß sie mir hilft, wenn es mir nicht so gut geht. Der Lippenstift zeigt auch etwas, was ich an V. liebe: daß sie ‹etwas aus sich gemacht hat›. Wenn sie Lippenstift benützt, heißt das (meistens), daß sie zu sich schaut und zufrieden ist. (Diagramm 18; siehe auch Bild 8, S. 144.) Der Flaschenöffner repräsentiert unsere gemeinsame Vorliebe für gutes Essen und Trinken und für V.s Kochkünste. Das Photo ‹Dinner for two› drückt etwas aus, was wir beide als schön empfinden: ein gutes Gespräch, spannend, mit Freude, Humor und Liebe; leider gelingt uns das selten, wenn wir zu Hause sind, aber fast immer, wenn wir abends irgendwohin gehen, um etwas zu trinken. Das Bild des miteinander ringenden Paares ist für mich positiv und erstrebenswert: eine lustvolle Streitkultur, bei der kleine Verstimmungen nicht gleich zur Katastrophe geraten. Die Sanduhr verkörpert meine Angst, daß unsere gemeinsame Zeit abläuft und wir vergessen, sie zu genießen. Das Bild der Frau, die ihr Glück beim Putzen unter dem Teppich sucht, ist für mich ein negatives Symbol: es steht für Biederkeit und ist ein Schreckgespenst; so soll unsere Beziehung nicht werden. In der Schnecke wird meine Angst deutlich, daß wir uns beide in unserem Loch verkriechen; wir haben beide diese unangenehme Tendenz. Das Bild von Sartre und Simone de Beauvoir zeigt zunächst ein gleichberechtigtes Nebeneinander, in dem beide ihren Beruf und eigene Ziele haben.» (Diagramm 19; siehe auch Bild 9, S. 145)

Auffallend in der Anordnung ist, daß «das miteinander ringende Paar» und «Dinner for two» nahe beieinander und zentral liegen. Sie sind beide positiv, aber auch spannungsvoll beschrieben: es geht um eine gute Form der Auseinandersetzung, die ihnen nicht angemessen gelingt. Das Thema führt sich als Warnung in der Sanduhr fort, die flankiert wird durch die beiderseitigen «Schreckgespenster», den Karrieremann und die Frau, die ihr Glück im Putzen sucht. Warum das Symbol für die Beziehung zwischen Vater und Tochter in dieser Linie liegt, bleibt unklar. Handelt es sich eventuell bei diesem Symbol gleichzeitig um einen Wunsch von F. nach einer haltenden großen Hand in der Beziehung? Das entspräche dann dem Symbolbild «Mann legt seinen Kopf schutzsuchend auf die Knie der Frau». (Diagramm 18; siehe auch Bild 8, S. 144.)

V: «Wie ich mich sehe: Der Bach zeigt meine Gewißheit, die ich unterdessen erworben habe, daß es immer irgendwie weitergehen wird im Leben, und er zeigt meine Lebendigkeit. Das Pferd ist sehr lebendig und lebenslustig, läßt sich nicht einsperren; es ist ein Symbol, das mir helfen kann, über Zäune zu springen und mich nicht selbst zu beschränken. Die lachende junge Frau ist leben-

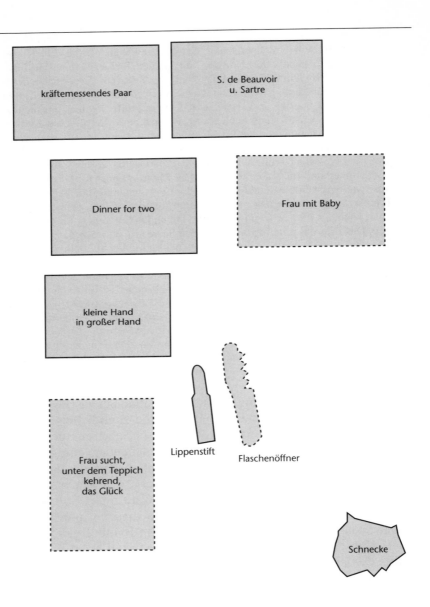

kräftemessendes Paar

S. de Beauvoir u. Sartre

Dinner for two

Frau mit Baby

kleine Hand in großer Hand

Lippenstift

Flaschenöffner

Frau sucht, unter dem Teppich kehrend, das Glück

Schnecke

Anmerkung:
Die durchgezeichneten Linien kennzeichnen die Symbole, die besprochen werden; die durchbrochenen Linien zeigen die Anordnung im übrigen Bild an.

Diagramm 19: Bilder für uns beide.

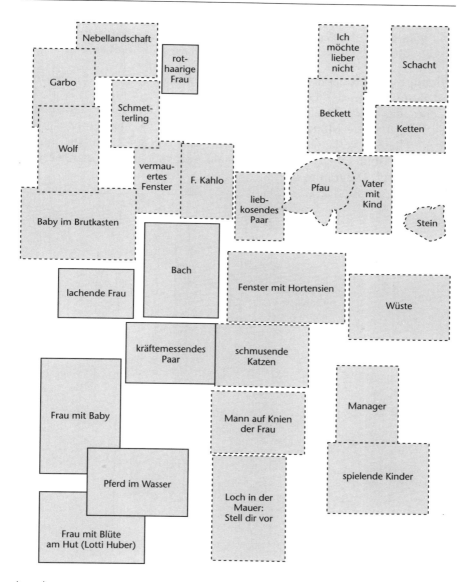

Anmerkung:
Die zunächst besprochenen Symbole sind durchgehend, die übrigen sind durchbrochen gedruckt.

Diagramm 20: Gesamtbild von V.

dig, vielleicht manchmal etwas ungestüm, genießt das Leben. Sie hat eine unerschütterliche Verbindung zum Pferd; das Bild gehört aber noch ziemlich auf die Wunschseite. Die Frau mit dem Kind zeigt meine Mütterlichkeit und das aktuelle Thema des Kinderwunsches, das zugleich ein aktuelles Paarthema ist.»

Wichtig ist, die Reihenfolge, mit der V. ihre Bilder bespricht. Sie beginnt mit dem Thema der Lebendigkeit, repräsentiert durch das Bild des Baches, das sehr zentral liegt und relativ groß ist, dem Pferd, der lachenden Frau und der Mütterlichkeit (s. Diagramm 20). Danach erst greift sie die Themen Verlassenheit, Sehnsüchte und Wut auf. Der erste Zugriff auf die Ressourcen kann als Hinweis auf vorhandene Stärke angesehen werden. (vgl. Diagramm 21)

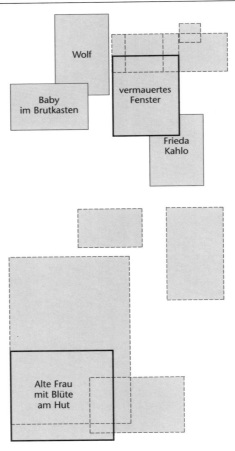

Diagramm 21: Teilbild von V.

V: «Meine ganzen Verlassenheitsgefühle, meine Wünsche nach Verschmelzung, Aufgehobensein, Umsorgtwerden, kurz alles, was ich mir als erwachsene Frau kaum mehr zugestehe und was mir in seiner Heftigkeit auch Angst macht, wird in dem Baby im Brutkasten ausgedrückt. Der Wolf ist meine kaum gelebte aggressive Seite. Die Aggressionen kommen eben kaum hoch, auch nicht in frustrierenden Situationen. Stattdessen wird entweder das Frühgeborene oder das zugemauerte Fenster aktiv. Somit ist das Raubtier fast eher ein Wunschbild, wenn auch ein sehr angstmachendes. Das zugemauerte Fenster ist eigentlich das Bild für die am häufigsten auftretende und sehr belastende Krisensituation in der Partnerschaft. Irgend etwas passiert, was mich frustriert, irgendein gar nicht richtig bewußtes Bedürfnis wird nicht erfüllt, und fast, bevor ich reagieren kann, bin ich in die Wortlosigkeit abgerutscht. Alles, vor allem ich selbst, scheint mir dann unendlich schlimm und kein Ausweg ersichtlich. Um den Bach und das Pferd weiß ich in dieser Situation nur noch sehr theoretisch. Die alte Frau mit dem bunten Hut ist ein Wunsch, sich nicht mehr um Konventionen zu kümmern. Das Selbstporträt von Frieda Kahlo, ein vergleichsweise schmeichelhaftes Portrait, habe ich ausgewählt, weil es mir auch schon besser gelingt, mich selbst in besserem Licht zu sehen. (Diagramm 21).

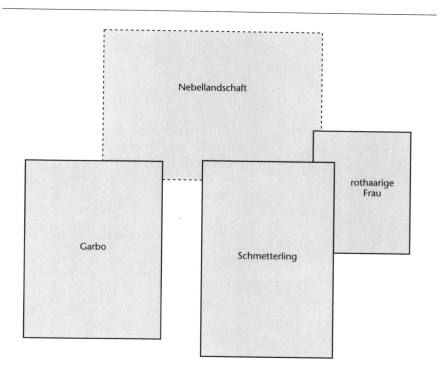

Diagramm 22: Wie ich glaube, daß F. mich sieht.

Der Schmetterling zeigt, daß ich glaube, daß F. mich schön, aber auch empfindlich sieht. In dem Photo mit der rothaarigen Frau erlebt er mich mit selbstbewußten Seiten und der Fähigkeit, mit den Füßen auf dem Boden zu stehen, manchmal auch kantig. Die schwarzweiße Frau (Garbo) ist schmollend und anspruchsvoll, ihre Wünsche sollte man ihr am besten von den Augen ablesen. Am liebsten, glaube ich, ist F. die Rothaarige. (Diagramm 22; siehe auch Bild 11, S. 149).

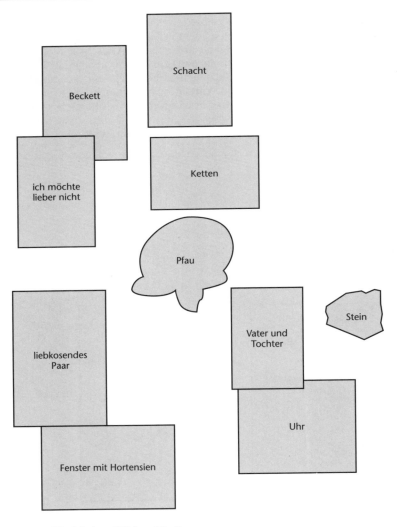

Diagramm 23: Meine Bilder für F.

Der Schacht mit den Händen zum Licht steht für Momente von Trauer und Verzweiflung, die ich bei F. erlebe, ohne daß ich sie richtig verstehe oder daß er sie mir erklären kann bzw. will. Dieses Bild gehört weniger in unsere Auseinandersetzungen hinein, gehört eher zu dem, was F. für sich selbst ansehen sollte. Die Ketten kennzeichnen mein Gefühl, daß bei F. noch viele kräftige und unklare Bindungen sind, die behindern und auch mit dem Schacht zusammenhängen. Hierhin gehört vielleicht auch, daß sich F. in allen möglichen und unmöglichen Situationen entschuldigt, ohne daß er selbst recht sagen kann, wofür er sich eigentlich entschuldigt. Ich glaube, das kommt von den Beziehungen innerhalb seiner Familie her, also von alten und sehr festen und zum Teil eher unheilvollen Bindungen. In dem Porträt von Beckett sehe ich seine eigenbrötlerische Seite, das, was er selbst seine misanthrope Seite nennt. Er selbst stellt es häufig so dar, daß er mit anderen gar nicht soviel zu tun haben möchte. Ich glaube eher, daß das die Rationalisierung seiner Schwierigkeit ist, auf Menschen zuzugehen, und davon, daß er sich häufig nicht gut und interessant genug findet, daß andere sich für ihn interessieren könnten. Der Stein steht für den Beruf des Geologen, dann aber auch für die Kanten der Person. Sie sind doch nicht so scharf, daß man den Stein nicht in die Hand nehmen könnte (Diagramm 23; siehe auch Bild 12. S. 152).

Das Bild der Sandwüste zeigt einerseits eine schöne Landschaft, aber auch Einsamkeit. Das unangenehme Gefühle von Einsamkeit und Alleinsein kennen wir beide, es verbindet uns auch. Bei F. ist es aber auch als Bedürfnis ausgeprägt, er muß zwischendurch allein sein können. Der Spruch auf der Arturkarte «Ich möchte lieber nicht» zeigt sein Zögern im allgemeinen. F. ist kein Draufgänger. Das steht schon auch für die Zurückweisung meiner Bedürfnisse und Wünsche an ihn. Die beiden Buben im Sandkasten zeigen, was ich F. wünsche: einfach noch anpacken und in die Tat umsetzen, woran er schon so lange immer nur denkt. Ich würde uns beiden nicht unbedingt die Fähigkeit zusprechen, einfach anzupacken; dieses Bild steht also eindeutig auf der Wunschseite. Die Dali-Uhr zeigt eine Seite an F., die mir etwas fremd geblieben ist, das Abstrakte, die Faszination von Zahlen, die abstrakten Denkspiele – konkret ist F. auch von den Dali-Bildern sehr fasziniert. In dem Bild, in dem ein Vater sein Kind auffängt, drückt sich sein Zugewandtsein und seine Sorge für seine Tochter aus, mit der er gern spielt. Den Pfau habe ich gewählt für seine Eitelkeit, die ich mag, wenn er dazu stehen kann, die mir aber auf die Nerven geht, wenn er sich damit versteckt. Das Photo von dem Geschäftsmann macht auf mich einen engagierten und lebendigen Eindruck, nicht stur, nicht festgefahren. Ich wünsche F., daß er sich im Beruf – und vielleicht auch in der Schauspielerei, denn das Bild erinnert mich an eine Rolle von ihm bei einer Loriot-Aufführung, als er die Literaturkritik gespielt hat – lebendig verwirklichen kann, gerade im Hinblick auf seine neue Stelle. (Diagramme 20 und 24; siehe auch Bild 13, S. 153.)

Das ‹Armdrücken› ist für mich ein positives Bild. Es steht für die immer noch zu seltenen Momente, wo wir lustvoll und ohne so große Empfindlichkeiten uns aneinander messen, streiten, diskutieren. Oder dafür, daß wir rechtzeitig merken, daß wir wieder in eine ernstgenommene Kraftprobe reinrutschen, so daß wir uns rechtzeitig zuzwinkern können. Das liebkosende Paar zeigt, daß wir einander gefallen und daß die Sexualität auch für beide gut ist, ein wichtiger,

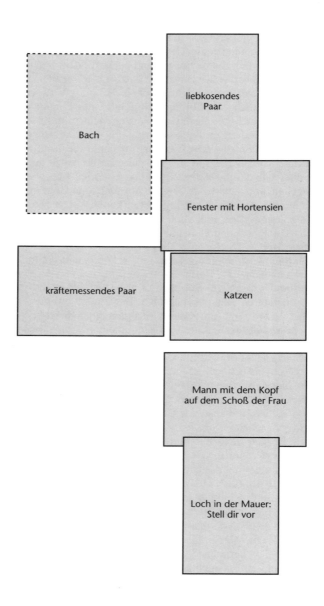

Diagramm 24: Meine Bilder für unsere Beziehung.

verbindender Faktor. Das Katzenpaar und der Mann auf dem Frauenschoß zeigen das gegenseitige Anlehnen. Die Katzen lehnen sich wechselnd aneinander an. Der Mann auf dem Frauenschoß gehört noch etwas mehr auf die Seite von dem, was ich uns noch mehr wünsche, da ich das Gefühl habe, F. hat noch immer große Hemmungen, selbst auch mal schwach und anlehnungsbedürftig zu sein. Das ist ‹weibisch›. Das ‹Stell Dir vor› ist auch auf der Wunschseite: wir haben beide wenig Übung darin, einfach einmal die Gedanken und Wünsche frei laufen zu lassen. Es wird immer gleich beurteilt und geurteilt, ob etwas überhaupt realistisch, gut, anständig, für andere akzeptabel usw. ist. Unseren Wünschen und Vorstellungen mehr Raum zu geben würde uns beide vielleicht lebendiger und zufriedener werden lassen. Das Haus mit den Hortensien zeigt unsere gemeinsame Freude an einem guten Zuhause.»

Vergleicht man die beiden Bilder, so sieht man, daß beide die gleichen Partnerschaftsbilder gewählt haben. V. hat sie ebenso wie F. interpretiert: sie zeigen ihre gegenseitige Nähe und Verbundenheit und die sie sehr ängstigenden Auseinandersetzungen. Bei V. liegt als Bild für die Partnerschaft noch das Photo der beiden Katzen, von denen sie sagt, daß die Positionen wechseln können, mal lehnt sie sich an, mal tut er es. Das sich umarmende Paar zeigt ebenfalls ihre Zuneigung; das Haus mit den Hortensien die ihnen beide gemeinsame Freude an einem schönen Zuhause.

Nachdem beide sich ihre Symbole gegenseitig erklärt haben, nimmt F. spontan das Photo des kräftemessenden Paares auf und sagt, ihr Hauptproblem sei, daß manchmal abrupt ein Streit und ein tiefes Mißverstehen aufkomme, das in ein manchmal tagelang andauerndes «lautes Schweigen» ausarten könne. Dann sei es nicht möglich, aufeinander zuzugehen. Auf die Frage, ob sie beide eine Ahnung hätten, wann und wodurch dieser Einbruch ausgelöst würde, nimmt V. einige Symbole auf und ordnet sie um das kräftemessende Paar herum an: auf der Seite von F. liegen die Photos von dem Schacht und den Ketten als Zeichen seiner Ausweglosigkeit, auf ihrer Seite das Bild des Babys im Brutkasten für ihr unendliches Maß an Bedürftigkeit nach Zuwendung, das Bild des Raubtiers für ihre mehr vermutete als gespürte mörderische Wut, wenn die ersehnte Zuwendung nicht erfolgt. Das Photo des zugemauerten Fensters kann damit zusammenhängen, daß sie die Wut und Enttäuschung nicht richtig spürt, geschweige denn zeigen kann. Dadurch wird deutlich, daß die Auslöser des Konflikts in den tiefgreifenden prägenden Erfahrungen aus der Lebensgeschichte zu suchen sind.

Auf die Frage, ob sie in ihrem eigenen Bild Symbole finden können, die ihnen in solchen Augenblicken helfen könnten, wieder miteinander zu reden, ändert sich das Bild folgendermaßen: (Diagramm 25; siehe auch Bild 14, S. 156).

Diagramm 25: Erstes gemeinsames Bild.

V. nimmt für sich das Bild der «alten Frau mit der Blüte am Hut» und das Photo des wilden Pferdes für ihre Lebendigkeit, die sie immer häufiger spüren kann. Er nimmt die «Zuckerwatte schleckende alte Frau» und das Photo des Skifahrers für seine lebendigen Seiten. Dazu wählen sie sich die Bilder, die sie beide ausgesucht hatten: Dinner for two und das Photo des Mannes, der seinen Kopf auf die Knie der Frau legt – Symbole erlebter Gemeinsamkeiten. Beide setzen offensichtlich auf Humor, Vitalität und Geborgenheit in der Beziehung.

186

Von der Seminarkonzeption her liegt zwischen der ersten und zweiten Arbeitsphase ein freier Nachmittag und ein Abend, außerdem die Zeit, in der die anderen Seminarteilnehmer an ihren Bildern arbeiten. Dadurch werden bei allen im Raum neue Assoziationen ausgelöst. In der zweiten Arbeitsphase äußern sich F. und V. zunächst erfreut darüber, daß sie zwei gleiche Bilder gewählt und sie auch gleich interpretiert haben. Das zeigt ihnen die übereinstimmende Wahrnehmung bestimmter Seiten ihrer Beziehung. Aber es ist ein erneuter Streit entstanden, da F. die Symbole, die ihm nicht «passen», aus dem Bild weg haben will: Brutkasten, vermauertes Fenster, Ketten und Schacht. V. hat den Eindruck, daß sie sich für die von F. unerwünschten Bilder wehren muß; gerade bei diesen hatte sie sich beim Auswählen besonders viel Mühe gegeben. V. hat den Eindruck, daß er sich den Tiefen, die die Symbole ausdrücken, weder bei sich selbst noch bei ihr stellen will und daß das weiterhin ihre Beziehung belasten wird. Das Mütterlichkeitsbild (Statue) löst noch einmal Emotionen aus. F. sagt klar, daß ihm das zuviel sei, das könne er ihr nicht geben, was V. sehr traurig macht, da es sie an einen immer wiederkehrenden Ausspruch von ihm erinnert, daß er ihr sowieso nicht gerecht werden könne. F. legt dann statt des Mutterbildes von V. sein Bild von der «Mutter mit Kind auf dem Bett» ins Bild. So fühlt er sich weniger überfordert; für V. ist das Bild nicht weniger innig und sie kann es akzeptieren. Für V. ist diese Passage wichtig. (Diagramm 26; siehe auch Bild 15, S. 157).

Sie wenden sich noch einmal ihrem Mittelbild zu. Sie ergänzen es auf der Ebene des Streitbildes und der daraus entstehenden Isolierung (Sartre und Simone de Beauvoir) durch den Schacht und die Ketten auf F.s und den Brutkasten auf V.s Seite. In einem zweiten Schritt legen sie zur Stütze ihrer Verletzlichkeiten bei V. das Bild der Mütterlichkeit (Mutter mit Baby auf dem Bett) auf seiner Seite das Bild der Geborgenheit (Kopf im Schoß der Frau). Er nimmt sich seine Pfeife dazu, mit dem Vorsatz, sich mit den alten Ängsten auseinanderzusetzen, daß er sich selbst nichts Eigenes gönnen darf, sie malt ein Fragezeichen auf ein Blatt, weil ihr deutlich wird, daß sie so etwas klar Definiertes wie seine Pfeifenzeit für sich nicht hat. Sie hält es aber für nötig, sich darum zu kümmern. In der oberen Reihe bleibt die Problemseite liegen: seine Mauern (neu), Beckett und die Frage «Was soll ich tun?» auf ihrer Seite die vermauerte Fensteröffnung und das Raubtier. Über dem ganzen Bild liegt das Schild «Durchfahrt verboten», das V. ausgewählt hat, als zukünftiges Stoppzeichen: Es soll als Warnzeichen dienen, an das sie sich gegenseitig erinnern können, wenn sie wieder in gegenseitige Verletzungen zu eskalieren drohen.

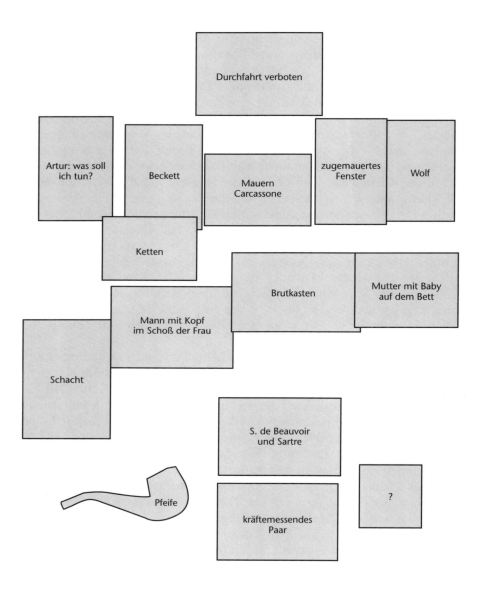

Diagramm 26: Zweites gemeinsames Bild.

In der letzten Phase, der Reduktion, soll ein Thema gefunden werden, das sie in einem begrenzten Zeitraum angehen wollen. Sie bestimmen die Zeit von vier Monaten. In der Diskussion moniert F. als erstes, daß das Verkehrsschild einen negativen Ansatz hat; er möchte nach einer konstruktiveren Möglichkeit suchen. Sie entschließen sich dann, das Schild durch das Bild von dem Mauerdurchbruch zu ersetzen. Daß auf der Mauer ein Graffito steht, «Stell dir vor», finden beide positiver als das Verbotsschild. (Diagramm 27; siehe auch Bild 16, S. 160).

In der Mittellinie, um die sich beide gemeinsam kümmern wollen, liegen jetzt als Problembereich Beckett und das vermauerte Fenster, gestützt durch die beiden Zuwendungsbilder und die Basis der Vitalität. Der neue Ausblick liegt in dem Mauerdurchbruch. V. hat sich als Stütze ihre Freude am Leben und ihre wärmende Mütterlichkeit genommen, dazu will sie sich vermehrt um eigene Bereiche kümmern. F. nimmt sich als Stütze seine Harmonie und den neuen Lebensbereich als Redakteur; darüber hinaus will er sich in einem ersten Schritt damit auseinandersetzen, warum er sich keinen Freiraum nehmen darf.

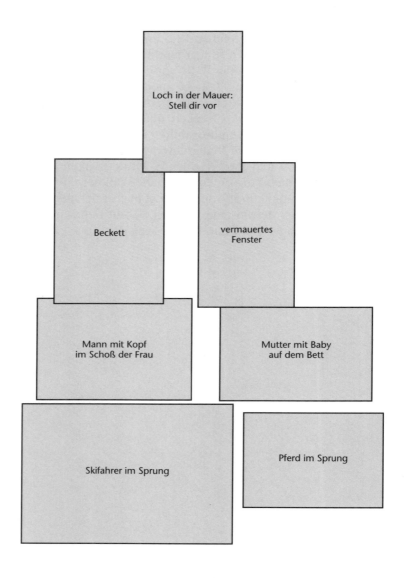

Diagramm 27: Gemeinsames Schlußbild.

8.6.2 Selbst- und Partnerbild: Der Löwe und das traurige Kind

Eine Kollegin und ihr Mann (wir nennen sie Herrn und Frau G.) haben an dem Seminar teilgenommen, in dem die Arbeit mit Symbolen bei Paaren vorgestellt wurde. Das didaktische Mittel ist die Selbsterfahrung. Sie arbeitet als Therapeutin, er kommt aus einem anderen beruflichen Umfeld und besucht zum ersten Mal ein psychotherapeutisches Seminar. Diese Situation ist für eine Paartherapie nicht untypisch. Häufig werden uns von Kollegen Paare überwiesen, von denen einer der beiden schon eine längere Einzeltherapie hinter sich hat, also, ähnlich wie die Kollegin hier, sehr viel Erfahrung mitbringt, während der Partner noch nicht mit solchen Fragen in Berührung gekommen ist; es ist für ihn ein völlig fremdes Gebiet.

Das Thema

Im Seminar kann sich jedes einzelne Paar eine Thematik auswählen, die es jetzt interessiert. Herr und Frau G. haben das Selbst- und Partnerbild gewählt, da in der Familie eine neue Situation entsteht: Die Kinder gehen zur Berufsausbildung aus dem Haus, und die Eltern sind demnächst mit der Situation konfrontiert, nach so vielen Jahren wieder «nur» ein Ehepaar zu sein.

Die Interaktion zwischen beiden Partnern zur Klärung, wer zu erzählen beginnt, ist wohlwollend und birgt keinen Hinweis auf Machtspiele, die häufig in der Anfangssituation ausgetragen werden.

Das Bild von Herrn G

Herr G. beginnt; er weist zu Anfang darauf hin, daß er fast nur Symbole aus Architektur und Kunst gewählt habe; das würde sicher auch zu ihm passen. Er beginnt damit, wie er sich sieht, und fragt seine Frau, ob sie ihn wohl auch so sehe.

Herr G: «Ich hafte sehr an Formen (weist auf die Photos von romanischen Kirchen hin), bin aber gleichzeitig begeistert für alles Schöne in Kunst und Natur und wo immer es sonst zu finden ist. Wie ich nicht sein möchte, weder jetzt noch in älteren Jahren, zeigt hier das Photo von Giacometti oder das Bild des Jakob Muffel von Dürer, der auch so heißt: zurückgezogen, fast verzweifelt. Wie ich mich heute sehe, zeigt sich in dem Bild des Hauses mit der abgebröckelten Fassade und der Inschrift ‹enfant terrible›. Ich weiß, daß ich manchmal einem Dialog ausweiche, mich mit den Kindern gegen Dich verbünde und dann das Gegenteil von dem Seriösen in meinem Alter bin. So, das ist alles in dieser Reihe.» (vgl. Diagramm 28)

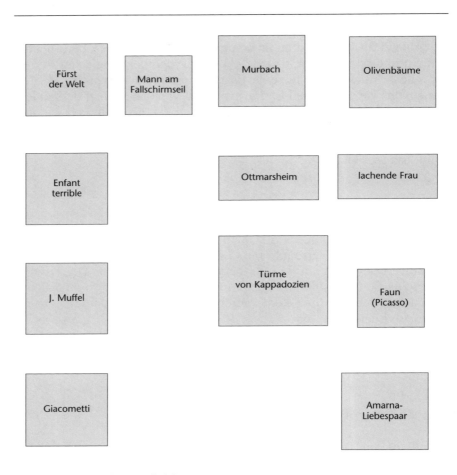

Diagramm 28: Gesamtbild von Herrn G.

Die Sprache von Herrn G. ist zügig und klar – sie wirkt zupackend, aber nicht übergriffig. Die romanischen Kirchen werden nicht als Selbstrepräsentanz gesehen, sondern als Zeichen seiner Kunst- und Naturliebe. Sind sie dennoch ein Bild für seine klare Strukturiertheit? Deutliche

Selbstbilder hat er für die Negativseiten ausgewählt. Mir (M.E.W.) fällt auf, daß er das Photo einer Skulptur vom Freiburger Münster, den «Fürst dieser Welt», «vergessen» hat, und ich mache ihn darauf aufmerksam. Er antwortet, daß das Bild gar nicht zu ihm passe, er könne auch nichts damit anfangen; er habe sich von der Schönheit der Figur verleiten lassen. Die Formulierung «verleiten» im Zusammenhang mit dem «Fürst der Welt» – dem Teufel – macht mich stutzig. Ich vermute, daß es sich um eine latente Seite von ihm handeln könnte. Deshalb frage ich noch einmal nach, ob er sich nicht kurz einmal damit auseinandersetzen möge, er habe es ja gewählt.

Herr G: «Nein, das hat nichts mit mir zu tun, ich habe die Karte nur gewählt, weil mir die Epoche so gut gefällt. Den Titel der Figur habe ich erst später gesehen.»

Meine Überlegung: Die eigene Deutung eines Symbols hat Vorrang. Das Hinterfragen hat nichts Neues zutage gefördert. Wenn es sich um Abwehr handelt, ist sie nicht zu greifen. Sollte es sich im Laufe der weiteren Bearbeitung allerdings zeigen, daß der Fürst der Welt doch eine Bedeutung in der Paarsituation hat, müßte ich das Thema noch einmal aufgreifen.

Herr G: «In dem Mann, der da freischwebend an dem Seil hängt (Fallschirmseil) sehe ich meine Wünsche, wie ich sein möchte: freischwebend, abseits und weit weg von den strengen Formen, die mein Beruf mit sich bringt und die die meiste Zeit der Woche über herrschen.
Wie ich dich sehe, auch in schweren Situationen und wenigstens nach außen hin, ein Lachen und ein freudiges Begrüßen, was bei mir erst wächst. (Photo einer lachenden Frau). Der verwundete Faun und die Meerjungfrau (Picasso) symbolisieren, wie du dich der Familie auch medizinisch annimmst, was sehr wohl tut, das ist fast ideal. Daß du dich nicht nur meiner, sondern auch der Kinder annimmst. Und das ist aus der Amarnazeit: ein spärlich, aber ausreichend bekleidetes Paar, das sich im Garten ergeht, mit Früchten und auch vielleicht mit Räucherstäbchen spielt und hantiert, und wo sie, so scheint es mir, ihm das Schöne nahe bringt.» (Diagramm 29).

Welche Rolle spielt die Erotik in der Beziehung? Was heißt spärlich, aber ausreichend? Ist Frau G. diejenige, die die Erotik einbringt?

Herr G: «Mir ist sofort die noch heute stehende Fassade von Murbach aufgefallen. Und das Bild von einem der schönsten Rundbauten, den ich kenne, dem Oktogon in Ottmarsheim, und die Türme von Kappadozien, das wir gemeinsam erlebt haben. Und dann gehören dazu wohl auch die Olivenbäume. Dann ist mir aufgefallen, daß Murbach einst ein Longitudinalbau war, eine dreischiffige Basilika, wo heute nur noch das Westwerk steht.

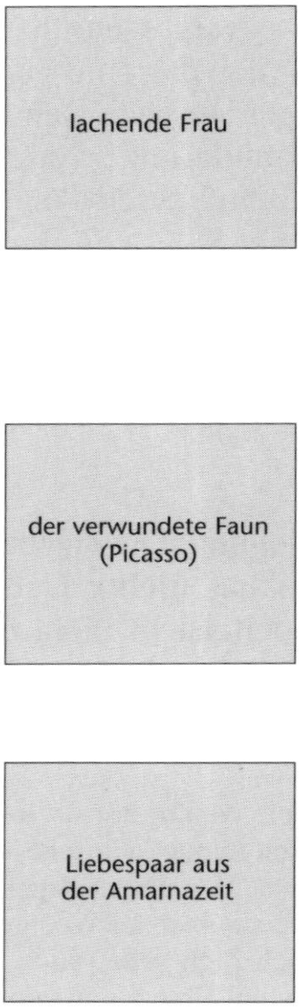

lachende Frau

der verwundete Faun (Picasso)

Liebespaar aus der Amarnazeit

Diagramm 29: Das Bild von Herrn G. für seine Frau.

Und wenn wir zu zweit sind, dann deckt sich das damit; es ist auch sehr Ansehnliches zurückgeblieben, die Funktion ist eine ganz andere, wir sind mehr auf uns selbst beschränkt, und dieser wehrhafte Zug nach außen paßt eigentlich auch zu uns. Der Reichtum an Formen ist auch nicht zu übersehen, und dagegen dann, darunterliegend, das Oktogon mit Anbauten von Ottmarsheim. Das ist, selbst wenn man von einfachen Formen ausgeht, ein Rundbau, ein Viereck. Das ist auch mit wenig Personen zu bilden, mit zweien zum Beispiel. Wie es nicht sein sollte, so einsam stehende, sich selbst genügende Türme, wie die verwitterten Felsen von Kapadozien. Und wie es bei uns ist und hoffentlich noch stärker wird, wie bei diesen alten Olivenbäumen, die nicht nur über der Erde, sondern auch unter der Erde eng miteinander verflochten sind.» (Diagramm 30).

194

Romanische Kirchen:

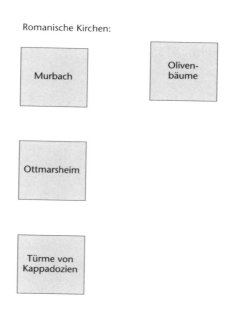

Diagramm 30: Das Bild von Herrn G. für ihre Beziehung.

Der schnelle Übergang von der Erotik zu den Kunstbauten und den gemeinsamen Reiseerlebnissen ist überraschend. Hat das etwas mit der Gruppensituation zu tun, die eine Intimitätsgrenze für Herrn G. erfordert, oder weist es auf die Abwehr eigener Bedürfnisse hin?
Mein Eindruck nach Beendigung des Bildes: Herr G. hat bei sich selbst auch die negativen Aspekte eingebracht und geht damit selbstkritisch um. Für seine Frau hat er nur positive Bilder gewählt. Ich habe offensichtlich übersehen, daß er eine einzelne Karte, die er zuvor gewählt hat, wieder weggelegt hatte. Wie sich im Bild von Frau G. herausstellt, handelt es sich um die Darstellung von Judit, die, bewaffnet mit einem Schwert, aus dem Zelt von Holofernes zurückkommt.[19]

19 Judit begibt sich in Lebensgefahr, um das eigene Volk zu retten. Sie geht in das Zelt des feindlichen Heerführers, um ihn zu töten. Holofernes, in der Vorfreude, mit ihr die Nacht zu verbringen, betrinkt sich, so daß sie ihn, wie geplant, umbringen kann und damit ihr Volk vor dem Untergang rettet. (Aus: Buch Judit, Apokryphen, Altes Testament; siehe auch Krauss 1987).

Nachdem er geendet hat, sagt seine Frau spontan, daß sie auf die Giacomettiseite bei ihm nicht verzichten möchte. Es sei eben auch seine besinnliche Seite, nachzudenken, sich um die Zukunft für die Familie zu sorgen. (vgl. Diagramm 31)

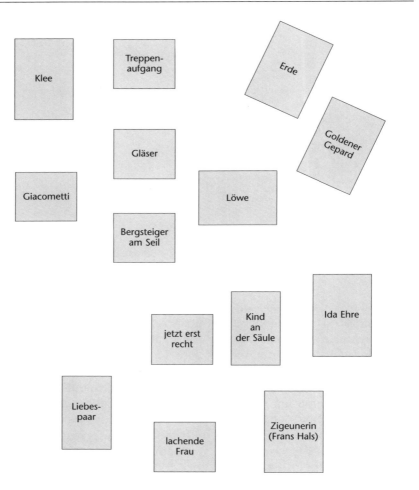

Diagramm 31: Das Bild von Frau G.

Frau G: «Für dich habe ich den Paul Klee, das Warme, Spannungsgeladene gewählt, dabei geht es mir um die Farben. Ich hatte noch nach einem Haus gesucht, nach etwas Beständigem, Geborgenheitgebendem, und habe mich dann entschlossen, diese Treppe und die Tür zu wählen, die zu einem Haus führt. Es ist eine sehr einladende Treppe, formschön – die Tür ist nicht ganz geöffnet. Es geht auch nicht so ohne weiteres, man muß sich schon bemühen reinzukommen. Aber dann ist es ein Haus, das Geborgenheit gibt. Die Gläser (aus dem Grünen Gewölbe in Dresden) stehen für dich als Ästhet. So erlebe ich dich, daß du so etwas Wertvolles bist, mit dem man vorsichtig umgehen muß. Der Bergsteiger am Seil steht für das Sportliche bei dir und für die Risikobereitschaft, was mir fast schon wieder Sorgen bereitet, auch für dein Bedürfnis, etwas alleine zu machen, sich was zu beweisen.

Herr G: «Aber das ist nicht mein Sport.»

Frau G: «Nein, aber es paßt zu deiner Risikobereitschaft.»

Auffallend ist die nachdenkliche, leise Sprache von Frau G. – ein deutlicher Kontrast zu dem Zupackenden ihres Mannes. Sind sie sonst auch so gegensätzlich?

Frau G: «Zu Giacometti habe ich schon gesagt, was ich meine. Aber andererseits, wenn ich dich so wie den Giacometti erlebe, ruft mich das unheimlich auf den Plan, so daß ich dann selbst überhaupt keine Skepsis oder Zukunftsangst habe. Ich fühle mich total aufgefordert, dir mal wieder den Boden unter die Füße zu geben oder dir Optimismus zu vermitteln. Das Bild hier zeigt, wie ich dich zum Teil in unserer Beziehung sehe: Der Löwe am Portal der Kathedrale in Venedig. Ich habe lange gekämpft, ob ich es für dich nehmen soll. Es hat mich angezogen und abgestoßen. Zum einen ist es ein sehr wertvoller Löwe mit Flügeln, an einem Uhrturm. Er steht für deine berufliche Genauigkeit, Stärke und Bereitschaft, was ich bewundere, daß du niemals sagst, es wird dir zu viel. Ich habe schon gedacht, noch mehr Sterne als zwölf in der EG, hoffentlich hat er nicht noch mehr Arbeit. Ein Uhrturm hat aber auch etwas Mahnendes, daß die Zeit vergeht. Und der Löwe macht das gleiche wie du, wenn ich zu dir sage, ‹guck nicht so unter dich›. Das ist was, was ich nicht ertragen kann. Du bist für mich nicht erreichbar. Auch oft im Beruf, das ist dann für mich Realität. Du bist eben beansprucht. Aber ich hätte den Löwen manchmal gern runter von dem Sockel, und gleichzeitig ist es etwas, das ich mag und nicht mag.»

Der Löwe scheint ein wichtiges Symbol für die Beziehung zu sein, bei dem Ablehnung und Bewunderung abwechseln.

Frau G: «Für mich habe ich dieses Bild der Stoffcollage [20] gewählt. Als ich gesehen habe, daß es das Element Erde darstellt, habe ich etwas mir Vertrautes gefunden, etwas Erdverbundenes, Tragendes. Es ist aber auch nicht ganz

---

20 Bei der Stoffcollage handelt es sich um eine Arbeit einer Gruppe um die Künstlerin Hildegard König.

klar, etwas chaotisch, vielseitig, weil man nicht genau weiß, was was ist. Dann habe ich gedacht, ich wähle die Symbole, die zeigen, wie ich mich jetzt sehe, in unserer Beziehung und mit den Kindern aus dem Haus. Dann habe ich festgestellt, daß das Mütterlichsein, Dasein, Gebrauchtwerden einfach zu meiner Identität gehört, ob die Kinder da sind oder nicht. Und es ist nicht grad so, daß ich der Mittelpunkt bin, aber ich habe doch oft das Gefühl, daß, wenn ich in meiner Stimmung schwanke oder schwach bin, sich das auf alles auswirkt. Und das macht mich dann manchmal froh, fällt mir aber auch sehr schwer und ist für mich sehr problematisch. Immer wenn ich nicht stark bin, passiert etwas. Das bezieht sich mehr auf die ganze Familie. Und dann habe ich den Wunsch, auch schwach sein zu dürfen.»

Die mütterliche Seite ist ambivalent besetzt. Einerseits scheint sie persönliche Aufwertung aus dem Gebrauchtwerden und aus ihrer Position im Mittelpunkt zu erhalten, andererseits macht ihr die Auswirkung ihrer Position auf die anderen Mühe: daß alles schwankt, wenn sie schwankt. Außerdem kommt der Wunsch auf, selbst schwach sein zu dürfen, also statt der Gebenden Nehmende sein zu können.

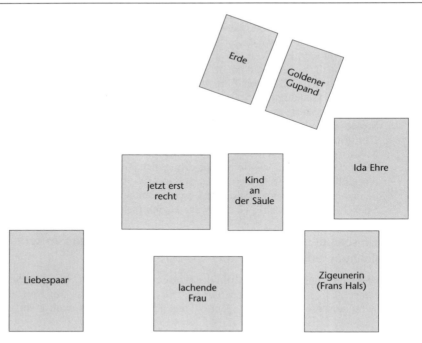

Diagramm 32: Das Bild von Frau G. für sich selbst

Frau G: «Und hier das Bild (goldene Statue eines Geparden mit einer Träne aus Onyx) drückt meine Grundstimmung aus. Es ist ein Stück Defätismus, ein Stück Annehmen von etwas Unabänderlichem, Leid, Tod, Vergänglichkeit, hier in einer stilisierten Form, aber dadurch nicht weniger bedrohlich. Es löst aber auch so etwas wie einen Sog auf mich aus. Ich finde, daß es da ist, aber nicht etwas ist, was ich mag. Und wenn das dann z.B. auf dies hier (Giacometti, auf der Seite des Mannes) trifft, dann ist es katastrophal.

Hier ist ein Bild, das für meine Mutter steht, das ich in einem anderen Symbolseminar schon einmal für sie genommen habe, obwohl sie so nicht aussah und ich bis heute nicht weiß, wieso ich es nehme, aber es trifft zu (Ida Ehre)[21]. Und ich denke, das ist etwas, was ich übernommen habe für mich, das ist wie ein Über-Ich, eine Instanz, die sehr viel fordert, der ich nicht genüge, die mir angst macht. Und daß ich dann sehr allein bin, wie das Kind hier an der Säule, wobei bei mir dann leicht diese Traurigkeit und Einsamkeitsgefühle umschlagen in eine Form: ‹Ich habe schon soviel allein durchgestanden, ich kann allein sein, ich brauche niemanden› – da gehört auch das ‹Jetzt erst recht› (Grafitto) hin, wodurch ich mir mit so einem gewissen Trotz auch vieles kaputtgemacht habe. Aber auch viel erreicht habe. Das ist eben sehr zwiespältig.»

Die Strenge der Mutter ist zum strengen Introjekt geworden, dem sie nicht genügen kann. Das Einsamkeitserlebnis führt zu der Haltung, sich am besten nur auf sich selbst zu verlassen. Abhängigkeit von anderen – andere zu brauchen – scheint die mühsam errungene «Autonomie» des Kindes zu gefährden. Andererseits ist ihr bewußt, daß die Autonomie ihr nicht nur Vorteile bringt, sondern ihr in Beziehungen Schwierigkeiten macht.

Frau G: «Und hier das Bild der Zigeunerin (Frans Hals). Ich habe das bewußt dazwischengelegt, das ist ein Teil, etwas, das ich habe – sicher gern mehr hätte –, etwas Lockeres, Nicht-Konventionelles und vielleicht auch etwas Verführerisches und Ablenkendes, womit man das ganze Schwere ignorieren kann.» (Diagramm 32).

Zum ersten Mal werden Stärken eingebracht, die zwar noch ausgebaut werden sollen, aber nicht ambivalent besetzt sind.

Frau G: «Da gehört dann noch dieses Bild dazu als Wunschbild (Photo einer lachenden Frau). Das Photo von dem Paar (ein sich umarmendes Paar, der Mann hält die Frau) zeigt den Wunsch nach noch mehr Nähe. Das ist etwas, von

21 Szenenphoto von Werner Eichhorn aus einer Aufführung der «Physiker» von Dürrenmatt in Bochum.

dem ich gedacht habe, das klappt bei mir nie, daß ich mich halten lasse. Und was ich am liebsten ändern würde, zeigt das Photo von dem Paar und das Bild des Löwen auf dem Podest.»
Langes Schweigen

Der Autonomie-Anlehungskonflikt taucht erneut auf – jetzt deutlich mit einem Wunsch nach Veränderung. Bedeutet das lange Schweigen, daß sie Mühe hat, einen Weg zur Veränderung zu sehen?

Th: «Wie könnten Sie das ändern?»

Sie legt spontan das Bild der Zigeunerin zwischen die beiden Bilder, die sie ändern will. Die Zigeunerin liegt jetzt so, daß sie dem Löwen direkt ins Gesicht sehen kann. (vgl. Diagramm 33).

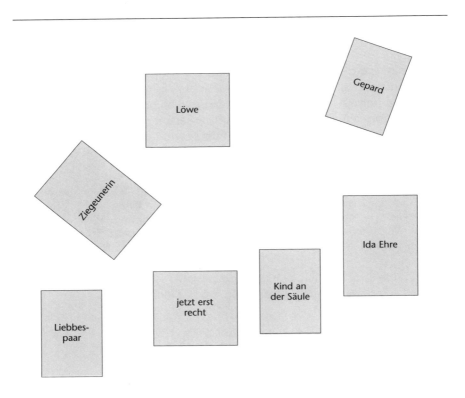

Diagramm 33: Erste Veränderung.

Diese Anordnung eröffnet eine neue Perspektive. Die Zigeunerin (als Selbstanteil) sieht offensichtlich eine Lösung im Blickkontakt.

Th: «Jetzt gehen Sie in das Blickfeld des Löwen, was passiert dadurch?»

Frau G: «Dann muß er zumindest anders gucken.» (Lacht.)

Herr G: «Der Löwe ist interessiert, der kommt runtergeflogen – dem Mädchen ist ja ganz egal, wie weit die Bluse offensteht.»

Wie ist der Einwurf von Herr G. einzuschätzen? Ist er erleichtert, weil das Problem ihre Beziehung belastet? Hat die Autonomie der Frau erotische Verführung verhindert? Ist es Frau G. egal, ob die Bluse offensteht? Hat die Bluse mit der spärlichen, aber ausreichenden Bekleidung des Amarnapaares im Bild von Herrn G. zu tun? Was tut er selbst für die Erotik – hier reagiert der Löwe. Die Umordnung des Bildes bewirkt einesteils die Zuwendung der Zigeunerin zu dem Löwen, verursacht aber auch, daß Frau G. in dem bisher gefährlichen Arrangement mit dem Muttersymbol schutzlos ist (die Zigeunerin hatte sie abgeschirmt). Mit der Neuorientierung könnte eine zu schnelle, d.h. unrealistische Beseitigung der gefährlichen Beziehung verbunden sein. Deshalb entschließe ich mich, auf diesen Gefahrenpunkt noch einmal hinzuweisen, bevor ich auf die Beziehung mit dem Löwen zentriere.

Th: «Bisher haben Sie die Zigeunerin gebraucht, um die Mutter von dem Kind zu trennen. Jetzt haben Sie sich dem Löwen zugewandt. Wie werden Sie jetzt mit dem Arrangement da oben (Mutter) fertig?»

Frau G: «Ich denke, daß das Kind aktiver werden muß und, statt immer so den Boden zu verlieren, kaum noch da zu sein, seine Stärken fühlen müßte, Wünsche äußern statt sich zurückzuziehen oder als Reaktion in den Trotz zu gehen. Nicht Ärger empfinden, wo eigentlich Traurigkeit da ist, und traurig sein, wenn eigentlich ein Wunsch nach Nähe da ist.»

Das Kind und die erwachsene Frau haben gleiche Verhaltensweisen; beide sollen aktiver werden. Ihr Bild hatte Stärken gezeigt, die mir geeignet schienen, ihr Halt zu geben in dem Konflikt.

Th: «Wie können Sie das machen? Können Sie auf etwas zurückgreifen auf Ihrer Seite?»
        (Schweigen)

Frau G: «Das ist schwierig. Ich habe kein Bild, wie man auf den Löwen zugehen könnte.»
        (Schweigen)

Th: «Was müßte denn jetzt passieren?»

Frau G: «Ich möchte Kontakt aufnehmen, und das geht jetzt nicht. Was kann die (Säulenkind) denn schon allein schaffen?»

Auf die eigene hilflose Seite wird mit einem aggressiven Unterton hingewiesen. Sie kann sich offensichtlich so nicht annehmen. Ich greife ihren Wunsch nach Kontakt auf.

Th: «Kontakt aufnehmen? »

Frau G: «Hm. »
(Schweigen)

Th: «Und wenn? »

Frau G: «Ich hab so ein hilfloses Gefühl im Moment; was am Ende stehen soll, das weiß ich» (zeigt auf das sich umarmende Paar, in dem der Mann die Frau hält).

Die Hilflosigkeit spiegelt sich in der Unfähigkeit, die Symbole, die die Emotionen tragen, anders anzuordnen. Im Gefühlsbereich kann sich nichts bewegen. In einer solchen Situation kann es hilfreich sein, von außen einen Anstoß zur Veränderung zu geben. Ich entschließe mich zur Umstrukturierung der Symbole, mit der nach meinen Erfahrungen eine Veränderung der Gefühlskonstellation einhergeht.

Th: «Probieren Sie doch mal, die Symbole umzulegen, und sehen Sie, was dabei rauskommt.»

Herr G: «Wie wäre es denn, wenn der Löwe den Kopf heben würde?»

Frau G: «Das wäre schon sehr gut.»

Herr G: «Hat das mit dem Komplex zu tun?» (weist auf Ida Ehre und das Kind an der Säule hin)

Frau G: «Das stimmt – ich glaube, daß sich da etwas wiederholt; das ist mir gerade erst aufgefallen. Obwohl es nicht das Über-Ich ist. Aber es ist das gleiche Gefühl, allein zu sein, ein Gefühl der Einsamkeit, das habe ich auch dem Löwen gegenüber.»

Da Frau G. zuvor die Erwartung geäußert hatte, daß «der Löwe zumindest gucken möge» und Herr G. bereits seinerseits Hilfe angeboten hat («Wie wäre es, wenn der Löwe den Kopf heben würde?»), erinnere ich an das Angebot.

Th: «Wenn der Löwe den Kopf heben würde, ginge es dem Kind besser?»

Frau G: «Hm.»

Herr G: «Und der Zigeunerin?»

Frau G: «Die schafft es vielleicht schon am ehesten.»

Herr G. hat offensichtlich mit der Zigeunerin eine starke Seite in Erinnerung gebracht und zugleich seine Bereitschaft gezeigt, bei der Lösung des Problems mitzuhelfen. Die Zigeunerin erhält einen neuen Platz und liegt jetzt neben dem Paar. Mit der Rückendeckung der Zigeunerin will ich anregen, noch einmal nach dem Kind zu schauen, um sein Leid und seinen Verarbeitungsmechanismus autonomer Bestrebungen nicht aus den Augen zu verlieren.

Th: «Und das kleine Kind war nicht gesehen worden? Und das hat ja irgendwann dann gesagt: Jetzt erst recht.»

Frau G: «Hm, ja – statt zu sagen, ich bin traurig, ich fühle mich sehr einsam und ich brauche dich, schlägt es bei mir um: Ich kann es auch allein, oder ich gehe weg.»

Herr G: «Und dann springt Georg ein und hilft!»[22]

Frau G: «Ja, der wirkt von außen so robust, ist aber einer, der alles mitkriegt, was mit mir los ist oder so.»

Th: «Wenn Sie einen Sohn haben, der das mitkriegt, dann ist jetzt der richtige Zeitpunkt, das Problem anzugehen. Jetzt gehen die Kinder aus dem Haus, jetzt muß es Möglichkeiten geben, selbst etwas zu tun. Er hat die Antennen; jetzt haben Sie aber keinen mehr, der die Antennen für Sie hat, der Ihnen damit natürlich auch etwas abnimmt.»

Frau G: «Diese Situation haben wir schon. Er ist seit ein paar Jahren weg. Das ist mir jetzt nur bewußter geworden. Das ist eine Sache, an die ich drangehen muß. Das muß ich zu ändern versuchen, indem ich direkt sage: Ich brauche Dich. (Schweigen) Ja, so geht es mir.»

Frau G. hat für sich zunächst abgeschlossen. Da das Kind an der Säule und der Löwe eine zentrale Bedeutung bekommen haben, ist eine wesentliche Veränderung im intrapsychischen Gefüge, d.h. im emotionalen Bereich, zustande gekommen. Ich nehme an, daß damit auch die übrigen Eigenanteile oder Bezugspersonen einen anderen Stellenwert bekommen haben, und vermute, daß sich das in einer veränderten Anordnung der Symbole spiegeln könnte.

Th: «Das sind für Sie jetzt zwei Zentralfiguren (Kind an der Säule und Löwe). Mögen Sie mal probieren, um die beiden herum etwas zu ändern, so wie Sie denken, daß es Ihnen guttut?»

22 Georg ist der Sohn, der hier offensichtlich Übersetzungshilfe leistet.

Sie bittet ihren Mann um die Karte «enfant terrible» und ordnet um. Das Kind an der Säule erhält jetzt einen Platz neben der Zigeunerin, der Treppenaufgang und Zugang zu dem bergenden Haus des Mannes wird mehr ins Zentrum geholt. (vgl. Diagramm 34).

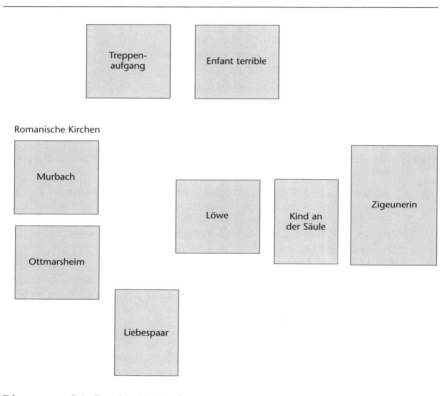

Diagramm 34: Zweite Veränderung

Frau G: «Das Kind kann sich jetzt angucken, was es hat.»

Th: «Was sagt das Kind, wenn es sieht, was es alles hat?»

Frau G: «Du hast Geborgenheit (Treppe mit dem Haus), du kannst dich festhalten und drauf verlassen (Liebespaar), du hast Spaß (enfant terrible). Die Romanik muß auch noch dazu.»

Frau G. verständigt sich mit ihrem Mann, daß sie sich die Karten nehmen darf. Will sie mit der Romanik die klare Strukturiertheit ihres Man-

nes – die er so nicht eingebracht hat – oder das gemeinsame Kunst-
interesse einbeziehen?

Th: «Wie geht es Ihnen jetzt?»

Frau G: «Bedeutend besser. Ich habe mir überlegt, was man da jetzt hinlegen kann»
         (die Stelle, wo die Karte von dem Kind an der Säule weggenommen
         wurde).

Th: «Das Kind stimmt an der Stelle nicht mehr?»

Frau G: «Nein.»

Th: «Sie können aufstehen und suchen, was da hinpaßt.»
         (Schweigen)

Sie steht auf und sucht. Dann bittet sie ihren Mann, mitzuhelfen bei der
Suche.

Frau G: «Wenn du jetzt einen kraftvollen Löwen findest, der aber auch guckt, das
         wäre wundervoll.»

Herr G: «Ich brauche ihm nur zu sagen, wie er sich verhalten soll. Hier ist etwas.»

Er bringt eine Kaffeedose, auf der das Bild eines Löwen aufgedruckt ist,
der aufrecht steht und den Betrachter ansieht. Beide lachen erfreut.

Frau G: «Das ist natürlich ein ganz anderes Bild des Löwen. Ich suche jetzt noch
         ein Bild, auf dem sich Mann und Frau ansehen; ich kann mich nicht erin-
         nern, das gesehen zu haben.»

Th: «Was ist denn eigentlich mit dem Bild aus der Amarnazeit?»

Frau G: «Nein, das stimmt nicht, das ist mir zu augenblicklich.»

Herr G: «Ich weiß, was du meinst.»

Er gibt ihr ein Bild von zwei Kindern, die umarmt eine Straße entlang
gehen. Daraufhin nimmt seine Frau das Bild und legt es über das Kind
an der Säule.

Th: «Ist das für Sie jetzt so in Ordnung?

Frau G: «So ist es für mich sehr viel besser.

Die Zusammenarbeit der beiden Partner hat zu einer zunächst befriedi-
genden Lösung geführt. In der Anordnung liegen die bisher ängstigenden Symbole am Rande. Das wird durch ein verbales Aufgreifen des
Sachverhaltes gespiegelt.

Th: «So, und die Mutter und das ‹Jetzt erst recht› sind jetzt offenbar an die Seite gerückt. Sie haben sie an die Seite geschoben.»

Herr G: «Das hat mir die größte Sorge gemacht, daß du nach all den langen Jahren der Bemühungen davon noch nicht losgekommen bist.»

Frau G: «Mir ist das neulich so bewußt geworden; ich habe eine Lifearbeit machen müssen und war wie blockiert von meinem Anspruch und von meiner Idee, was die Gruppe erwartet. Ich habe gedacht, was läuft da eigentlich? Es hat viel mit meinen Schwestern zu tun, nicht nur mit meiner Mutter. Ich bin die jüngste von vieren – mit Abstand –, und die wußten immer alles schon. Ich konnte mich da eigentlich nur blamieren. Für mich war das schlimm. Das war so: Mal gucken, was die Kleine macht. Das hat mich sehr einsam gemacht. Na, ich hab das Gefühl, hier mehr Möglichkeiten zu haben, zu schauen, daß das nicht mehr so ist. Dann verblaßt das mehr.»
(Schweigen)

Eine weitere belastende Beziehung, die Entwertendes zu enthalten scheint, wird angesprochen. Der Blick auf die heutige Situation scheint einen tröstlichen Gedanken zu enthalten und Hoffnung auf die Heilung alter Wunden zu vermitteln.

Herr G: «Wenn ich das so ansehe, finde ich es bei dir sehr viel lebendiger als mit den Mauern hier.»
(Schweigen)

Ich vermute, daß Herr G. seine Mauerseite – seine Strukturiertheit – angesichts der Lebendigkeit seiner Frau hinterfragen will.

Th: «Wollen Sie etwas ändern?»

Herr G: «Nichts, ich bin so zufrieden.»
(Beide lachen.)

An dieser Stelle wird die Arbeit zunächst beendet. Am nächsten Morgen beginnt die zweite Phase.

Frau G. eröffnet die Sitzung und teilt mit, daß es ihr gestern nach den Bemühungen, den Löwen nach dem einsamen Kind sehen zu lassen, sehr gut gegangen sei. Für sie sei aber unerklärlich, warum sie sich im weiteren Verlauf dann doch zunehmend schlecht fühlte. Ihr fällt ein, daß sich das auf eine konkrete Situation in ihrem gemeinsamen Leben bezieht: Er liest, und sie muß die neben ihrem Beruf anstehende Hausarbeit erledigen. Ihr sei nie klargeworden, warum sie darüber oft so wütend sei. Nun sei deutlich, sie fühle sich – mal wieder – nicht gesehen. Es sei eine Übertragung aus der Kinderzeit, in der die Mutter auch immer beim Lesen war, wenn sie in Not war und sie gebraucht hätte. In ihrer jetzigen Beziehung möchte sie das gerne ändern. Sie wolle ihrem

Mann den Löwen gerne lassen, selbst aber auch gerne mal Löwin sein. Die entsprechende Situation ergebe sich, wenn sie an einzelnen Tagen spät vom Beruf zurückkomme und nun selbst geschont und versorgt werden wolle, statt ihrerseits für die ganze Familie zu sorgen. Offensichtlich geht Frau G. den inneren Konflikt «Autonomie versus Anlehnung» und «Geben versus Nehmen» an.

Herr G. macht seine Frau darauf aufmerksam, daß es in der Arbeitssammlung noch ein zweites Löwenbild gibt. Frau G. nimmt das Löwenbild, sieht, daß es größer ist als das Bild ihres Mannes und tauschte die beiden Bilder spontan mit der Bemerkung aus, es würde sie auch nicht stören, sie müsse nicht der größere Löwe sein.

Der innere Konflikt weitet sich aus: es geht nicht nur um Geben und Nehmen, es geht auch um die größere oder kleinere Position: sie ist gehemmt, sich den «Löwenanteil», d.h. hier das größere Bild zu nehmen.

Gemeinsam finden dann beide eine Lösung, wie sie sich selbst erst einmal Freiraum schaffen könne und wie er lernen könne, auch mal mit Backofen oder Mikrowellenherd umzugehen und dies nicht erst bis zur gemeinsamen Pensionierung zu verschieben. Frau G. spricht dann ein weiteres Problem an, das durch die Symbole wieder aufgebrochen sei. Es geht um die Karte der Judit, die ihr Mann als Bild für sie gewählt hatte, dann aber wieder zur Seite legen wollte. Sie habe den Eindruck, die Karte gehöre zu ihr. Herr G. wehrt energisch ab. Er habe die Judit zunächst als Symbol für seine Frau gewählt und damit ihre gelegentlich strengen Züge charakterisieren wollen. Die hätten ihn in früheren Zeit auch geängstigt, da sie ihn an die unerbittlichen Seiten seiner Mutter erinnert hätten. Nachdem er gesehen hatte, daß es sich bei der Karte um Judit handelte, deren Geschichte er kannte, habe er sie wieder weggelegt, weil er mit der Strenge keine mörderische Seite verband.

Herr G. wehrt sich dagegen, daß er seine Frau mit Judit-Seiten sehe, und besteht darauf, die Karte zu entfernen. Frau G. hat den Eindruck, daß er etwas Wichtiges an ihr sehe, es aber nicht sehen wolle. Ihr ist ein dringendes Anliegen, die sie sehr beschäftigende Judit in sich zu erkennen. Da Herr G. in seine Symbole keine negativen Seiten seiner Frau einbezogen hatte, macht mich die Kommunikation zwischen beiden stutzig. Wehrt sie sich dagegen, daß er Seiten an ihr verleugnet, und zeigt sich das an anderer Stelle, eventuell weniger greifbar, in der Beziehung? Hat die Judit-Seite etwas, was Herrn G. ängstigt und was er nicht wahrnehmen will? Geht es nur um Herrn G.s Übertragung seiner Muttererlebnisse? Hat die Judith gar nichts mit Herrn G., sondern nur mit Frau G.s Biographie zu tun?

Für Frau G. ist die Figur der Judit erschreckend: das anmutige Gesicht und die spielerische Handhabung des Schwertes. Die Judit müsse etwas mit ihr zu tun haben, auch wenn sie nicht wisse, worum es gehen könne. Sie sei der Judit schon einmal begegnet, als sie vor längerer Zeit in einem Weiterbildungsseminar des Instituts für Katathym-Imaginative Psychotherapie bei der Vorgabe eines Mädchennamens die Namen Judit und Ester[23] imaginiert habe, mit denen sie aber nichts habe verbinden können. Und bei Judit gehe es um eine junge Frau, die unerbittlich einen mörderischen Auftrag erfüllen müsse, um ihr Volk zu erhalten. Von Ester wisse sie nichts Klares; es müsse aber auch um einen wichtigen Auftrag gehen.

Bei beiden Geschichten geht es darum, das eigene Volk vor einer tödlichen Bedrohung zu retten und sich damit in Lebensgefahr zu bringen. Judit ermordet einen Menschen im Rettungsauftrag. Was hat das mit Frau G. zu tun, der die Juditgeschichte bekannt ist, die die der Ester aber nicht erinnert? Da Frau G. in den Geschichten der Bibel sehr bewandert ist, bin ich mir hinsichtlich der fehlenden Erinnerung unsicher – hängt die Estersituation doch mit dem Problem zusammen, das nicht greifbar zu sein scheint? In dem erwähnten Seminar der AGKB[24] fand Frau G. keine Beziehung zu den beiden Frauennamen; es geht offensichtlich um eine belastende Problematik. Deshalb bitte ich Frau G., sich alles einfallen zu lassen, was mit dem Namen Judit zu tun haben könne.

Ihr fallen Situationen aus ihrer Kinder- und Jugendzeit ein, die ihr dazu passend erscheinen. Sie habe immer das Gefühl gehabt, für das Wohlergehen ihrer Familie verantwortlich zu sein. Sie habe die Aufgabe gehabt, immerwährend freundlich, gut und hilfsbereit zu sein, da die Eltern durch die Sorgen um ihre Schwester schon so belastet gewesen seien. Die hätte ihnen mit ihrer ungebührlichen Art das Leben schwergemacht. Aber was das mit dem Mord zu tun habe? Wen sie ermordet habe? Gab es da einen Auftrag? Während sie sich die Situation vergegenwärtigt, die über Jahre angedauert hatte, wird ihr klar, daß sie bei

---

23 Ester, die Gemahlin des Königs, war eine junge Jüdin, die unter dem Perserkönig Ahasver (Xerxes) durch ihren Mut ihr Volk vor einer Verfolgung rettete. Sie hatte, um Fürsprache für ihr Volk einzulegen, sich an den König gewandt. Da es aber bei Todesstrafe verboten war, sich unaufgefordert vor dem König einzufinden, mußte Ester dabei ihr Leben wagen. Buch Esther, Altes Testament (s. auch Krauss 1987).

24 Weiterbildungsseminar des Instituts für Katathym-Imaginative Psychotherapie AGKB.

dem Arrangement der Eltern mitgespielt hatte und damit der Schwester keinen anderen Platz gelassen hatte. Habe sie ihr keinen Lebensraum gegeben? Sei sie deshalb mordend gewesen? Es sei schon auffällig, daß sie sich dann zeitlebens für das Wohl der Schwester engagiert habe und daß sie sich über deren Tod hinaus nun auch für ihre Nachkommen verantwortlich fühle. Es stimme sie nachdenklich, und sie frage sich, ob ihre Judit-Affinität mit dieser Konstellation und ihrer Rolle darin zu tun habe. Sie sei ja auch Familientherapeutin und komme nicht umhin, sich die Situation aus der systemischen Sicht anzusehen. In beiden Geschichten (Ester wurde inzwischen von uns eingebracht) gehe es um einen Auftrag, das Volk zu erretten. Habe sie das Sytem retten müssen? Sei sie darüber zur «Mörderin» an der Schwester geworden? Es sei schon sehr ungewöhnlich, daß sie auf Verlangen der Eltern widerstandslos eine Bürgschaft für die Schwester übernommen habe, die sie noch bis vor kurzem habe abzahlen müssen. Das sei doch, wenn überhaupt, Sache des Vaters gewesen. Könnte es sich bei ihr dabei um eine Art Wiedergutmachung handeln? Bisher habe sie diese Sache immer mit dem unausgesprochenen familiären Auftrag verknüpft, Aufgaben zu übernehmen, die dem Familiensystem dienten. Welche Rolle spielte in dieser Konstellation ihr Verhältnis zu ihrem Vater? Das Problem müsse sie sich zu einem späteren Zeitpunkt noch einmal ansehen.

Frau G. übernimmt dann die Juditkarte; es sei eindeutig etwas, was ihr wichtig sei, sie könne akzeptieren, daß ihr Mann mit ihr keine mörderischen, sondern nur strenge Eigenschaften verbinde.

Abschließender Kommentar

Die Ausgangsmotivation des Ehepaares bestand darin, sich der neuen familiären Situation zu stellen: die erwachsenen Kinder ziehen aus, und das Ehepaar ist seit vielen Jahren zum ersten Mal wieder allein. Sie müssen sich also wieder als Paar ohne Elternfunktionen kennenlernen. Deshalb haben sie das Thema Selbst- und Spiegelbild gewählt.

Die Bilder beider Partner zeigen viel gegenseitiges Verstehen und eine tragfähige gemeinsame Basis. Das, was sich als Problem zwischen ihnen zeigte, die Beziehung zwischen dem «kleinen Mädchen an der Säule» und dem «Löwen» wird von beiden gemeinsam bewältigt. Neue Perspektiven eröffnen sich, die aufgrund der guten Beziehung realisierbar erscheinen. Die Karte von Judit löst in der unterschiedlichen Sichtweise einen Konflikt aus: Frau G., der es wichtig ist, ihre ihr unbewußten Verbindungen mit Judith zu klären, stößt auf den Widerstand von

Herrn G., der seinen Ärger über ihre strengen Seiten nicht als mörderische Sicht mißverstanden wissen will und ihr damit die Judit-Aspekte verweigert. Erst als das Problem aus der Beziehungsebene gelöst werden kann, ist es Frau G. möglich, sich damit auseinanderzusetzen. Die damit verbundene Vaterproblematik bleibt weiter offen.

9. Symbole in der Arbeit mit Familien

In einigen Fällen haben wir Symbole auch eingesetzt, wenn es um Familien ging. Voraussetzung für die Symbolarbeit mit Familien ist ein entsprechendes Alter der Kinder. Sie müssen fähig sein, über einen Zeitraum bis zu drei Stunden mitzuarbeiten, wobei natürlich Pausen eingeplant werden. Unproblematisch ist die Arbeit mit den Symbolen selbst, da Kinder eher als Erwachsene symbolisch denken und die abstrahierende Metaebene erst mühsam erlernen müssen. Die Symbole ähneln in ihrer Aussage den Märchen, deren Hintergründe von Kindern ja auch viel leichter verstanden werden als von Erwachsenen.

9.1 Die Arbeitsphasen

Der Arbeitsablauf in der Therapie mit Familien entspricht weitgehend dem der Paartherapie; zunächst wird das Problem definiert, dann erfolgt die Suche nach passenden Symbolen und anschließend die Erklärung aller Bilder. Bei der Auswahl muß natürlich für Kinder eine andere Regel eingesetzt werden. Kinder können sich nicht auf einem Zettel merken, welcher Gegenstand für welchen Menschen passend ist; sie müssen zugreifen können nach dem Motto: «Das paßt zu Papa, das zu Mama.» Infolgedessen lassen wir alle Familienmitglieder sofort ihre Symbole nehmen und verzichten auf den Vorteil der Doppelwahlen.

Nach der Auswahlphase, die je nach Familie unterschiedlich lang ist, legt jeder sein eigenes Bild. Dann wird jedes einzelne Bild ausführlich besprochen. Alle erklären, warum sie welches Symbol für sich und für die anderen gewählt haben. Meistens sagen sich die einzelnen Familienmitglieder jetzt zum ersten Mal, wie sie sich erleben und was sie sich bedeuten: z.B. hört der Vater, daß er als ein Fels in der Brandung erlebt wird, der viel Sicherheit gibt, aber auch schwer zu erreichen ist, oder eine Mutter erschrickt über das Bild einer trauernden Madonna, das für sie ausgewählt wurde, um ihre bedrückte Stimmung zu beschreiben. Ein Kind kann sich gut verstanden fühlen, wenn es z.B. über das Photo eines Pferdes beschrieben wird, als munter, unternehmungslustig und gelegentlich geneigt, begrenzende Zäune zu überspringen, oder wie ein kleiner Igel, der die Stacheln stellt.

9.2 Die Vorgaben in der Arbeit mit Familien

9.2.1 Das Familienbild

Bei dem «Familienbild» geht es, wie bereits oben beschrieben, um die Verdeutlichung der Beziehungsstruktur innerhalb des Familiensystems in der gegenwärtigen Generation. Damit unterscheidet sich das «Familienbild» von dem «Genogramm». Beide Vorgaben basieren aber auf der Erfahrung, daß in Familien nur selten über die Art der Beziehungen zueinander gesprochen wird. Die Botschaften und Zuschreibungen verlaufen meist unterschwellig. Globale Charakterisierungen sind nicht differenziert und können deshalb nicht diskutiert werden.

Wir geben die Anweisungen zum Familienbild in mehreren Stufen:

- Charakterisierung der Familienmitglieder durch die Symbole: Zunächst bitten wir alle Familienmitglieder, für sich selbst und für alle anderen in der Familie ein passendes Symbol zu suchen und sich anschließend zu erzählen, warum sie welche Symbole für sich selbst und für die anderen gewählt haben.

- Distanz und Nähe in der Familie: Wir fordern die Kinder auf, das Bild so zu verändern, daß deutlich wird, wer in der Familie wem wie nahe steht. Uns geht es darum, die Beziehungskonstellation aus der Sicht des Kindes zu erkennen und eventuell auch Ablehnungen der Eltern für ein oder mehrere Kinder einbeziehen zu können.

- Wie wünsche ich mir meine Position in der Familie? Nachdem durch die Symbole dentlich geworden ist, wo die Kinder ihren Platz in der Familie sehen, erhalten sie die Gelegenheit, ihre Wünsche mit den Symbolen einzubringen.

Die einzelnen Bilder müssen ausführlich besprochen werden. Meist entsteht in der ersten Stufe bereits eine wohlwollende Atmosphäre, wenn sich die einzelnen Personen in den Symbolen gespiegelt sehen und nachfragen können, warum der andere sie so erlebt. Die beiden anderen Stufen sind vor allem für die Kinder in der Familie wichtig, weil sie dadurch artikulieren können, was sie in der Regel mit Worten nicht vermitteln können.

Wer hat «das Sagen» in der Familie?

In einer Variante des Familienbildes kann man nach den Machtverhältnissen in der Familie fragen. Dann lautet die Anweisung: Bitte ordnen
Sie die Symbole so an, daß klar wird, wer in der Familie «das Sagen»
hat, wer an erster Stelle steht und wo die übrigen Familienmitglieder
sind. Die Wunschveränderung «Wie hätte ich es gerne?» wird dann im
zweiten Schritt geklärt.

Es ist natürlich nicht hilfreich, wenn durch die Anweisung zur Offen-
legung der Beziehungen nur die bis dahin verdeckten negativen Strö-
mungen deutlich werden und die Familie zwar mit ehrlichen Aussagen,
aber zugleich mit einem Scherbenhaufen konfrontiert wird. Es besteht
besonders bei der Aufdeckung von Verleugnetem die Gefahr, daß die
darunter verborgenen Emotionen nun unkontrolliert und verletzend auf-
brechen. Deshalb müssen die Therapeuten darauf achten, alle konstruk-
tiven Kräfte, die sichtbar werden, seien sie noch so gering, mit einzubeziehen. Manchmal zeigen sie sich in einem oder zwei Symbolen. Auf
sie kann dann fokussiert werden; man kann z.B. einen Rollentausch
anordnen und dann im Interview ein solches Symbol befragen, wie es
sich eine Lösung der Probleme vorstellen kann.

Im folgenden geben wir ein Beispiel, das sowohl das Thema der
gegenseitigen Wahrnehmung wie das der Machtverteilung beinhaltet.

Beispiel: Der goldene Gepard

Eine Mutter hatte sich wegen der Schulprobleme des 16jährigen Sohnes an meine Praxis (M.E.W.) gewandt. Im Erstgespräch hatte ich die
Vermutung, daß die Probleme dieses Jungen mit seiner Stellung
innerhalb der Geschwisterreihe (zwei Brüder, +2, -2 Jahre) und den
Beziehungen in der Familie zu tun haben könnten. Ich bat darum, daß
die ganze Familie zu einem Termin mitkomme. Mutter und Geschwister kamen zur nächsten Sitzung. Der Vater war nicht mitgekommen,
da er seine Anwesenheit nicht für notwendig erachtete. Im Familienbild wurde er als verschlossene Tür, als Stein, als haltgebender, aber
schwer anfaßbarer Fels charakterisiert. Mutter und ältester Sohn hatten für sich gegenseitig das Photo eines goldenen Geparden gelegt.
Die Mutter gab als Begründung für ihre Wahl an, daß der Gepard stolz
und unabhängig wirke. So erlebe sie ihren Sohn. Er mache, was er
wolle; sie ärgere sich darüber, aber bewundere und beneide ihn auch
dafür. Der Sohn verstand das Bild als ein Zeichen für ein glänzendes,

großartiges Leben. Er hatte das Bild als Symbol für seine Mutter gewählt, weil es – seiner Meinung nach – ihre geheimen Wünsche zeige. So wolle sie leben, frei und ungebunden. In der Realität würde sie sich als Hausfrau aufreiben. Der «Patient» hatte für sich einen unscheinbaren Kiesel gewählt, für den älteren Bruder ein Pferd im Galopp, für den jüngeren eine Katze in Schlafhaltung, die es sich gemütlich macht.

Die Position des mittleren Jungen im Familiengefüge war deutlich; die besondere Beziehung des ältesten Sohnes zur Mutter war für ihn ebenso unerreichbar wie die eher beschützte Situation des kleineren Bruders.

Im Anschluß wurde nach den Machtverhältnissen in der Familie gefragt: «Wer hat in der Familie das Sagen und wie zufrieden sind alle mit ihrer Position?» Dabei wurde deutlich, daß der älteste Sohn seine Stellung (Gepard und Pferd) als außerordentlich befriedigend ansah: er hatte die Macht inne, stärker als der häufig abwesende Vater, und er wünschte daran nichts zu ändern. Der jüngste Sohn sah sich zwar nicht als mächtig an, war aber mit seiner Position einverstanden, sie reichte ihm aus. Einzig der «Patient» hatte das Bedürfnis nach einer Veränderung der Machtverteilung; er wünschte sich eine Position, die mit mehr Macht und Kraft verbunden sein sollte. Auf meine Frage, wie das aussehen könne, wählte er sich das Bild eines Adlers, den er als mächtigen Vogel beschrieb, der hoch über allem schwebe. Offensichtlich konnte er sich noch keine Machtposition innerhalb des Systems vorstellen.

9.2.2 Die Spiegelvorgabe

Unter der Spiegelvorgabe verstehen wir bei Familien eine abgewandelte Form des unter Kapitel 8.3.2 beschriebenen Selbst- und Spiegelbildes. Wir setzen es relativ selten ein, da man nur damit arbeiten kann, wenn die Kinder der Familie schon so groß sind, daß sie mit der sehr differenzierten Vorgabe umgehen können. (Wie mag ich mich, wie mag ich dich, was mag ich nicht an mir, was mag ich nicht an dir, wie wäre ich gerne, wie wünsche ich mir dich.)

In dem jetzt referierten Beispiel schien uns jedoch die Spiegelung der Familiensituation das gegebene Mittel.

Beispiel: Die bedrängenden Wünsche der Eltern

Ein Zwölfjähriger war in der Schule durch einen plötzlichen Lei-
stungseinbruch aufgefallen. An dem Zustand änderte sich über ein
halbes Jahr hin nichts. Die Untersuchungen bei einem Arzt ergaben
keinen organischen Befund. Die Klassenlehrerin hatte die Mutter an
uns verwiesen. Wir baten die ganze Familie zu einem Termin. Als die
«Familie» ankam, waren wir verblüfft, nur die Eltern zu sehen. Sie
erzählten, daß der Sohn beim Verlassen des Hauses erklärt hatte, er
sei gar nicht so krank, die Eltern sollten mal alleine gehen. Sie seien
zwar sehr verwirrt, daß sie nun allein kommen sollten, aber sie hätten
über die Reaktion des Sohnes auch lachen müssen. Vielleicht habe er
gar nicht so unrecht.

Im Vorgespräch wurde deutlich, daß beide Eltern an sich selbst sehr
hohe Anforderungen stellten. Sie kamen ihren beruflichen Verpflich-
tungen gewissenhaft nach. Beide hatten mit hohem Einsatz höhere
Berufsziele erreicht als ihre Eltern. Leistung, Erfolg und Verantwortung wurden hoch bewertet. Für Freizeit und Entspannung war kein
Raum. Um so mehr ärgerte sie die plötzlich aufgetretene Faulheit des
zwölfjährigen Sohnes. Uns fiel auf, wieviel Mühe sich die beiden
Eltern gaben, den Jungen nicht unter der beiderseitigen Berufsausübung leiden zu lassen. Mit wechselnden Arbeitszeiten konnten sie es
ermöglichen, daß entweder Vater oder Mutter nachmittags zu Hause
waren.

Wir entschieden uns, die Spiegelthematik einzusetzen, da wir den
Eindruck gewonnen hatten, daß es weniger um Nähe und Distanz und
um Machtverhältnisse in der Familie ging, als um unausgesprochene
Erwartungen aneinander. Diese wollten wir bewußt machen. Daß die
Eltern auf die Verweigerung des Jungen mit Humor reagiert hatten,
ließ uns vermuten, daß es sich eher um eine Verstrickung und nicht
um ein schwerwiegendes Problem handeln könne und die Familie im
Grunde genommen intakt sein müsse.

Als erster Einstieg zur Klärung wurde deshalb von uns das Thema
Selbstbild, Partnerbild und das Bild des Sohnes gewählt. Als die Symbole auf dem Boden ausgebreitet waren, lag das Bild des Jungen, wie
ihn die Eltern sahen, in der Mitte. Die Anordnung war von den Eltern
spontan so gewählt worden, daß der Junge so, wie sie ihn mochten,
im Zentrum lag. Dann kamen die Seiten, die sie nicht mochten und
wie sie sich ihn wünschten. Direkt daran angrenzend lagen rechts und
links Symbole, die ausdrückten, wie die Eltern selbst gern sein woll-

ten oder sich den/die andere wünschten. So war der Junge von Ideal-bildern umringt. Wir machten sie darauf aufmerksam und baten sie gleichzeitig, sich in den Jungen einzufühlen und zu spüren, wie er sich in dieser Umgebung fühlen würde. Die beiden Eltern verstanden im Rollentausch, welche Spannungen der Junge ertragen mußte. Ihnen wurde klar, daß sie über ihre gegenseitigen Erwartungen spre-chen und gemeinsam überlegen müßten, ob sie sie erfüllen könnten, statt sie ungeklärt die Atmosphäre bestimmen zu lassen. Die Eltern wandten sich dem Bild wieder zu und nahmen beide spontan die Sym-bole, die die Wünsche aneinander repräsentierten, aus der Umgebung des Jungen weg. Die Spannungsentlastung war augenscheinlich. Nach einigen Wochen erhielten wir die Nachricht, daß die Schul-schwierigkeiten behoben waren.

10. Die Arbeit mit Symbolen in der Gruppentherapie

10.1 Wo ist unser gruppen- therapeutischer Standort?

Wir sind beide Gruppentherapeuten und haben über viele Jahre Selbsterfahrungsgruppen (G.W) und Therapiegruppen sowie Ausbildungsgruppen (M.E.W) geleitet. Wir sind beide Psychodramatiker, M.E. Wollschläger ist außerdem Therapeutin für Katathym-Imaginative Gruppentherapie. In beiden Gruppenverfahren spielen Symbole eine zentrale Rolle: im Psychodrama verwandeln sich die Teilnehmer im Rollentausch in Wesen und Gegenstände aus der Natur (Tiere und Steine, Bäume und Blumen unter anderem), um dadurch die eigene «Rolle», wie Moreno es nennt, oder die anderer Menschen zu verstehen. In der Katathym-Imaginativen Psychotherapie ist die gemeinsame Gruppenimagination (Leuner 1986), das «unmittelbare Erleben in der Imagination selbst» (Dieter 1996), das zentrale therapeutische Element. Diese Symbole werden jedoch nicht konkret, sie bleiben in der Vorstellung des einzelnen Gruppenmitglieds, und ihr emotionaler Gehalt läßt sich nur durch Worte und Haltung vermitteln.

10.2 Symbole als neues Element in der Gruppenarbeit?

Es geht uns nicht darum, die Imaginationen oder das psychodramatische Rollenspiel durch konkrete Symbole zu ersetzen. Wir wollen aber zeigen, wie mit den Symbolen ergänzend oder bei frühgestörten Patienten auch mit Symbolen allein gearbeitet werden kann und welche Wirkungen dadurch erzielt werden. Außerdem wollen wir aufzeigen, wie in anderen gruppentherapeutischen Verfahren Symbole eingesetzt werden können, seien es tiefenpsychologisch fundierte oder Gesprächstherapie-Gruppen.

In unserer Arbeit mit Gruppen und in den «Symbolseminaren» stellen Teilnehmer immer wieder überrascht fest, daß sie, in für sie ungewohnter Weise, über die Vermittlung der konkreten Symbole nach kurzer Zeit offen und intensiv über sich sprechen können; es entsteht sehr rasch eine vertrauensvolle Stimmung. Wir führen das auf die Wirkung der Symbole zurück: in der Auswahlphase entsteht eine meditative Stimmung, in der die einzelnen auf sich selbst und ihr Erleben konzentriert sind und sich zugleich von der nachdenklichen Atmosphäre in der Gruppe getragen fühlen. Unter dem Schutz der Symbole können sie dann mehr über sich und ihre Probleme aussagen, als es ihnen auf der rein verbalen Ebene möglich wäre.

Als Leiter von K.I.P.-[25] oder Psychodramagruppen kennen wir das Problem, daß sich Teilnehmer aufgrund ihrer Problematik noch nicht auf eine Imagination oder auf ein psychodramatisches Spiel einlassen können. Dies sind insbesondere psychosomatisch oder stark zwanghaft strukturierte Patienten; ihnen ermöglichen die Symbole einen leichteren Zugang zum Unbewußten, da sie konkret vorhanden sind und keine so stark ausgeprägte kreative Entäußerung erfordern, wie dies die Imagination oder die psychodramatische Gestaltung tut. Frau Christel Struchholz verdanken wir den Hinweis, daß sich die Symbole vor allem für Gruppen mit frühgestörten Patienten eignen. Diese Patienten, die sich häufig noch nicht auf intensive Interaktionen und die damit verbundene Nähe einlassen können, erhalten über die Symbole die für sie notwendige Distanzierung und sind dann auf dieser Basis auch zur Kommunikation miteinander fähig.

10.3 Symbole in den verschiedenen Phasen des Gruppenprozesses

Die Symbole lassen sich in verschiedenen Phasen des Gruppenprozesses einsetzen und bekommen dadurch ihre jeweils besondere Dynamik. Die Anzahl der Symbole, mit denen wir arbeiten, und die Vorgaben für die Symbolwahl sind von dem Stand der Gruppe abhängig.

1. Erste Sitzung bei halboffenen Gruppen:
Diese Gruppen sind über einen festen Zeitraum, in der Regel von September bis Juli, geschlossen; dann findet ein Wechsel statt. Einige Teilnehmer verlassen die Gruppe, andere kommen neu hinzu. Da bei diesen

25 Katathym-imaginative Psychotherapie

Gruppen bereits eine gute Gruppenkohäsion entstanden ist, können in der ersten Sitzung, trotz der mit dem Wechsel verbundenen Belastung die «großen» Vorgaben (z.B. Familienbild, Soziales Atom, Selbstbild, Aktueller Konflikt, Mein Therapieziel für das kommende Jahr, Genogramm) und eine größere Anzahl von Symbolen eingesetzt werden. Die einzelnen Teilnehmer entscheiden selbst, mit welcher Thematik sie sich zu dem gegenwärtigen Zeitpunkt auseinandersetzen wollen.

Es ist jedoch notwendig – und viele Kollegen praktizieren es so –, eine solche Gruppenphase mit einem Wochenende (drei Einheiten zu je drei Zeitstunden) zu beginnen, um die für die Bearbeitung der «großen Themen» erforderliche Zeit zur Verfügung zu haben.

2. Erste Sitzung in geschlossenen Gruppen
Wenn eine Gruppe ganz neu beginnt, sich also alle Teilnehmer fremd sind, und wenn alle keine Gruppenerfahrung haben, arbeiten wir mit einfachen Vorgaben und wenig Symbolen.

Die Themen können lauten:

- ich stelle mich der Gruppe vor.

- Meine Befindlichkeit heute.

- Meine derzeitige Lebenssituation.

Zu diesem Zweck bitten wir die Teilnehmer, etwa vier Symbole auszuwählen und dann anschließend zu erläutern, was sie damit ausdrücken wollen.

3. Eingangsrunden
In Eingangsrunden können Symbole gewählt werden, um damit das heutige Anliegen und die heutige Befindlichkeit auszudrücken. Meist ergeben sich aus dem Gruppenprozeß weitere Themen. Dazu werden maximal zwei Symbole gewählt. Die Symbolbilder können nach der üblichen Bearbeitung, je nach Gruppenkonzept, in eine Gruppenimagination, ein Psychodramaspiel oder eine Gesprächsrunde übernommen werden. Wenn wir in den Eingangsrunden mit den Symbolen arbeiten, lassen wir die Gegenstände sofort und nicht erst in Gedanken auswählen.

4. Feedback-Runden
Wir haben sehr gute Erfahrungen damit gemacht, die Symbole als Feedback einzusetzen und zwar in unterschiedlicher Weise:

- Alle suchen für jedes Gruppenmitglied ein Symbol aus, wie sie den anderen Menschen erleben. Evtl. kann ein zweites Symbol einen Vergleich mit einem früheren Zeitpunkt ausdrücken: «So sehe ich Dich jetzt, und so habe ich Dich vor einem Jahr erlebt.»

- Alle suchen für einen anderen ein Symbol aus, das eine Entwicklungsperspektive beinhalten soll, fordernd und fördernd: Ich wähle ein Symbol aus für einem Schritt, den Du bisher nicht gegangen bist, der Dir nach meiner Meinung aber gut tun könnte.

5. Symbolarbeit als durchgehende methodische Vorgehensweise.
Wie bereits erwähnt haben wir von Frau Christel Struchholz den Hinweis erhalten, daß sich die Symbolarbeit besonders für Therapiegruppen mit frühgestörten Patienten eignet. Frau Struchholz läßt die Patienten ihre Symbole nach dem jeweiligen Gruppenthema aussuchen. An die Auswahlphase schließt sich zunächst nur eine kurze Runde an, in der alle Gruppenteilnehmer etwas über ihre Symbole und über ihre Befindlichkeit sagen können. Frau Struchholz photographiert alle Bilder für die Patienten. In den folgenden Sitzungen (von je zwei Zeitstunden) werden je zwei Bilder ausführlich besprochen. Nach den Sitzungen räumen alle ihre Symbole in eigene Kästen weg. Wenn nach mehreren Sitzungen alle Bilder besprochen sind, haben alle Teilnehmer die Möglichkeit, für sich selbst zu sehen, was sich inzwischen verändert hat. Nach Struchholz liegt der Vorteil der Symbolarbeit darin, daß die Patienten, die sich oft nur emotionsarm äußern können, anhand der konkreten Gegenstände leichter einen Zugang zu Spielerischem und Kreativem finden. Außerdem bedeutet die intensive Beschäftigung mit ihren Symbolen für die Patienten eine narzißtische Aufwertung.

Da das Material von den Therapeuten zur Verfügung gestellt wird, ist die Schamproblematik nicht so gravierend wie bei Phantasien oder Imaginationen, die die Patienten selbst entwickeln müssen.

6. Schlußrunden
Am Ende einer Sitzung dienen Symbolbilder dazu, den Verlauf zusammenzufassen und ein Ergebnis festzuhalten. So lasse ich (G.W.) aufgrund von Erfahrungen im «Arbeitskreis Bibliodrama am Moreno-Institut Überlingen» den Prozeß des Bibliodramaspiels mit Hilfe von Symbolbildern von den Teilnehmern nachstellen. Dabei ist es auch für die «Zuschauer» möglich, ihr Erleben und ihre Betroffenheit in den verschiedenen Phasen des Bibliodramas mit Symbolen festzuhalten und damit bewußt zu machen, was sonst ohne Verdichtung und die damit verbundene Verbalisierung verlorenzugehen droht.

Wolfgang Gerstenberg hat uns berichtet, daß er auch in einer Psychodrama-Ausbildungsgruppe den Gruppenprozeß mit Hilfe der Symbole für die Ausbildungskandidaten transparent machen konnte.

7. Abschlußwochenende am Ende eines Therapiejahres

Daß wir es uns inzwischen zur Regel gemacht haben, die Symbole am Ende einer Therapiephase einzusetzen, geht auf die Wünsche der Teilnehmer zurück: Sie wollten sich mithilfe der Symbole Rechenschaft geben und zugleich auch in der Gruppe sichtbar machen, was sie innerhalb eines Jahres erreicht hatten. Die Veränderung der Symbole gegenüber der Anfangssitzung oder auch die veränderte Anordnung ist dabei von entscheidender Bedeutung. (siehe Beispiel «Wollfaden, Schaf und Wolf» S. 54).

8. Ausbildungsgruppen in der Katathym-Imaginativen Psychotherapie

Eine Besonderheit unter den Gruppen bilden die «Ausbildungsgruppen für Gruppentherapeuten der Katathym-Imaginativen Psychotherapie». Auch hier hat die Arbeit mit Symbolen einen festen Platz. Das Eingangswochenende beginne ich (M.E.W.) mit der Erarbeitung des Familienbildes oder Genogramms (S. 166) für jeden Teilnehmer und jede Teilnehmerin. Das Ganze wird protokolliert und photographiert und den Kolleginnen und Kollegen zur Verfügung gestellt. Da alle im Verlauf der Ausbildung für ein Wochenende die Leitung übernehmen müssen, haben sie mit diesem Material von Anfang eine Grundlage für ihre Arbeit, einen Eindruck von dem Familiensystem, in dem die Gruppenteilnehmer jeweils aufgewachsen sind.

9. Selbsterfahrungsgruppen in der Katathym-Imaginativen Psychotherapie

Ähnlich gehe ich (M.E.W.) in Selbsterfahrungsgruppen für Ausbildungskandidaten vor. Auch hier geht es am Anfang darum, schnell eine tragfähige Gruppenkohäsion zu ermöglichen. Dies ist durch den Einsatz von Symbolen in besonderer Weise gegeben, wie wir bereits an anderer Stelle ausgeführt haben. Da es bei diesen Gruppen nicht so sehr darauf ankommt, von allen Mitgliedern gleichartiges Material zu erhalten, sind die Themen dann nicht auf das Familienbild oder Genogramm beschränkt, sondern beziehen die üblichen Standardvorgaben («Soziales Atom», «Selbstbild», «Aktueller Konflikt» oder auch «Meine heutige Befindlichkeit», «Meine derzeitige Lebenssituation») mit ein. Die Symbolbilder der einzelnen Teilnehmer werden protokolliert, photographiert und für alle Teilnehmer vervielfältigt.

11. Abschließende Überlegungen zu Anwendungsmöglichkeiten der Symbolarbeit

Im Bereich der Psychotherapie kann die Symbolarbeit unterschiedlich eingesetzt werden. Wir haben bereits festgestellt, daß in der Entwicklung des Menschen die Symbolisierungsfähigkeit angelegt ist, deshalb haben die meisten Menschen einen Zugang zu symbolischem Denken, Wahrnehmen und Erleben: Infolgedessen kann auch mit der Mehrheit der Patienten mit diesen Symbolen gearbeitet werden.

Merkmale der Arbeit mit konkret vorhandenen Symbolen:

- Die Bilder und Gegenstände sprechen verschiedene Sinnesqualitäten an: sehen, fühlen, riechen und hören.

- Das Material ist sichtbar und bleibt sichtbar; alle Aktionen und Veränderungen, die sich im Laufe der Bearbeitung ergeben, lassen sich von den Therapeuten und gegebenenfalls von den anderen Mitgliedern der Gruppe nachvollziehen.

- Veränderung können zurückgenommen und der vorherige Zustand wiederhergestellt werden.

- Das erarbeitete Bild bleibt konkret erhalten und kann in jeder folgenden Sitzung wieder aufgebaut werden.

- Veränderungen, die sich in der Zwischenzeit durch den seelischen Prozeß ergeben haben, lassen sich im Bild deutlich machen. Dies entspricht in etwa den sichtbar werdenden Veränderungen, wenn Patienten ihre Imaginationen malen und das Bild dann anders ausfällt, als es sich unmittelbar im Anschluß an die Imagination dargestellt hat.

- Das Material liegt sowohl Patienten wie Therapeuten in gleicher Weise vor. Die Symbole in ihrer Aussagekraft, ihre Größe, Farbe und ihre Anordnung im Gesamtbild sind für beide erkennbar.

- Das Material ist konkret vorhanden und muß nicht vom Patienten produziert werden. Das erleichtert solchen Menschen den Zugang zum Unbewußten, die noch nicht imaginieren können, weil ihnen Phantasien Angst machen.

- Das Material bricht nicht ab oder verschwimmt, wie es die Imaginationen in den Tagträumen gelegentlich tun. Somit kann auch bei Patienten gearbeitet werden, denen das Imaginieren nicht möglich ist.

- Das Material wird zur Verfügung gestellt. Für «unzüchtige» Vorlagen ist der Therapeut und nicht der Patient verantwortlich. Das kann Menschen, die sehr unter der Zensur ihres Gewissens leiden, den Zugang zu Unbewußtem erleichtern.

Besonders indiziert ist die Symbolarbeit für Patienten, die den Zugang zu ihren Gefühlen verloren haben, seien es psychosomatisch Kranke oder zwanghaft strukturierte Patienten. Vom Konkreten ausgehend, kann nach und nach die Symbolisierungsfähigkeit wieder aufgebaut werden. Das erfordert behutsames und empathisches Nachfragen der Therapeuten. Die Kommentare dieser Patienten fallen dann zwar kärglicher aus als bei anderen Menschen, sind aber meist lebendiger als die Worte, mit denen sie gewöhnlich sich oder andere Menschen und ihre Erlebnisse und Gefühle beschreiben. Einschränkend muß gesagt werden, daß die Methode für solche Patienten nicht geeignet zu sein scheint, deren zwanghafte Struktur so stark ausgeprägt ist, daß sie sich auf Symbole, d.h. auf das Erleben im Primärprozeß, nicht einlassen können, sondern nur auf das gesprochene Wort bauen, das ihnen kontrollierbar und überprüfbar erscheint. Da die Desymbolisierung, d.h. die Unfähigkeit zur Symbolisierung, wie Salvisberg (1998) mit Stern vermutet, durch das Zusammenprallen unterschiedlicher Wahrnehmungsweisen von Kind und Mutter verursacht wurde, spielte die Beziehung dabei eine entscheidende Rolle. Die Mutter oder eine andere wichtige Bezugsperson erklärte einem Kind, daß es das, was es wahrzunehmen glaubt, real nicht gebe. Gefühle und Objekte wurden daraufhin voneinander getrennt. Dementsprechend kann eine therapeutische Beziehung die Fähigkeit zur Symbolisierung wieder aufbauen, indem die Wahrnehmung des Patienten verstehend gespiegelt, emotional beantwortet wird («affect attunement» nach Dornes). Maxeiner (1998) und D'Arcais-Strotmann (1998) gehen ausführlich darauf ein.

Bei Menschen, die sich vor Überschwemmung durch ihre Gefühle fürchten und die eine stärker strukturierte und bewußtseinsnahere Therapie benötigen, kann die Symbolarbeit eine Arbeitsmöglichkeit bieten, die dennoch den Vorteil der emotionalen Erfahrbarkeit beinhaltet. Oft kann nach einer Stabilisierungsphase durch die konkreten Symbole anschließend mit imaginierten Symbolen gearbeitet werden. Das entspricht den Erfahrungen von Krägeloh (1998), die die Arbeit mit konkreten Symbolen im Zusammenhang mit der Katathym-Imaginativen Psychotherapie bei Borderline-Patienten einsetzt. Sie hält die gegenständlichen Symbole bei diesen Patienten für förderlich, da die Patienten «sich über Anschauen, Anfühlen, Erspüren ihrem Erleben nähern und dadurch lange gespeicherte Affekte selektieren und wiedererkennen können». Die auf diese Weise erlebten Symbole werden dann von Krägeloh als Vorgabe für die katathyme Imagination benutzt. Oepen-Duré (1998) hat die Symboltherapie in Verbindung mit der Katathym-Imaginativen Psychotherapie eingesetzt, um einem schizoiden Patienten die Anreicherung der emotionsarmen Imaginationen zu ermöglichen.

Bei stark hysterisch strukturierten Patienten muß darauf geachtet werden, daß die Materialauswahl begrenzt wird und jedes einzelne Symbol gut ausgearbeitet wird, damit die Fülle an Material nicht dazu genutzt wird, um von Symbol zu Symbol zu eilen und so deren Aussagekraft nicht spürbar werden zu lassen. Andererseits hat die Symboltherapie den Vorteil, daß die Therapeuten sehen, was konkret vorhanden ist, und dadurch besser strukturierend eingreifen können. Es ist ihnen auch möglich, die Symbole einzeln aufzugreifen und zu erarbeiten, auf Positionen und Größe zu verweisen und dadurch den Bezug zur Realität, den hysterisch strukturierte Menschen vermeiden, immer wieder herzustellen.

Der Beitrag von Behrendt (Kap. 6.2) zeigt, wie bei Psychose-Patienten nach dem Abklingen der akuten psychotischen Symptomatik die Arbeit mit den konkreten Symbolen therapeutisch eingesetzt werden kann.

Die Arbeit mit Symbolen, wie wir sie hier dargestellt haben, ist als therapeutisches Vorgehen gedacht und verlangt deshalb die von jeder therapeutischen Arbeit geforderte Behutsamkeit. Über die Symbole ist ein Zugang zu unbewußten Schichten möglich. Das dadurch ausgelöste Geschehen ist durch intensive Emotionen gekennzeichnet, die einen Heilungsprozeß in Gang setzen, aber auch negative Folgen auslösen können. Deshalb soll die Symbolarbeit nicht in Situationen eingesetzt werden, die eine therapeutische Aufarbeitung nicht ermöglichen, z.B. in der Diagnostik, wenn die Therapie noch nicht gewährleistet ist, in einem Gutachterverfahren oder in Kursen der Erwachsenenbildung. Symbolarbeit in der von uns dargestellten Form muß der Therapie vorbehalten bleiben.

In veränderter Form kann mit Symbolen in der Theorievermittlung, in der Supervision und in sozialpädagogischen Kursen gearbeitet werden, wenn die eigene emotionale Beteiligung nicht so stark ausgeprägt ist wie in den diagnostischen und therapeutischen Prozessen.

Anhang

Übersicht über die Fallbeispiele

Literaturverzeichnis

Benedetti, G. (1992) Psychotherapie als existentielle Herausforderung. Göttingen: Vandenhoeck & Ruprecht

Benedetti, G. und Peciccia, M. (1989) Das katathyme Spiegelbild. In: Bartl, G. und Pesendorfer, F.: Strukturbildung im therapeutischen Prozeß. Wien: Literas-Universitätsverlag

Benedetti, G. und Rauchfleisch, U. (1988) Welt der Symbole. Göttingen: Vandenhoek & Ruprecht

Biedermann, H. (1989) Knaurs Lexikon der Symbole. München: Droemer Knaur

Blanck, R. und Blanck, G. (1978) Ehe und seelische Entwicklung. Stuttgart: Klett-Cotta

Boesch, E. (1983) Das Magische und das Schöne. Problemata. Stuttgart: Frommann-Holzboog

Budjuhn, A. (1992) Die psycho-somatischen Verfahren. Konzentrative Bewegungstherapie und Gestaltungstherapie in Theorie und Praxis. Dortmund: Modernes Lernen

D'Arcais-Strothman, M. (1998) Vom Symbol zum Körper – vom Körper zum Symbol. Veröffentlichung in Vorbereitung

Davis, M. und Wallbridge, D. (1983) Eine Einführung in das Werk von D. W. Winnicott. Stuttgart: Klett Cotta

Dieter, W. (1996) Lernen durch Erfahrung mit Hilfe von Symbolen. Imagination 4

Dornes, M. (1993) Der kompetente Säugling. Frankfurt: Fischer Geist und Psyche

Fromm, E. (1996) Märchen, Mythen, Träume. Eine Einführung in das Verständnis einer vergessenen Sprache. Hamburg: Rororo Sachbuch

Jung, C.G. (1979) Der Mensch und seine Symbole. Olten: Walter-Verlag

Jungk, R. und Müllert, N.R. (1995) Zukunftswerkstätten. Mit Phantasie gegen Routine und Resignation. München: Heyne

Kalff, D.M. (1979) Sandspiel. Erlenbach: Zürich Rentsch

Kast, V. (1996) Das Symbol in der Psychotherapie Imagination 4

Kast, V. (1990) Die Dynamik der Symbole. Grundlagen der Jungschen Psychotherapie. Olten: Walter

Klessmann, E. (1998) Die imaginäre Familie in Gegenständen. In Salvisberg, H. Unveröffentlichtes Manuskript

Klessmann, E. und Eibach, H. (1996) Traumpfade – Wegerfahrungen in der Imagination. Bern: Huber

Klessmann, E. und Eibach, H. (1993) Wo die Seele wohnt. Bern: Huber

Klosinski, G. (1989) Steine als Mediatoren im psychotherapeutischen Dialog in Neurologie und Psychiatrie 3, S. 286–295

Kottje-Birnbacher, L. (1983) Erste Ergebnisse der Paartherapie mit dem Katathymen Bildererleben. In: Leuner, H. Katathymes Bilderleben. Ergebnisse in Theorie und Praxis. Bern: Huber

Krägeloh, C. (1998) Vom konkreten Symbol zur katathym-imaginativen Psychotherapie. In: Salvisberg, H. Unveröffentlichtes Manuskript

Kraus, H. und Uthemann, E. (1987) Was Bilder erzählen. Die klassischen Geschichten aus Antike und Christentum. München: C.H.Beck

Leuner, H. (1994) Die Katathym-Imaginative Psychotherapie. Bern: Huber

Leuner, H. Kottje-Birbacher, L. Sachse, U. und Wächter, H.M. (1986) Gruppenimagination. Bern: Huber

Leutz, G. (1974) Psychodrama Theorie und Praxis. Hamburg: Springer

Maxeiner, V. (1998) Imaginieren, Darstellen und Gestalten im therapeutischen Dialog. In: Salvisberg, H.

Mc Goldrick, M. und Gerson, R. (1990) Genogramme in der Familienberatung. Bern: Huber

Miller, A. (1979) Das Drama des begabten Kindes und die Suche nach dem wahren Selbst. Frankfurt: Suhrkamp

Moreno, J.L. (1951) in: Sociometry, Experimental And The Science of Society Beacon, zit. nach Leutz, G. (1974)

Noy, P. (1969) A Revision of the Psychoanalytic Theory of the Primary Process. Int. J. Psycho-Anal.

Oepen-Duré, V. (1998) Ein therapeutisches Modell zur Anwendung von Selbstsymbolen in der KIP. In Salvisberg, H. Unveröffentlichtes Manuskript

Proust, M. (1961) Auf der Suche nach der verlorenen Zeit. Frankfurt: Suhrkamp

Rust, M. Mit sieben Ohren hören – Überlegungen zur Technik des Katathymen Bilderlebens. Vortrag in dem Seminar der AGKB in Walberberg (21. 2. 1986)

Salvisberg, H. (1998) Symbolisch sehen, begreifen, kommunizieren. Neue Konzepte der Symbolbildung, der psychotherapeutischen Veränderung, der psychotherapeutischen Praxis. Unveröffentliches Manuskript

Salvisberg, H. (1997) Von der amodalen Wahrnehmung zur Katathymen Imagination. Gedanken zur Progression des Primärprozesses. In: Kottje-Birnbacher, L. und Sachsse, U. und Wilke, E. Imagination in der Psychotherapie. Bern: Huber

Stern, D.N. (1985) The interpersonal World of the infant. Basic Books

Watzlawick, P. (1996) Die Kunst, unglücklich zu sein. München: Piper

Wilke, E. und Leuner, H. (1990) Das Katathyme Bilderleben in der Psychosomatischen Medizin. Bern: Huber

Willi, J. (1980) Die Zweierbeziehung. Hamburg: Rowohlt

Wollschläger, M.E. (1989) Wenn Gegenstände sprechen können. In: Bartl, G. und Pesendorfer, F.: Strukturbildung im therapeutischen Prozeß. Wien: Literas-Universitätsverlag

Leonore Kottje-Birnbacher / Ulrich Sachsse /
Eberhard Wilke (Hrsg.)

Imagination in der Psychotherapie

1997. 250 Seiten, Kt DM 59.– / Fr. 51.– / öS 431.–
(ISBN 3-456-82868-3)

Imaginationen haben – im Kontext einer Psychotherapie –
unterschiedliche Eigenschaften und Funktionen. Menschen
können ihre innere Situation verdichtet in Bildern darstellen
und, über Bilder, neue Informationen aufnehmen.
Diese Fähigkeit kann zur Konfliktbearbeitung und zur
Aktivierung von Ressourcen genutzt werden, wie das Buch
an vielfältigen Fallbeispielen zeigt.

Hanscarl Leuner † / Eberhard Schroeter

Indikationen und spezifische Anwendungen der Hypnosebehandlung

2., erweiterte Auflage 1997. Ein Überblick mit einem Nachwort von Michael Schlichting. 215 Seiten, Kt DM 49.80 /
Fr. 44.80 /öS 364.– (ISBN 3-456-82009-7)

Die klassische Hypnose basiert auf der direkten Induktion
eines Trance-Zustandes im Gegensatz zur indirekten Induktion bei Milton H. Erickson. Im deutschsprachigen Raum
wurde die klassische Hypnose vor allem durch J. H. Schultz,
D. Langen und B. Stokvis vertreten.
H. Leuner erweitert ihre Thematik aufgrund seiner jahrzehn-
telangen klinischen Erfahrung mit Elementen des von ihm
entwickelten Katathymen Bilderlebens und des Respiratori-
schen Feedbacks.
Die erweiterte Version der klassischen Hypnose ist im Rahmen der psychosomatischen Grundversorgung leicht anzuwenden. Die zweite Auflage enthält zwei zusätzliche Kapitel
und ein Nachwort zur Neuauflage.

Verlag Hans Huber
Bern Göttingen Toronto Seattle

http://Verlag.HansHuber.com

Edda Klessmann / Hannelore Eibach

Wo die Seele wohnt

Das imaginäre Haus als Spiegel menschlicher Erfahrungen und Entwicklungen

1993. 180 Seiten, 165 Abb., Gb DM 79.– / Fr. 76.– / öS 577.–
(ISBN 3-456-82357-6)

Seit Menschen Häuser bauen, sind diese immer auch Symbole für den Körper in dem «die Seele wohnt». Die Autorinnen, beide Ärztinnen und Psychotherapeutinnen, begannen schon vor Jahren Haus-Bilder zu sammeln – Zeichnungen und Aquarelle, die Patientinnen und Patienten angefertigt hatten. Eines Tages fügten sie ihre Kollektionen zusammen und wählten aus der großen Zahl von Bildern 165 besonders eindrückliche aus, ordneten sie und kommentierten sie gemeinsam.

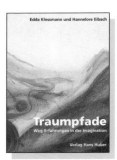

Edda Klessmann / Hannelore Eibach

Traumpfade

Weg-Erfahrungen in der Imagination

Unter Mitarbeit von Karin Pöhler und Flora Gräfin von Spreti
1996. 143 Seiten, 107 Abb., Gb DM 59.– / Fr. 51.– / öS 431.–
(ISBN 3-456-82817-9)

Die beiden Autorinnen haben sich, nach dem Buch über die Häuser («Wo die Seele wohnt»), einem komplementären Symbol zugewandt, das in der Psychotherapie ebenfalls eine große Rolle spielt, den imaginären Wegen, den Pilgerwegen und Irrgärten, den Pfaden und Treppen, den Betonpisten und Waldwegen. Sie beschreiben und systematisieren diese unterschiedlichen Weg-Erfahrungen. Dank hundert farbigen Abbildungen, meist Patientenzeichnungen, nehmen diese Traumpfade zugleich konkrete Gestalt an.

 Verlag Hans Huber http://Verlag.HansHuber.com
Bern Göttingen Toronto Seattle